DESCRIPTION
DE
L'EGYPTE,
RECUEIL
DES OBSERVATIONS ET DES RECHERCHES
QUI ONT ÉTÉ FAITES EN ÉGYPTE
PENDANT L'EXPÉDITION DE L'ARMÉE FRANÇAISE.

SECONDE ÉDITION

DÉDIÉE AU ROI

PUBLIÉE PAR C. L. F. PANCKOUCKE.

TOME VINGT-DEUXIÈME

HISTOIRE NATURELLE.

ZOOLOGIE.

ANIMAUX INVERTÉBRÉS (suite).

IMPRIMERIE
DE C. L. F. PANCKOUCKE.

M. D. CCC. XXVII.

DESCRIPTION

DE

L'ÉGYPTE.

DESCRIPTION

DE

L'ÉGYPTE

OU

RECUEIL

DES OBSERVATIONS ET DES RECHERCHES

QUI ONT ÉTÉ FAITES EN ÉGYPTE

PENDANT L'EXPÉDITION DE L'ARMÉE FRANÇAISE.

SECONDE ÉDITION

DÉDIÉE AU ROI

PUBLIÉE PAR C. L. F. PANCKOUCKE.

TOME VINGT-DEUXIÈME.

HISTOIRE NATURELLE

ZOOLOGIE

ANIMAUX INVERTÉBRÉS (suite).

PARIS

IMPRIMERIE DE C. L. F. PANCKOUCKE

M. D. CCC. XXVII.

HISTOIRE NATURELLE.

ZOOLOGIE.
ANIMAUX INVERTÉBRÉS (SUITE).

TABLEAU SYSTÉMATIQUE
DES ASCIDIES,

TANT SIMPLES QUE COMPOSÉES, MENTIONNÉES DANS LES TROIS MÉMOIRES SUIVANS; OFFRANT LES CARACTÈRES DES ORDRES, FAMILLES, GENRES, ET L'INDICATION SOMMAIRE DES ESPÈCES;

Par J.-C. SAVIGNY,
MEMBRE DE L'ACADÉMIE DES SCIENCES ET DE L'INSTITUT D'ÉGYPTE.

~~~~~~~

LES ASCIDIES, *ASCIDIÆ**.

TEST mou, constitué par une enveloppe extérieure distinctement organisée, pourvue de deux ouvertures, l'une branchiale, l'autre anale.

---

* La classe des *ascidies* fait partie des mollusques hermaphrodites et acéphales; elle correspond à la classe des *tuniciers* de M. de Lamarck.

Ce tableau ne contient point les genres de l'ordre des biphores, *ascidiæ thalides*; M. Saviguy se réservait de le publier à une autre époque.

TABLEAU SYSTÉMATIQUE

Manteau formant une tunique intérieure, pourvue également de deux ouvertures correspondantes et adhérentes à celles du test.

Branchies occupant en tout ou en partie la surface d'une cavité membraneuse, attachées aux parois intérieures du manteau.

Bouche dépourvue de feuillets labiaux, et placée vers le fond de la cavité respiratoire, entre les deux branchies.

ORDRE Ier.

ASCIDIES THÉTIDES, *ASCIDIÆ THETIDES*.

Tunique (*manteau*) n'adhérant à l'*enveloppe* (au *test*) que par les deux orifices.

Branchies égales, larges, constituant les deux parois latérales de la cavité respiratoire.

Orifice branchial garni en dedans d'un anneau membraneux et dentelé, ou d'un cercle de filet.

ORDRE II.

ASCIDIES THALIDES, *ASCIDIÆ THALIDES*.

Tunique adhérant de toutes parts à l'*enveloppe*.

Branchies inégales, consistant en deux feuillets attachés à la paroi antérieure et à la paroi postérieure de la cavité respiratoire.

Orifice branchial garni à son entrée d'une valvule.

ASCIDIES TÉTHYDES.

PREMIÈRE FAMILLE.

LES TÉTHYES, *TETHYÆ*.

Corps fixé.
Orifices non opposés, ne communiquant pas entre eux par la cavité des branchies.
Cavité branchiale ouverte à la seule extrémité supérieure, dont l'entrée est garnie de filets tentaculaires.
Branchies réunies d'un côté.

I. TÉTHYES SIMPLES.

1re SECTION. *Orifices* à quatre rayons.

    1. BOLTENIA. *Corps* pédiculé.
    2. CYNTHIA. *Corps* sessile.

2e SECTION. *Orifices* à plus de quatre rayons, ou sans rayons distincts.

    3. PHALLUSIA. *Corps* sessile.
    4. CLAVELINA. *Corps* pédiculé.

II. TÉTHYES COMPOSÉES.

3e SECTION. *Orifices* ayant tous deux six rayons réguliers.

    5. DIAZONA. *Corps* sessile, orbiculaire; un seul système.
    6. DISTOMA. *Corps* sessile, polymorphe; plusieurs systèmes.
    7. SIGILLINA. *Corps* pédiculé, conique, vertical; un seul système.

4ᵉ SECTION. *Orifice branchial* ayant seul six rayons réguliers.

 8. Synoïcum. *Corps* pédiculé cylindrique, vertical; un seul système.
 9. Aplidium. *Corps* sessile, polymorphe; systèmes sans cavités centrales.
 10. Polyclinum. *Corps* sessile, polymorphe; systèmes avec cavités centrales.
 11. Didemnum. *Corps* sessile, fongueux, incrustant; systèmes sans cavités centrales.

5ᵉ SECTION. *Orifices* dépourvus tous deux de rayons.

 12. Eucœlium. *Corps* incrustant; systèmes sans cavités centrales.
 13. Botryllus. *Corps* incrustant; systèmes pourvus de cavités centrales.

IIᵉ FAMILLE.

LES LUCIES, *LUCIÆ*.

Corps flottant.
Orifices diamétralement opposés, et communiquant ensemble par la cavité des branchies.
Cavité branchiale ouverte aux deux extrémités; l'entrée supérieure dépourvue de filets tentaculaires, mais précédée par un anneau dentelé.
Branchies séparées.

I. LUCIES SIMPLES.

....

II. LUCIES COMPOSÉES.

 14. Pyrosoma. *Corps* en tube, fermé par un bout; un seul système.

DES ASCIDIES. 5

Iʳᵉ FAMILLE.

LES TÉTHYES, *TETHYÆ.*

I. TÉTHYES SIMPLES.

Genre I. — BOLTENIA.

Corps pédiculé par le sommet, à test coriace. *Orifice branchial* fendu en quatre rayons; l'*intestinal* de même.
Sac branchial plissé longitudinalement, surmonté d'un cercle de *filets tentaculaires* composés; mailles du tissu respiratoire dépourvues de bourses ou de papilles.
Abdomen latéral. *Foie* nul.
Ovaire multiple.

ESPÈCES.

1. BOLTENIA ovifera. *Boltenie ovifère* (pag. 73 de ce volume).
2. BOLTENIA fusiformis. *Boltenie fusiforme* (pag. 73).

Genre II. — CYNTHIA.

Corps sessile, à test. *Orifice branchial* s'ouvrant en quatre rayons; l'*anal* de même, ou fendu en travers.
Sac branchial plissé longitudinalement, surmonté d'un cercle de *filets tentaculaires* ordinairement composés; mailles du tissu respiratoire dépourvues de papilles.
Abdomen latéral. *Foie* distinct dans la plupart des espèces.
Ovaire généralement multiple.

ESPÈCES.

Iʳᵉ Tribu. CYNTHIÆ *simplices.*

1. CYNTHIA Momus. *Cynthie Momus* (pag. 75).
2. CYNTHIA microcosmus. *Cynthie petit-monde* (pag. 75).

TABLEAU SYSTÉMATIQUE

3. Cynthia pantex. *Cynthie alvine* (pag. 75).
4. Cynthia gangelion. *Cynthie gangélion* (pag. 75).
5. Cynthia papillata. *Cynthie papilleuse* (pag. 75).
6. Cynthia claudicans. *Cynthie boiteuse* (pag. 75).
7. Cynthia pupa. *Cynthie poupée* (pag. 75).

IIe Tribu. Cynthiæ *Cæsiræ*.

8. Cynthia Dione. *Cynthie Dioné* (pag. 77).

IIIe Tribu. Cynthiæ *Styelæ*.

9. Cynthia Canopus. *Cynthie Canope* (pag. 79).
10. Cynthia pomaria. *Cynthie fruitière* (pag. 79).
11. Cynthia polycarpa. *Cynthie fertile* (pag. 79).

IVe Tribu. Cynthiæ *Pandociæ*.

12. Cynthia mytiligera. *Cynthie porte-moules* (pag. 81).
13. Cynthia solearis. *Cynthie soléaire* (pag. 81).
14. Cynthia cinerea. *Cynthie cendrée* (pag. 81).

Genre. III — PHALLUSIA.

Corps sessile, à enveloppe gélatineuse ou cartilagineuse. *Orifice branchial* s'ouvrant d'ordinaire en huit à neuf rayons; l'*anal* en six.

Sac branchial non plissé, parvenant au fond ou presque au fond de la tunique, surmonté d'un cercle de *filets tentaculaires* toujours simples; les mailles du tissu respiratoire pourvues, à chaque angle, de bourses en forme de papilles.

Abdomen plus ou moins latéral. *Foie* nul. Une côte cylindrique s'étendant du pylore à l'anus.

Ovaire unique, situé dans l'abdomen.

ESPÈCES.

Ire Tribu. Phallusiæ *Pirenæ*.

1. Phallusia sulcata. *Phallusie cannelée* (pag. 84).
2. Phallusia nigra. *Phallusie nègre* (pag. 84).

DES ASCIDIES.

3. Phallusia arabica. *Phallusie arabe* (pag. 84).
4. Phallusia turcica. *Phallusie turque* (pag. 84).

IIe Tribu. Phallusiæ *simplices*.

5. Phallusia monachus. *Phallusie recluse* (pag. 87).
6. Phallusia mamillata. *Phallusie mamelonnée* (pag. 87).

IIIe Tribu. Phallusiæ *cionæ*.

7. Phallusia intestinalis. *Phallusie intestinale* (pag. 89).
8. Phallusia canina. *Phallusie canine*.

Genre IV. — Clavelina.

Corps pédiculé par la base, à enveloppe gélatineuse ou cartilagineuse. *Orifice branchial* dépourvu de rayons; l'*anal* de même.
Sac branchial non plissé, très-court, et n'arrivant pas au milieu de la tunique; surmonté de *filets tentaculaires* simples; les mailles du tissu respiratoire dépourvues de papilles.
Abdomen totalement inférieur. *Foie* nul ou peu distinct des parois de l'intestin. Point de côte s'étendant du pylore à l'anus.
Ovaire unique, compris dans l'abdomen.

ESPÈCES.

1. Clavelina borealis. *Claveline boréale* (pag. 90).
2. Clavelina lepadiformis. *Claveline lépadiforme* (pag. 91).

II. TÉTHYES COMPOSÉES.

Genre V. — Diazona.

Corps commun sessile, gélatineux, formé d'un système unique orbiculaire. *Animaux* très-proéminens, disposés sur plusieurs cercles concentriques. *Orifice branchial* fendu en six rayons réguliers et égaux; l'*anal* de même.
Thorax ou cavité renfermant les branchies en cylindre oblong; sac branchial non plissé, surmonté de *filets tentaculaires* simples[1]; mailles du tissu respiratoire pourvues de papilles.

[1] De même, à ce qu'il paraît, dans tous les genres suivans.

Abdomen inférieur, longuement pédiculé, plus petit que le thorax.
Foie peu distinct. Point de côte s'étendant du pylore à l'anus[1].
Ovaire unique, sessile, et compris dans l'anse intestinale.

ESPÈCE.

1. Diazona violacea. *Diazone violette* (pag. 43).

Genre VI.— DISTOMA.

Corps commun sessile, demi-cartilagineux, polymorphe, composé de plusieurs systèmes généralement circulaires. *Animaux* disposés sur un ou sur deux rangs, à des distances inégales de leur centre commun. *Orifice branchial* s'ouvrant en six rayons réguliers et égaux ; l'*anal* de même.
Thorax petit, cylindrique ; mailles du tissu respiratoire pourvues de papilles ?
Abdomen inférieur, longuement pédiculé, plus grand que le thorax. *Foie* nul [2].
Ovaire unique, sessile, latéral, occupant tout un côté de l'abdomen.

ESPÈCES.

1. Distoma rubrum *Distome rouge* (pag. 43).
2. Distoma variolosum. *Distome variolé* (pag. 43).

Genre VII. — SIGILLINA.

Corps commun pédiculé, gélatineux, formé d'un seul système qui s'élève en un cône solide, vertical, isolé, ou réuni par son pédicule à d'autres cônes semblables. *Animaux* disposés les uns au-dessus des autres en cercles peu réguliers. *Orifice branchial* s'ouvrant en six rayons égaux ; l'*anal* de même.
Thorax très-court, hémisphérique ; mailles du tissu branchial dépourvues de papilles.
Abdomen inférieur, sessile, plus grand que le thorax.

---

[1] De même dans les genres suivans.   [2] De même dans les genres suivans.

Ovaire unique, pédiculé, fixé au fond de l'abdomen, et prolongé dans l'axe du cône et de son support.

ESPÈCE.

1. Sigillina australis. *Sigilline australe* (pag. 47).

Genre VIII. — SYNOICUM.

Corps commun pédiculé, demi-cartilagineux, formé d'un seul système qui s'élève en un cylindre solide, vertical, isolé, ou associé par son pédicule à d'autres cylindres semblables. *Animaux* parallèles, et disposés sur un seul rang circulaire. *Orifice branchial* fendu en six rayons égaux; l'*anal* en six rayons très-inégaux, dont les trois plus grands concourent à former le bord extérieur d'une étoile concave, située au centre ou au sommet du système.

Thorax oblong; mailles du tissu respiratoire dépourvues de papilles.

Abdomen inférieur, sessile, de la grandeur du thorax.

Ovaire unique, sessile, attaché exactement sous le fond de l'abdomen, descendant perpendiculairement.

ESPÈCE.

1. Synoïcum turgens. *Synoïque de Phipps* (pag. 49).

Genre IX. — APLIDIUM.

Corps commun sessile, gélatineux ou cartilagineux, polymorphe, composé de systèmes très-nombreux, peu saillans, annulaires, sub-elliptiques, qui n'ont point de cavité centrale, mais qui ont une circonscription visible. *Animaux* (trois à vingt-cinq) placés sur un seul rang, à des distances égales de leur centre ou de leur axe commun. *Orifice branchial* divisé en six rayons égaux; l'*anal* dépourvu de rayons, peu ou point distinct.

Thorax cylindrique; mailles du tissu respiratoire pourvues de papilles.

Abdomen inférieur, sessile, de la grandeur du thorax.

Ovaire unique, sessile, attaché exactement sous le fond de la cavité abdominale, et prolongé perpendiculairement.

ESPÈCES.

Ire Tribu.

    1. APLIDIUM lobatum. *Aplide lobé* (pag. 16).
    2. APLIDIUM ficus. *Aplide figue de mer* (pag. 16).
    3. APLIDIUM tremulum. *Aplide tremblant.*

IIe Tribu.

    4. APLIDIUM effusum. *Aplide étalé.*
    5. APLIDIUM gibbulosum. *Aplide bosselé.*
    6. APLIDIUM caliculatum. *Aplide caliculé.*

Genre X. — POLYCLINUM.

Corps commun sessile, gélatineux ou cartilagineux, polymorphe, composé de systèmes plus ou moins multipliés, convexes, radiés, qui ont chacun une cavité centrale et communément une circonscription apparentes. *Animaux* (dix à cent cinquante) placés à des distances très-inégales de leur centre commun. *Orifice branchial* à six angles intérieurs et à six rayons extérieurs, saillans et égaux; l'*anal* prolongé horizontalement, point distinct, à son issue; ou distinct, mais irrégulièrement découpé, et concourant à former le bord saillant et frangé de la cavité du système.

Thorax cylindrique, grand; mailles du tissu respiratoire dépourvues de papilles.

Abdomen inférieur, pédiculé, plus petit que le thorax.

Ovaire unique, attaché par un pédicule sur le côté de la cavité abdominale, et pendant au-dessous.

ESPÈCES.

    1. POLYCLINUM constellatum. *Polycline constellée.*
    2. POLYCLINUM saturnium. *Polycline saturnienne* (pag. 21).
    3. POLYCLINUM cythereum. *Polycline cythéréenne.*
    4. POLYCLINUM isiacum. *Polycline isiaque.*
    5. POLYCLINUM hesperium. *Polycline hespérienne.*
    6. POLYCLINUM uranium. *Polycline uranienne.*

Genre XI. — DIDEMNUM.

Corps commun sessile, fongueux, coriace, polymorphe, composé de plusieurs systèmes très-pressés, qui n'ont ni cavité centrale ni circonscription apparentes. *Animaux* disposés sur un seul rang, autour de leur centre ou de leur axe commun. *Orifice branchial* divisé en six rayons égaux; l'*anal* point distinct.

Thorax court, sub-globuleux; mailles du tissu respiratoire dépourvues de papilles.

Abdomen inférieur, pédiculé, plus grand que le thorax.

Ovaire unique, sessile, et placé sur le côté de la cavité abdominale.

ESPÈCES.

1. Didemnum candidum. *Didemne blanc* (pag. 26).
2. Didemnum viscosum. *Didemne visqueux.*

Genre XII. — EUCŒLIUM.

Corps commun sessile, gélatineux, étendu en croûte, composé de plusieurs systèmes, qui n'ont ni cavité centrale ni circonscription apparentes. *Animaux* disposés sur un seul rang autour de leur centre ou de leur axe commun? *Orifice branchial* circulaire, dépourvu de rayons; l'*intestinal* plus petit et plus distinct.

Thorax oblong; mailles du tissu respiratoire dépourvues de papilles.

Abdomen demi-latéral, sessile et appuyé sur le fond de la cavité des branchies; de la grandeur du thorax.

Ovaire unique, sessile, appliqué sur le côté de la cavité abdominale.

ESPÈCE.

1. Eucœlium hospitiolum. *Eucélie hospitalière* (pag. 27).

Genre XIII. — BOTRYLLUS.

Corps commun sessile, gélatineux ou cartilagineux, étendu en croûte, composé de systèmes ronds ou elliptiques, saillans, annulaires, qui ont une cavité centrale et une circonscription distinctes. *Animaux* disposés sur un seul rang ou sur plusieurs rangs réguliers et concentriques. *Orifice branchial* dépourvu de rayons, et simplement circulaire ; l'*intestinal* petit, prolongé en pointe, et engagé dans le limbe membraneux et extensible de la cavité du système.

Thorax oblong ; mailles du tissu respiratoire dépourvues de papilles.

Abdomen demi-latéral et appuyé contre le fond de la cavité des branchies ; plus petit que le thorax.

Ovaires : deux, opposés, appliqués sur les deux côtés du sac branchial.

ESPÈCES.

I. BOTRYLLI STELLATI. *Animaux* disposés sur un seul rang.

Ire Tribu.

1. BOTRYLLUS rosaceus. *Botrylle rosacé.*
2. BOTRYLLUS Leachii. *Botrylle de Leach.*

IIe Tribu.

3. BOTRYLLUS Schlosseri. *Botrylle de Schlosser.*
4. BOTRYLLUS polycyclus. *Botrylle polycycle* (pag. 52).
5. BOTRYLLUS gemmeus. *Botrylle doré.*
6. BOTRYLLUS minutus. *Botrylle nain.*

II. BOTRYLLI CONGLOMERATI. *Animaux* disposés sur plusieurs rangs.

7. BOTRYLLUS conglomeratus. *Botrylle congloméré.*

IIe FAMILLE.

LES LUCIES, *LUCIÆ*.

LUCIES SOCIALES.

Genre XIV. — PYROSOMA.

Corps commun gélatineux, creux, moins cylindrique que conique, ouvert à sa grosse extrémité, et formé d'un seul système, dont les sommités, toutes saillantes à la surface extérieure, sont nombreuses, pressées et inégales. *Animaux* perpendiculaires à leur axe commun, et superposés les uns aux autres par rangs circulaires. *Orifices* privés de rayons : le *branchial* ouvert sous la pointe souvent appendiculée des sommités extérieures, et l'*anal* dans le tube intérieur.

Sac branchial non plissé, précédé d'un anneau membraneux et irrégulier placé immédiatement à l'entrée de l'orifice supérieur.

Abdomen inférieur aux branchies dont il n'est d'ailleurs séparé par aucun étranglement, beaucoup plus court. *Foie* distinct, globuleux, attaché à l'anse de l'intestin.

Ovaires : deux, opposés, situés vers l'extrémité supérieure de la cavité branchiale.

ESPÈCES.

I. PYROSOMATA VERTICILLATA. *Animaux* verticillés, ou disposés par anneaux réguliers, plus saillans de distance en distance.

    1. PYROSOMA elegans. *Pyrosome élégant.*

II. PYROSOMATA PANICULATA. *Animaux* non verticillés, formant des cercles très-irréguliers, et dont les sommités sont partout inégalement saillantes.

    2. PYROSOMA giganteum. *Pyrosome géant* (pag. 56).
    3. PYROSOMA atlanticum. *Pyrosome atlantique.*

PREMIER MÉMOIRE.

OBSERVATIONS

SUR

LES ALCYONS GÉLATINEUX

A SIX TENTACULES SIMPLES [1],

LUES A LA CLASSE DES SCIENCES DE L'INSTITUT.

La classe des polypes est la moins connue peut-être de celles que comprend le règne animal, et cependant aucune n'est étudiée avec plus d'ardeur : mais les obstacles qu'elle oppose aux progrès de la science sont innombrables. Le polype, retiré au sein des eaux, souvent au fond des mers; presque toujours infiniment petit; mou, irritable, contractile; changeant de forme au moindre mouvement; quelquefois libre, mais plus ordinairement engagé, enveloppé dans un corps commun à plusieurs individus; le polype jouissant de la vie et de ses facultés échappe de mille manières à l'œil et au scalpel de l'observateur. Le polype mort est l'objet d'un examen plus facile sans doute : mais aussi plus stérile. Ces nombreuses dépouilles qui encom-

---

[1] *Voyez*, pour l'intelligence de ce mémoire et des deux suivans, les planches relatives aux *ascidies*, et leur explication.

brent nos cabinets, réduites aux parties solides, incomplètes, altérées, ne donnent, sur les êtres auxquels elles sont substituées, que des notions imparfaites : les méthodes qui en résultent, quelque belle ordonnance qu'elles présentent, n'étant point fondées sur des principes absolument certains, réunissent quelquefois dans un même genre les êtres de la nature la plus opposée. Les alcyons décrits par les zoologistes modernes nous en offrent un singulier exemple.

Il y a, dans ce genre, des espèces qui n'ont ni estomac, ni bouche, ni tentacules ; qui ne sont ni des polypes composés, ni des polypes simples, et auxquelles on pourrait, à bon droit, contester jusqu'à la vie animale : il y a des espèces évidemment douées de cette vie et qui se présentent sous la forme de vrais polypes, c'est-à-dire avec des organes encore peu nombreux et des facultés assez limitées; enfin, il y a des espèces pourvues de facultés plus étendues, et dont l'organisation est déjà même tellement compliquée, que, si l'on avait égard au caractère essentiel de la classe des polypes, il faudrait les en retirer, et les associer à des animaux d'un ordre plus élevé.

« Le polype, dit M. de Lamarck, est un petit animal à corps allongé, gélatineux, n'ayant intérieurement aucun autre organe spécial qu'un sac alimentaire, pourvu d'une seule ouverture, et séparé de la peau par du simple tissu cellulaire. » Les animaux particuliers des alcyons que je vais décrire sont tout autrement organisés : ils ont le corps composé de deux cavités distinctes; ils ont des viscères thoraciques et des viscères abdominaux; ils ont pour ces viscères deux ouvertures séparées; ils ont un organe spécial pour la génération : la plupart ont même, sous la peau, des vaisseaux très-apparens, des traces non équivoques d'un système circulatoire.

Parmi les espèces d'alcyons connues, je pense qu'on peut rapporter à cette famille l'*alcyonium ficus*, décrit et figuré par Ellis [1]; l'*alcyonium ascidioïdes*, découvert par Gærtner et publié par Pallas [2], et généralement tous les alcyons gélatineux ou cartilagineux à six tentacules simples. Ces sortes de productions sont vraisemblablement très-nombreuses. J'en ai moi-même observé plusieurs sur les côtes méridionales de la Méditerranée et dans le golfe de Soueys. Ce n'est pas ici le lieu de les faire connaître : je me contenterai d'en décrire quatre espèces qui présentent des différences importantes, et qui peuvent être prises pour les types d'autant de genres distincts.

La première espèce (APLIDIUM lobatum), fixée communément sur les rochers, produit, en se développant, des masses horizontales, souples, assez épaisses, relevées en lobes irréguliers, d'un gris-cendré, couverts à leur surface d'un nombre infini de points saillans. Ces points ou mamelons, examinés à la loupe, paraissent fendus en six rayons égaux : ce sont autant de petites étoiles qui correspondent aux cellules de l'intérieur du polypier. Le centre de chaque étoile communique directement à la bouche d'un polype, et le

---

[1] Ell. *Corall.* page 97, planche xvi.

[2] Pall. *Spicil. zool.* fasc. x, pag. 40, tab. iv.

nombre de ses rayons indique celui des tentacules dont cette bouche est couronnée.

Pour en apprendre davantage, il faut fendre l'alcyon. On peut alors remarquer que sa substance intérieure est demi-cartilagineuse, et qu'elle contient beaucoup de menus graviers, parmi lesquels s'étendent, dans le sens de l'épaisseur, les corps charnus des polypes, qu'on reconnaît aussitôt à leur couleur d'un jaune vif. Ces polypes, moins larges qu'un grain de millet, mais deux à trois fois plus allongés, sont disposés parallèlement les uns à côté des autres, et séparés par de minces cloisons. Ils ne tiennent aux parois de leurs cellules que par quelques points, et s'en laissent aisément détacher. Il est donc facile de les isoler et de chercher à saisir les détails particuliers de leur organisation. Je vais tâcher d'en donner une idée.

La bouche de cette espèce de polype est ronde, un peu hexagone, entourée de six tentacules aplatis, courts et pointus. Ces petits tentacules sont fixés aux six rayons de l'ouverture de la cellule par une fine membrane, et supportés par un cou cylindrique, rétractile, qui leur permet de s'élever et de s'épanouir à la surface du polypier, ou de s'abaisser et de rentrer dans son intérieur. Ils ne peuvent d'ailleurs se retirer en eux-mêmes comme les tentacules des limaces, et peuvent moins encore s'incliner et se plonger au fond de l'estomac; faculté que possèdent des organes analogues dans quelques autres familles [1]. Le cou, la

[1] *Voyez* le Mémoire sur l'*alcyonium digitatum* et les autres polypes à huit tentacules communément pectinés.

bouche, les tentacules, sont ici les seules parties véritablement rayonnantes : les autres affectent plutôt cette apparence symétrique qu'on retrouve constamment chez les animaux d'un ordre supérieur.

Au-dessous du cou, le corps du polype est comprimé par les côtés, et il se divise en deux tronçons ou cavités distinctes qui peuvent prendre les noms de *thorax* et d'*abdomen*.

Le thorax, plus court et plus cylindrique que l'abdomen, est charnu, opaque, marqué de nervures longitudinales, sillonné sur les côtés de quatorze à quinze rides transverses, étranglé sensiblement à sa partie moyenne, enfin épaissi et tronqué à sa base, dont les deux bords descendent obliquement en arrière. Il est aussi un peu bossu près du cou, où l'on remarque un tubercule poreux : de ce tubercule descendent deux vaisseaux bruns, parallèles, qui parcourent le dos [1] sur sa longueur. La région antérieure du thorax, ou la poitrine, est également pourvue d'un tubercule, et plus bas elle laisse échapper un filet membraneux qui

---

[1] Ces expressions, *dos*, *ventre*, et autres semblables, nécessaires à la netteté de la description, ne doivent pas être prises ici dans un sens rigoureux. L'application que j'en ai faite dans ce premier mémoire a été déterminée par une sorte d'apparence extérieure, et par la position d'une petite production, l'*appendice anal*, que je considérais comme le siége du principal sens de ces animaux. Je la conserverai dans les mémoires suivans, parce que les régions que je nomme *dos* et *ventre* correspondent à celles que MM. Cuvier et Bosc ont désignées par les mêmes noms dans les biphores, animaux très-voisins des alcyons gélatineux. Mais, si nous voulions comparer et les biphores, et les animaux des alcyons en question, aux mollusques bivalves, ces régions seraient obligées d'échanger leurs dénominations : le ventre et la poitrine deviendraient le dos, la gauche deviendrait la droite, etc. Je prie le lecteur de ne pas perdre cette note de vue.

pénètre dans la substance du polypier et se fixe à son écorce. Je nomme ce filet *l'appendice anal*. C'est sans doute par son moyen que les animaux particuliers du même alcyon communiquent les uns avec les autres, et jouissent en quelque sorte d'une existence commune. Sous la base de cet appendice est une assez grande ouverture à laquelle correspond l'orifice intestinal, que je désignerai ci-après sous le nom d'*anus*.

C'est dans la cavité du thorax, dont il occupe à peu près la capacité, qu'est situé le principal ventricule, qu'on pourrait ainsi nommer le *ventricule thoracique*. Il m'a paru fait en forme de bourse, et divisé transversalement par des plis en nombre égal à celui des rides extérieures.

Le thorax est revêtu, surtout par derrière, d'une peau très-colorée, et son opacité dérobe à l'œil les organes qu'il contient. Il n'en est pas de même de l'abdomen, dont la peau, extrêmement fine et transparente, laisse apercevoir tous les viscères intérieurs. On peut d'abord distinguer un petit canal membraneux, ondulé, qui descend du ventricule thoracique, en se dirigeant vers le dos. Je lui donne, par une allusion facile à reconnaître, le nom d'*intestin grêle*. Vers le milieu de l'abdomen cet intestin se dilate en une poche elliptique, un peu comprimée, dont les côtés, séparés de l'axe par deux profondes incisions, constituent deux cellules oblongues, légèrement courbées et opposées l'une à l'autre. Cet organe est ce que j'appelle le *ventricule abdominal*. Après un court trajet, l'intestin se dilate de nouveau en une poche globuleuse beaucoup plus petite que la première, en une sorte de *cœcum*. Le reste de ce canal, qu'on peut considérer comme le *gros intestin*, descend jusqu'au bas de l'abdomen; il se recourbe ensuite comme un siphon, et va, en remontant jusqu'à la poitrine, se terminer à l'*anus*.

Il paraît que la première digestion s'opère dans le ventricule thoracique, qui contient souvent des animalcules, tandis qu'on n'en aperçoit jamais dans les viscères de l'abdomen. C'est un fait que je ne veux pas laisser ignorer ; car j'avoue que je n'ai aucune lumière certaine sur la nature des fonctions de ces divers organes. On peut cependant supposer que les substances grossières et essentiellement indigestes sont revomies par le polype, à peu près comme elles le sont par certains oiseaux de proie nocturnes, et que les molécules les plus déliées et les plus nutritives sont les seules qui passent de la cavité thoracique dans l'intestin grêle. Cet intestin et le ventricule qui le termine ne contiennent ordinairement qu'une matière liquide et peu abondante. Néanmoins le gros intestin est presque toujours rempli, depuis son origine jusqu'à l'anus, d'une matière assez compacte, quelquefois grumeleuse, plus souvent homogène, d'un gris-jaunâtre, moulée par petites masses arrondies ou ovoïdes, mais que, malgré leur forme, on prendrait à tort pour des œufs ou pour des amas d'œufs. J'ignore si elles ont, dans l'économie de l'animal, quelque usage particulier; je ne les considère ici que comme les excrémens.

L'organe que je crois destiné à la génération est

tout différent de ceux-ci : il termine inférieurement le corps du polype. C'est un sac oblong, membraneux, quelquefois vide, mais le plus souvent occupé par vingt-cinq à trente corpuscules oviformes, attachés à deux ou trois cordons ondulés. Ces corpuscules sont sans doute des germes; et le sac qui les réunit, est un véritable ovaire. Il ne paraît pas communiquer immédiatement avec l'abdomen. Les germes inférieurs sont ordinairement les plus gros; je pense qu'à leur maturité le sac s'ouvre et les laisse échapper par un petit canal qui monte avec le rectum. On trouve, en effet, souvent un de ces corpuscules engagé dans ce canal et faisant saillie au-devant du thorax.

Telle est la première espèce. La seconde espèce (POLYCLINUM saturnium), étendue de même sur le sable ou sur les rochers, produit des masses un peu convexes, molles, demi-transparentes, violettes, comme irisées, semées d'un nombre prodigieux de mamelons jaunâtres, la plupart groupés autour de quelques grands pores, qui, par leur dilatation et leur contraction successives, semblent avoir la fonction d'agiter et de renouveler l'eau. Après avoir détaché doucement l'alcyon pour l'examiner de plus près, on voit que tous ces grands pores sont autant de centres auxquels aboutissent certains filets membraneux qui partent des mamelons, et que la transparence générale laisse apercevoir[1]. On voit de plus que tous ces mamelons sont divisés en six dents,

[1] Ces filets ne diffèrent point de l'appendice anal décrit ci-devant, pages 18 et 19.

et qu'ils donnent passage, en s'ouvrant, à de petites étoiles saillantes et mobiles. Ce sont les bouches des polypes, formées d'une ouverture un peu hexagone, et de six tentacules ovales ou lancéolés, aplatis, semblables aux pétales d'une fleur en rose, tous très-entiers et très-réguliers. Les étoiles, rapprochées et groupées autour des pores, semblent constituer autant de systèmes particuliers qu'il y a sur l'alcyon de pores différens. Dans les intervalles qui séparent ces divers systèmes, sont d'autres étoiles plus ou moins isolées.

Au reste, il ne faut pas être surpris de la tendance que montrent les animaux particuliers de cette espèce d'alcyon à se réunir et à se former en systèmes autour de certains centres : la même disposition est commune à toutes les espèces congénères de celle-ci. Elle se retrouve même dans des genres étrangers à cette famille, notamment dans les flustres : elle est tellement marquée dans les botrylles, que, malgré les judicieuses observations d'Ellis[1] sur ces animaux composés, chaque système de botrylle est considéré par les zoologistes actuels comme un seul polype, et chaque polype comme un seul tentacule. J'ai eu occasion d'examiner récemment une très-belle espèce de ce genre, qui m'a été communiquée par M. Desmarets fils, et je puis assurer que chacun de ces prétendus tentacules est pourvu d'une bouche, d'un intestin, d'un anus, de deux ovaires; en un mot, est un animal

---

[1] Ellis, *Act. Angl.* tom. XLIX, part. II, n° 61, pag. 449, *in Scholio ad observationem Schlosseri.*

très-complet. Ces systèmes, si bien ordonnés et doués de propriétés si extraordinaires, ne sont pas même nécessaires à l'existence particulière des individus : on trouve toujours quelques animalcules isolés et séparés des autres. Mais je reviens aux alcyons.

J'ai dit que l'extraction et l'examen des polypes de la première espèce se faisaient sans difficulté. Il n'en est pas ainsi des polypes de la seconde espèce : on le croira sans peine, si l'on se représente que chaque polype n'est pas contenu dans une seule cellule, mais dans plusieurs : il y en a une pour le thorax, une pour l'abdomen, une pour l'ovaire; et ces trois cellules, qui n'ont pas toujours la même direction, ne communiquent entre elles que par deux fort petits trous. Il résulte de cette disposition singulière, qu'à l'ouverture du polypier, au lieu d'un seul rang d'animalcules, on croit en voir plusieurs rangs superposés les uns aux autres, et dont l'aspect présente beaucoup de confusion : ajoutez que la consistance molle et extensible de l'enveloppe gélatineuse, qui la fait céder à l'instrument tranchant sans se diviser, s'oppose encore à leur extraction.

Quand on est parvenu à se procurer un polype bien entier, on est étonné qu'un animal si différent en apparence de l'espèce précédente y soit si semblable, en effet, par le nombre et l'organisation essentielle de toutes ses parties. La bouche, le cou, les tentacules, paraissent conformés de même. Le thorax est, relativement, beaucoup plus grand; il présente d'ailleurs la même forme cylindrique, le même étranglement vers le milieu, les mêmes tubercules devant et derrière le cou, les mêmes vaisseaux bruns et ondulés sur le dos, le même appendice à la poitrine, et au-dessous la même ouverture, à laquelle aboutit aussi l'anus; l'ouverture est seulement plus spacieuse. Dans cette espèce, l'anus sort à peu près au milieu du thorax : mais il y a d'autres espèces, voisines de celle-ci, dans lesquelles l'intestin monte plus haut et s'ouvre plus près du cou; la peau est lâche et semblable à une tunique par devant; on voit courir, à sa surface et aux bords de son ouverture antérieure, quelques nervures qui descendent des tentacules, et qui s'arrangent avec beaucoup de symétrie. On remarque souvent au-dessus de l'anus une protubérance semblable à un petit jabot, mais qui est loin d'être un jabot véritable si elle est produite, comme je le pense, par un germe arrêté dans cet endroit, et non par les animalcules que le polype peut avoir avalés. Cette espèce en prend néanmoins d'assez gros, et j'ai trouvé dans son premier ventricule des crustacés à quatorze pattes, qui diffèrent, par leurs tarses en pinceaux, des autres crustacés connus.

En ouvrant ce ventricule, on voit que son entrée forme un bourrelet saillant, entouré de douze filets mobiles, cylindriques et courbés, dont six, plus longs, alternent avec les autres. Ce même ventricule est aussi garni d'un appareil bien propre à le soutenir et à en fortifier les parois; c'est une sorte de réseau transparent, élastique, dont la structure est très-régulière : il est composé, dans cette espèce, de trente deux bandelettes, seize de chaque côté; dans d'autres, de vingt-quatre ou de trente-six, disposées horizontalement, à égale distance, et unies verticalement les unes aux autres au moyen de traverses plus étroites : ces bandelettes se joignent, par devant, à une seule petite bande; et par derrière, elles s'attachent à deux autres bandelettes qui s'étendent le long du dos. Je n'ai observé un semblable appareil que dans quelques espèces de cette famille; mais, dans toutes, le thorax offre à l'extérieur des plis saillans, plus ou moins prononcés, et je présume qu'ils sont dus à quelque chose d'analogue.

L'abdomen, des deux tiers au moins plus petit que le thorax, est attaché à sa base antérieure, et semble n'y tenir que par un fil. On ne peut mieux, en cela, le comparer qu'au ventre d'un sphex ou d'une guêpe. Son pédicule donne passage à l'intestin grêle. Le ventricule abdominal se montre à travers la peau : il est charnu, lisse et simplement ovoïde. Le gros intestin se recourbe en arrière, et, faisant un tour de spirale sur lui-même, il monte en suivant le côté gauche de l'abdomen, traverse aussi le pédicule, et se porte au-devant du thorax. Les excrémens sont d'un gris clair, et forment assez souvent une longue chaîne de globules, qui s'étend depuis le bas de l'intestin jusqu'à l'anus.

De même que l'abdomen est suspendu au thorax, l'ovaire l'est à l'abdomen : il s'y attache à gauche par un petit pédicule, et se prolonge sous la forme d'une massue ovale, terminée par un long filet tubuleux.

Les germes qu'il contient sont semblables à ceux de l'espèce précédente, et fixés de même à quelques vaisseaux.

Les polypiers que nous avons examinés jusqu'ici sont gélatineux ou cartilagineux. Celui de l'espèce dont je vais maintenant parler (DIDEMNUM candidum), est plus opaque et comme fongueux ou spongieux : il s'étend sur les tiges des madrépores, qu'il enveloppe plus ou moins. Les incrustations qu'il y forme sont d'un blanc de lait, tant à l'intérieur qu'à l'extérieur: leur surface est couverte de mamelons saillans, fendus en six rayons et disposés à peu près en quinconce. Les polypes sont jaunes et très-petits : ils égalent à peine en volume deux graines de pavot. A la vérité, ils occupent seulement deux loges. Il n'y en a qu'une seule pour l'abdomen et l'ovaire.

La bouche de ces polypes ressemble à un entonnoir, dont le limbe supérieur serait découpé en six dents très-simples, écartées et pointues. Le thorax est court, arrondi, sillonné transversalement; le dos, très-gibbeux et divisé par une gouttière longitudinale : la poitrine est échancrée au-dessous du tubercule antérieur, où elle laisse voir l'anus à sa place ordinaire ; elle se prolonge ensuite en un filet auquel tient l'abdomen, qui par conséquent est pédiculé, comme dans l'espèce précédente; mais, au lieu d'être des deux tiers plus petit que le thorax, il est une fois plus grand : sa direction est presque horizontale, et sa forme elliptique. Le ventricule abdominal en occupe la région supérieure et postérieure ; ce ventricule est ovoïde et charnu.

Le gros intestin, après être descendu jusqu'au fond de l'abdomen, se replie en avant et remonte vers le pédicule, par lequel il passe pour se rendre à l'anus. L'ovaire ne pend point : il est orbiculaire, et appliqué sur le côté gauche de l'abdomen, qu'il dépasse sensiblement. Il contient de très-petits grains. Je n'ai pu me rendre compte de leur disposition : je suppose qu'elle diffère peu de celle que j'ai observée dans l'espèce suivante.

Celle-ci (EUCOELIUM hospitiolum), qui est la quatrième et la dernière, recouvre aussi les madrépores et d'autres corps marins, sur lesquels elle s'étend en petites plaques, qui sont d'un blanc laiteux, mais à leur surface seulement, car leur intérieur est mou et transparent comme une gelée : il recèle souvent des crevettes, auxquelles ces alcyons servent de refuge. J'ai voulu savoir à quoi tenait la couleur opaque et laiteuse de cette espèce et de la précédente, et, après en avoir placé quelques fragmens sous une forte lentille, j'y ai découvert une multitude d'atomes lenticulaires, hérissés d'épines et comme radiés. Ces molécules calcaires ne sont pas des corps étrangers à la substance du polypier, comme on pourrait le croire, et comme le sont en effet les grains de gravier qu'on rencontre quelquefois ailleurs.

Il y a donc une sorte d'analogie entre la troisième et la quatrième espèce; mais elles diffèrent sous des rapports très-importans. Les mamelons ovales dont la surface de la quatrième espèce est parsemée, ont une ouverture peu ou point apparente : ils ne représentent point des étoiles à six rayons; on aperçoit seulement, à travers leur demi-transparence, les bouts de huit à dix filets qui semblent sortir du ventricule thoracique. Les polypes sont très-rapprochés de la surface de leur enveloppe, et ils n'occupent chacun qu'une seule loge. Leur bouche est portée par un cou plus ou moins grêle. Peut-être se déploie-t-elle en six véritables tentacules; mais je n'ai jamais réussi à les voir s'épanouir. J'y ai fait des efforts, et j'insiste sur ce point, parce que la nécessité d'observer ces organes n'est pas assez généralement reconnue. Les naturalistes en font rarement mention dans l'exposition des caractères, et ils semblent n'avoir aucune idée fixe sur leur degré d'importance. Il n'est pas rare de trouver dans un seul genre des espèces à tentacules ailés et à tentacules simples, à tentacules en nombre défini et en nombre indéfini, disposés sur un seul rang et disposés sur plusieurs. Cette négligence s'étend sur les espèces elles-mêmes : n'attribue-t-on pas au botrylle étoilé des tentacules dont le nombre varie depuis trois jusqu'à vingt? On croirait que les parties rayonnantes des polypes ne sont pas soumises à des lois constantes. Elles le sont cependant, comme les parties rayonnantes des plantes, comme les organes symétriques des autres animaux. Un système des polypes, fondé sur la seule considération des tentacules, ne serait ni moins naturel ni moins solide que les systèmes établis, par exemple, sur la simple inspection des mandibules et des mâchoires dans les insectes. On peut poser en principe qu'à certaines exceptions près, qu'il serait facile de déterminer, la disposition, la forme, le nombre des tentacules, ne varient point dans les espèces du même genre, et, à plus forte raison, dans les individus de la même espèce.

La bouche de celle que je décris occupe le sommet d'un grand thorax, dont la peau délicate et transparente laisse paraître de chaque côté six à sept lignes transversales, unies par des lignes longitudinales plus étroites, et décèle ainsi l'organisation de son ventricule intérieur. Ce thorax offre aussi deux tubercules supérieurs et deux vaisseaux dorsaux. L'intestin grêle est fort court : il aboutit à un ventricule abdominal charnu, très-renflé, presque globuleux, qui s'appuie sur le fond un peu prolongé du thorax. Le gros intestin descend obliquement en arrière : il éprouve deux étranglemens successifs dans le fond de l'abdomen, se relève ensuite toujours en arrière, et, décrivant une anse arrondie, il passe à droite sur la base du thorax, pour venir se fixer à son bord antérieur et suivre ce bord jusqu'au sommet. Il est rempli, comme à l'ordinaire, d'une pâte assez fine, jaune ou grise, moulée par petites masses ; mais ce qu'il a de particulier, c'est qu'il paraît aboutir directement à un pore visible, percé sur un des côtés du mamelon, et qui ne peut en effet répondre qu'à l'anus. Cette disposition, suffisamment constatée, et les observations de Gærtner sur les distomes [1], m'ont conduit à penser qu'il existait à la surface de tous les alcyons à six tentacules simples deux

[1] *Voyez* la description du *distomus variolosus* ou *alcyonium ascidioïdes*, ci-après, 3e mémoire.

pores pour chaque polype, un destiné à l'entrée des alimens, et l'autre destiné sans doute à leur sortie, après l'entière digestion. Le nom d'*anus* que j'ai donné jusqu'à présent à l'orifice supérieur du gros intestin, lui suppose une issue au dehors. Si cette issue existe réellement, je dois convenir que, dans la plupart des espèces, elle est si petite ou si exactement fermée, qu'elle échappe à toutes les tentatives que l'on fait pour la découvrir.

Il me reste à parler de l'ovaire. Il est orbiculaire, comme dans l'espèce précédente, et appliqué de même contre l'abdomen, non toutefois du côté gauche, mais du côté droit; il s'en détache facilement. On y distingue presque toujours trois, quatre ou cinq germes disposés en cercle, et attachés à un placenta central.

Si j'ai réussi à mettre quelque clarté dans les descriptions que l'on vient d'entendre, on a pu remarquer que les espèces qui en sont le sujet, ont des caractères communs qui permettent de les réunir en une seule famille, et des caractères propres qui autorisent à les distinguer en autant de genres. J'établis ces genres de la manière qui suit:

Ire SECTION. Ovaire pendant, inférieur.

1er Genre. APLIDIUM. Polype occupant une seule loge; abdomen et ovaire sessiles.

Je le divise en deux tribus.
1°. Ovaire plus court que le corps;
2°. Ovaire beaucoup plus long que le corps.

IIe Genre. POLYCLINUM. Polype occupant trois loges; abdomen et ovaire pédiculés.

IIe Section. Ovaire appliqué, latéral.

IIIe Genre. DIDEMNUM. Polype occupant deux loges; abdomen pédiculé.

IVe Genre. EUCŒLIUM. Polype occupant une seule loge; abdomen sessile.

Quant aux caractères communs à ces divers genres, il suffira, je crois, de rappeler ici les principaux. Je les réunirai, sans aucun égard pour leur degré d'importance, sous le titre de la famille aux espèces de laquelle je conserverai provisoirement le nom d'*alcyons*.

Les ALCYONS OU ALCYONÉES. ALCYONEÆ.

Polypes simplement agrégés, renfermés dans les cellules d'une enveloppe commune, et n'ayant avec la substance gélatineuse ou cartilagineuse de cette enveloppe que de faibles adhérences; six tentacules courts et simples; tronc divisé en thorax et en abdomen, chacune de ces cavités contenant un ventricule; intestin abdominal unique, replié sur lui-même, terminé par un orifice distinct; ovaire compris dans une poche séparée et munie d'un oviductus.

Après avoir rendu la famille des alcyons à des limites naturelles, je devrais, pour consolider le résultat de mes observations à son sujet, examiner par combien de points importans elle diffère des autres familles de polypes; mais cet examen exigerait l'emploi de plusieurs élémens que je ne puis encore réunir. Je me contenterai d'observer qu'elle est très-voisine des botrylles : ce sont, si l'on veut, deux familles d'un même ordre. Elle est au contraire éloignée des *alcyonium exos*, *A. digitatum*, *A. arboreum*, et de tous les autres alcyons arborescens à huit tentacules pinnés. Ceux-ci appartiennent à une famille particulière de polypes composés, que j'établirai dans les mémoires suivans[1]. Elle ne peut de même avoir que de faibles rapports avec les polypes nus, qui, comme les hydres, sont tout estomac, et n'ont, suivant les zoologistes, ni ovaire, ni intestins distincts. Enfin, il me paraît difficile de lui en supposer aucun avec l'*alcyonium bursa*, déjà réclamé par les botanistes, ni avec les *alcyonium lyncurium* et *cydonium*, dont M. de Lamarck a fait, je crois, son genre téthie[2], genre qui doit, à mon avis, sortir de la classe des polypes. Mais on peut, jusqu'à un certain point, la rapprocher des holothuries, comme on peut rapprocher les alcyons à huit tentacules des actinies et des zoanthes. Je dois faire remarquer à ce sujet que M. de Lamarck, avec cette sagacité profonde qui lui est propre, et qui lui fait souvent prévoir et devancer les résultats de l'observation, a placé depuis peu[3] les alcyons en tête des polypes et dans le voisinage des radiaires. A-t-il eu raison d'y mettre de même les théties et les éponges ? je ne le pense pas. L'existence des polypes à l'égard des alcyons est certaine. Elle est encore douteuse à l'égard

[1] La famille dont il s'agit comprendra les pennatules, vérétiles, coraux, gorgones, et les autres polypes fixes ou flottans, à huit tentacules communément pectinés.

[2] Ces téthies diffèrent beaucoup des *tethya* d'Aristote, qui sont précisément les ascidies, dont il sera fait mention ci-après.

[3] Dans l'*Extrait du cours de zoologie du Museum d'histoire naturelle, sur les animaux sans vertèbres*.

des éponges, quoique d'illustres naturalistes aient tenté de l'établir par des raisonnemens présentés avec beaucoup d'art, mais qui ne sauraient balancer le témoignage des sens. Pourquoi n'admettrait-on pas une *classe* d'êtres privés d'organes pour la digestion et le mouvement spontané, et conservant, sous cette apparence propre à la plante, quelques signes d'irritabilité? Ces êtres, parmi lesquels prendraient place les éponges, les téthies, et tant de genres qui leur sont analogues, mériteraient, à plus juste titre qu'aucun autre, le nom de *zoophytes*. Leur existence dans la nature peut n'être encore que vraisemblable; mais tout me porte à croire que des observations prochaines et décisives viendront la confirmer [1].

[1] Le lecteur que ce point intéresse peut consulter, dans l'atlas, les planches qui représentent les *zoophytes*, c'est-à-dire les éponges et les autres productions de même nature

SECOND MÉMOIRE.

OBSERVATIONS.

SUR LES

ALCYONS A DEUX OSCULES

APPARENS,

SUR LES BOTRYLLES ET SUR LES PYROSOMES,

LUES A LA CLASSE DES SCIENCES DE L'INSTITUT.

Après avoir exposé mes observations sur les alcyons à six tentacules, je me proposais de passer aux alcyons qui en ont huit; mais je suis obligé de revenir sur les premiers. La classe, en me permettant de lui communiquer mon travail, m'a fait acquérir les moyens de le perfectionner. Les nouveaux faits que je vais rapporter sont dus à la bienveillance dont m'honorent ses membres, et aux secours inattendus que quelques-uns d'entre eux m'ont généreusement accordés.

Dans mon premier mémoire, j'ai prouvé que les alcyons à six tentacules simples avaient une organisation compliquée, différente de celle que l'on suppose essentielle à tous les polypes; que leur bouche communiquait d'abord avec une première cavité, qui pouvait prendre le nom de *ventricule thoracique*; qu'un seul intestin partait de cette cavité pour se rendre à une autre, que j'ai nommée *ventricule abdominal*; qu'au sortir de ce second ventricule, l'intestin, toujours unique, mais plus gros, se recourbait et remontait vers la surface du polypier, sous laquelle il se terminait par un orifice distinct ou un *anus*. J'ai, de plus, observé que ce gros intestin était communément rempli d'une matière demi-liquide, divisée par petites masses et ressemblant à des excrémens. Enfin, j'ai remarqué que l'évacuation de ces excrémens ne pouvait s'effectuer que par une ouverture extérieure correspondant à l'anus. Or, cette ouverture, indiquée d'une manière équivoque sur quelques espèces, demeurait invisible sur toutes les autres. Des organes si semblables en apparence à un système digestif auraient-ils eu une autre destination? La difficulté était fâcheuse; mais l'amour de la vérité ne me permettait pas de la dissimuler.

Il existait une espèce dont l'examen aurait éclairci mes doutes : je veux parler de l'*alcyonium ascidioïdes*, que Gærtner avait réuni à quelques ascidies, et compris dans son genre *distomus*, parce qu'il avait observé à la surface de ce corps des cellules proéminentes, pourvues chacune de deux oscules ou petites bouches. En supposant le fait exact, un des deux oscules ne pouvait que servir d'anus. Mais deux ouvertures parfaitement semblables, et couronnées également de six rayons, ne répondaient-elles, en effet, qu'à un seul animal?

Cette question est aujourd'hui résolue. J'ai observé, dans la collection de M. Cuvier, deux espèces d'alcyons qui méritent, aussi bien que la précédente, le surnom d'*ascidioïdes*, parce que leurs petits animaux ont, de même, deux ouvertures tubuleuses, semblables pour la forme, quoique leurs relations soient très-différentes, puisque l'une conduit à la bouche, et l'autre à l'anus. L'examen de l'organisation intérieure de ces espèces à deux oscules m'a prouvé qu'elle ne différait point de celle des alcyons précédemment décrits. Il est donc démontré par l'analogie, que les alcyons gélatineux pourvus de six tentacules simples, quel que soit le nombre apparent des ouvertures, en ont toujours deux à chacune de leurs cellules.

La position et la forme de ces ouvertures, lorsqu'elles sont également visibles et qu'elles surmontent des cellules elles-mêmes proéminentes, donnent aux alcyons gélatineux l'aspect général des ascidies. Il paraît certain que les rapports de ces animaux entre eux ne se bornent pas à cette apparence extérieure, et que leur analogie s'étend très-loin. M. Cuvier, en examinant avec moi les dessins relatifs à mon premier mémoire, a cru y voir une organisation rapprochée de celle des ascidies de sa quatrième division. La comparaison que nous avons faite aussitôt de ces dessins et de ceux qu'il avait lui-même exécutés pour l'anatomie des ascidies, a confirmé ce soupçon. J'ai donc dirigé mon attention de ce côté; et, après avoir comparé de nouveau, sur la nature, les ascidies et les divers genres d'alcyons gélatineux, scrupuleusement, organe par organe, je me suis convaincu qu'il manquait peu de chose à leur parfaite ressemblance, et que l'analogie se soutenait dans presque tous les points [1].

Ainsi le ventricule thoracique des alcyons répond au sac ou ventricule branchial des ascidies; son entrée est garnie des mêmes filets; sa structure présente de même des vaisseaux longitudinaux se croisant à angles droits avec des vaisseaux transverses qui tiennent par un bout à une veine, et par l'autre vraisemblablement à deux artères pulmonaires : on doit donc penser qu'il sert aussi à la respiration. Ce qu'il y a de singulier, c'est la quantité d'animalcules dont ce ventricule respiratoire est souvent rempli et gonflé. Un fait non moins remarquable est la grosseur et la solidité que ces vaisseaux, si fins dans les ascidies, prennent dans quelques alcyons : on en aura une idée quand on saura que le réseau presque cartilagineux que j'ai trouvé chez certaines espèces, et dont j'ai donné ci-devant une description détaillée, n'est autre chose que le tissu vasculaire de leur sac branchial.

L'ouverture, couronnée de six tentacules, par laquelle l'eau et les alimens s'introduisent dans la cavité du thorax, ne peut être comparée qu'à l'orifice branchial des ascidies, lequel est aussi quelquefois marqué de six plis. D'après ce principe, la véritable bouche du

[1] Les personnes qui désireraient connaître le degré d'importance que les zoologistes ont attaché à ce résultat, peuvent consulter le rapport fait par M. Cuvier à la première classe de l'Institut, et imprimé dans l'édition in-8° de mes Mémoires sur les animaux sans vertèbres.

polype serait, comme dans l'ascidie, non l'orifice qui reçoit les alimens du dehors, mais la petite ouverture qui les transmet immédiatement au tube intestinal. Néanmoins, comme cette ouverture, située au fond du sac branchial[1], n'a point de lèvres, on pourrait lui appliquer le nom de *pharynx*, et laisser celui de bouche à l'orifice extérieur, dont les tentacules ou rayons charnus représentent, en effet, les tentacules des polypes proprement dits et les lèvres des mollusques bivalves. On supposerait alors le ventricule branchial formé par une dilatation de la partie du tube alimentaire située entre les lèvres et le pharynx[2].

Le premier intestin, que j'ai nommé *intestin grêle*, doit être considéré comme un œsophage, et le ventricule qui lui succède, comme un véritable estomac. J'observe cependant que ce ventricule, lorsqu'il est profondément divisé, diffère beaucoup du renflement qui constitue l'estomac de l'ascidie : d'ailleurs, chez celle-ci, l'estomac est souvent enveloppé dans un foie volumineux, et les animaux en question n'ont pas de foie bien distinct, ou, s'ils en ont un épais et faisant masse, comme celui des pyrosomes, il est autrement placé. Leur intestin, après être remonté sur lui-même,

---

[1] La bouche des ascidies et des animaux que je leur compare, est placée vers l'extrémité inférieure de la veine branchiale, à sa droite, et fait face au dos ou aux deux artères. Sa position, relativement à la cavité, est tantôt plus haute, tantôt plus basse ; on peut dire qu'elle n'est jamais au-dessus de son milieu, mais qu'elle est très-rarement à son extrême fond, surtout dans les ascidies ordinaires : d'où il suit que les artères branchiales, qui aboutissent aussi vers la bouche, sont presque toujours notablement plus longues que les veines.

[2] Pour éviter l'équivoque, je substituerai souvent au mot *bouche* le mot *pharynx*.

se termine toujours par un anus libre, exactement comme dans les ascidies, chez lesquelles l'extrémité du rectum flotte sous l'orifice destiné à l'évacuation des excrémens [1].

La cavité qui contient les intestins, ou l'abdomen, n'est pas placée de même dans les deux familles. Les ascidies ont l'abdomen latéral; je veux dire qu'il est entièrement appliqué sur un des côtés du sac branchial, dont il ne dépasse point la base. Les alcyons gélatineux, au contraire, ont l'abdomen inférieur, et souvent même il est pédiculé. Le rectum est la seule partie du tube intestinal qui s'appuie sur le thorax. Il y a néanmoins quelques ascidies, telles que l'*ascidia lepadiformis* et l'*ascidia clavata*, dont l'abdomen se rapproche par sa position de celui des alcyons.

L'ovaire de ces derniers est toujours unique, tantôt appliqué sur le côté de l'abdomen, tantôt pendant au-dessous : celui de plusieurs ascidies est double; il y en a un de chaque côté du corps. Nous trouverons aussi un ovaire double dans les botrylles et dans les pyrosomes.

Tous ces petits animaux composés sont complètement hermaphrodites : leurs œufs sont des germes susceptibles de se développer sans fécondation préalable, du moins apparente. Ne peut-on pas en dire autant des ascidies et même de tous les mollusques acéphales ? En cela, cette classe d'êtres semble se rapprocher des polypes autant qu'elle s'éloigne des autres mollusques.

[1] Cet orifice, dans les ascidies, n'a point de filets comme l'autre, mais deux replis en forme de valvules, ou un simple repli circulaire.

J'ai dit qu'on observait aux animaux des alcyons gélatineux deux tubercules : un entre le cou et l'appendice de l'anus, et un autre derrière le cou. Le premier, ou l'antérieur, qui se retrouve dans les ascidies [1], près de leur ganglion, m'a paru, sur les alcyons, avoisiner également un ganglion logé dans l'épaisseur de la tunique : ce ganglion est un peu allongé et fournit quelques filets qui se dirigent en sens contraire; les uns se portent à l'anus, les autres vont au cou du ventricule thoracique. En un mot, ce qu'on aperçoit du système nerveux des alcyons, des botrylles et des pyrosomes, rappelle entièrement celui des ascidies. Il en est de même du système sanguin, quoiqu'on ne puisse assurer que l'identité soit complète; car le cœur de ces petits animaux est encore à trouver [2].

Du côté du corps opposé à l'anus, entre les deux bords des branchies, on voit, dans l'ascidie, quatre cordons jaunâtres, droits ou ondulés, qui descendent du tubercule postérieur et vont aboutir à une fossette située tout près du pharynx. Ces cordons occupent le profond sillon qui sépare les deux artères branchiales, et dont les bords se ferment sur eux : ils sont d'une substance molle ou friable, se détachant sans difficulté, et se divisant et subdivisant de même, surtout en travers. Les deux cordons extérieurs paraissent

---

[1] Il y paraît composé d'un filet roulé sur lui-même et décrivant plusieurs spirales. C'est au-dessous de ce tubercule que leurs veines branchiales se rapprochent, non pour s'appliquer simplement l'une contre l'autre, mais, à ce qu'il paraît, pour se réunir en un seul tronc. Le tubercule situé à la naissance des artères branchiales, vis-à-vis le précédent, n'est visible que dans quelques espèces.

[2] Je l'ai trouvé depuis. *Voyez* ci-après.

quelquefois composés d'une série non interrompue de lamelles minces et demi-circulaires ; ils sont plus gros que les intérieurs et bordés de deux autres filets. Je crois m'être aperçu que ces cordons, si délicats, n'étaient plus apparens dans les individus malades, ou moins bien nourris que les autres. Quoi qu'il en soit, ils existent dans tous les alcyons : c'est à leur présence que sont dus les vaisseaux bruns et ondulés que nous avons vus parcourir le dos de chaque espèce dans le sens de sa longueur.

La peau ou tunique qui enveloppe ces sortes de polypes, sans adhérer aux parois de leur cellule, ne diffère pas de la tunique propre des ascidies, laquelle ne tient, comme on sait, à leur manteau cartilagineux que par le pourtour des deux orifices supérieurs. Les bandelettes musculaires nécessaires à sa contraction constituent les nervures longitudinales que nous y avons remarquées.

Enfin le polypier, c'est-à-dire le corps cartilagineux qui contient les polypes, est leur manteau ; c'est du moins un manteau analogue à celui des ascidies, et nourri des mêmes vaisseaux : on ne peut trouver deux corps dont la substance, la contexture, soient plus semblables ; mais je crois que le véritable manteau des ascidies est leur tunique intérieure et musculeuse, et que le sac cartilagineux et extérieur auquel on donne communément ce nom, est, de même que le polypier des alcyons, plus analogue au test des mollusques bivalves [1].

[1] M. Cuvier compare aussi le sac extérieur des ascidies à la coquille des bivalves.

Une ressemblance si soutenue prouve qu'on peut considérer les polypes des alcyons à six tentacules comme de petites ascidies réunies en société, et dont les facultés sont coordonnées et soumises à de certaines lois. C'est un phénomène digne d'attention que cette propension de la nature à rapprocher des individus de la même espèce, et à régler tous leurs mouvemens de manière à les faire concourir à une action commune. Quand ils sont libres et agiles, comme les guêpes, les fourmis, les abeilles, elle les unit par l'instinct; quand ils sont privés de sens actifs et d'organes propres à changer de lieu, elle les enchaîne par des liens plus matériels, dont les effets diffèrent de ceux de l'instinct, mais ne sont ni moins certains ni moins admirables. Ces associations intimes ne sont donc point la propriété exclusive d'une seule classe d'animaux. Il est à croire que les êtres agrégés ou composés, aujourd'hui compris sous la dénomination de *polypes*, appartiennent à des familles souvent très-éloignées, et qu'ils montreront une diversité d'organisation à laquelle on ne s'attend guère, à mesure que les observations se multiplieront.

Les genres que je dois ajouter à ceux que j'ai précédemment établis, parce qu'ils s'en rapprochent par leur organisation compliquée, sont au nombre de six : deux nouveaux, DIAZONA et SIGILLINA; et quatre déjà connus, DISTOMA, SYNOÏCUM[1], BOTRYLLUS et PYROSOMA.

---

[1] Les genres *distoma* et *synoïcum* ne m'ont été communiqués que depuis la lecture de ce mémoire. J'ai cru pouvoir les y faire entrer pour éviter un supplément.

Le genre que je nomme DIAZONA a pour type une belle espèce (DIAZONA violacea), actuellement déposée dans la collection de M. Cuvier, et découverte, il y a quelques années, dans le port d'Iviça, par M. de Laroche, jeune observateur, dont le zèle et les talens distingués feront long-temps regretter la perte. Il l'avait lui-même désignée comme un genre inédit : c'est un corps orbiculaire, demi-gélatineux, transparent, blanchâtre, qui est fixé par une base épaisse à quelque rocher, et dont les cellules proéminentes, inclinées en dehors, et disposées sur plusieurs cercles concentriques, se colorent d'un violet léger, plus foncé à leur sommet; elles s'élèvent, par degrés, du centre à la circonférence, et s'étalent en coupe ou en couronne. Chacune de ces cellules est comprimée et terminée par deux orifices inégaux, tubuleux, marqués de six plis, qui, lorsqu'ils viennent à s'épanouir, se transforment en six rayons de couleur pourpre.

Les animaux que leur couleur cendrée fait distinguer à travers la substance gélatineuse des cellules, n'ont pas moins de deux pouces de long; ils sont formés d'un thorax auquel s'unit, par un pédicule grêle, un abdomen assez court. On voit celui-ci descendre dans la masse qui sert de base aux portions proéminentes des cellules, et dont la substance, plus compacte, offre beaucoup de ramifications vasculaires. Le thorax est oblong, surmonté de deux tubes pyramidaux que couronnent six tentacules lancéolés, cannelés en dessous. Le tube le plus élevé correspond au pharynx : on sait qu'il en est de même chez les ascidies, où l'orifice le plus saillant conduit à la cavité branchiale [1]. Le tube le plus court, qui, dans le système général, est aussi le moins éloigné du centre commun des cercles, reçoit l'extrémité du rectum.

Des deux orifices descendent, sur la tunique, environ vingt bandelettes ou nervures musculaires, longitudinales, croisées par des nervures transverses plus fines. Le tubercule situé entre les orifices est gros; les vaisseaux dorsaux sont très-colorés, très-sinués. L'entrée du ventricule branchial est garnie de quelques filets déliés, inégaux, les grands et les petits alternant ensemble; son réseau peu régulier, composé de vaisseaux ondulés, formant des mailles dont les jours sont interceptés par des vaisseaux longitudinaux très-grêles. L'œsophage descend de la base antérieure du thorax; il s'unit au gros intestin pour produire ce long pédicule auquel est suspendu l'abdomen : il est toujours vide; ainsi les alimens ne s'y arrêtent point. L'estomac est médiocre, peu charnu, quoique glanduleux, de même qu'une portion de l'intestin, qui m'a paru garni, un peu au-dessous du pylore, de petits tubes verdâtres, simples, bifides ou trifides, probablement hépatiques. Cet intestin se recourbe bientôt en devant, et remonte directement vers l'anus; il est rempli d'excrémens d'un gris clair, réduits en filamens au-dessous du pédicule, mais au-dessus moulés en cinq à six petites masses. L'ovaire est une poche placée dans l'abdomen, et entourée par l'anse de l'intes-

---

[1] Cet orifice, dans les ascidies, est aussi plus ouvert que l'autre, et souvent couronné de festons plus nombreux.

tin ; il est attaché à un corps irrégulier, compacte et blanchâtre : les œufs qu'il contient, et qu'on aperçoit du côté gauche, sont nombreux, petits et lenticulaires. L'oviductus suit visiblement le pédicule de l'abdomen pour se rendre à l'anus.

L'espèce que je donne comme exemple du genre *distoma* (DISTOMA rubrum), parce qu'elle me paraît absolument congénère du *distomus variolosus* de Gærtner [1], diffère beaucoup de la précédente par l'aspect général, quoique la conformation, la disposition même de ces petits animaux, semblent l'en rapprocher infiniment. Elle offre des masses demi-cartilagineuses, irrégulières, aplaties, d'un rouge vineux, garnies sur les deux faces de cellules un peu proéminentes, que les animaux qu'elles contiennent colorent en jaune : ces cellules se présentent à l'extérieur sous la forme de mamelons ovales, pourvus à chaque bout d'un orifice pourpré, fendu en six rayons; elles sont tantôt très-pressées, tantôt moins, et l'on voit alors qu'elles se disposent par groupes circulaires plus ou moins complets, mais dont la circonférence est toujours occupée par le gros bout et le grand orifice de chaque mamelon.

Les animaux sont grêles, composés d'un petit thorax, auquel un abdomen un peu plus grand et en

---

[1] *Distomus variolosus.*
Crusta *coriacea*, *tenax*, crassiuscula, *subtùs planu*, *suprà verrucis crebris variæque magnitudinis conspersa*, *coloris vel dilutè rubicundi*, *vel ex croceo albicantis.*
Verrucæ *seu* tubercula *maximam partem ovalia et ex croceo rubra* sunt; singulum autem duplici perforatum est orificio minimo coccineo, quo!! turgidulus margo, ejusdem coloris atque sex distinctus radiis, quasi in tot discissus fuerit dentes, cingit. (Gærtn apud Pall. Spicil. zool. fasc. x.)

massue tient par un long pédicule qui se recourbe communément en arrière. Le thorax est cylindrique, oblique à sa base, surmonté d'un cou pyramidal, dont l'ouverture est ronde et découpée en six tentacules courts et obtus. La tunique a, de chaque côté, quelques nervures musculaires, longitudinales, fines et régulièrement espacées. Les vaisseaux du dos sont très-ondulés, et le tubercule postérieur paraît plus gros que l'antérieur. La mollesse et les sinuosités des parois de la cavité branchiale n'en laissent pas distinguer le tissu; c'est de sa base antérieure que descend l'œsophage : il est fort mince, et parvient à un estomac charnu, simplement ovoïde. Au-dessous du pylore, l'intestin, d'abord un peu renflé, se dirige bientôt en arrière, en formant une autre poche oblongue qui occupe le fond de l'abdomen : il se relève ensuite, monte sur le côté droit de l'estomac, suit le pédicule ou l'œsophage, et va s'ouvrir un peu plus haut sous un tube cylindrique, dont l'ouverture et les tentacules imitent parfaitement ceux de l'orifice thoracique. L'ovaire est latéral, comme dans le genre *diazona*, mais il est placé à droite ; et, au lieu d'être compris dans l'anse intestinale, il l'a recouvre entièrement : les œufs sont grands, au nombre de quinze à vingt, et disposés par lignes régulières. On en voit souvent de plus gros que les autres qui sont déjà engagés dans la base de l'oviductus. Celui-ci monte avec le rectum, et le dépasse : son bout supérieur est presque toujours occupé par un de ces gros germes, qui fait saillie sur le devant du thorax, au-dessus de l'anus.

Cette espèce m'a offert un phénomène que j'ai aussi remarqué sur quelques autres, notamment sur les *aplidium*, dont les cellules sont profondes. A l'ouverture du corps gélatineux, on voit souvent avec surprise que les petits animaux qu'il contient sont à plusieurs lignes de distance de la surface extérieure, comme s'ils n'avaient aucune communication au dehors. La véritable cause de ce phénomène me paraît exister dans la contraction violente et subite de ces animaux plongés dans l'alcool, contraction qui rompt leur adhérence avec les oscules de l'enveloppe et qui les repousse au fond des cellules. Un accident analogue arrive quelquefois à l'*ascidia intestinalis*.

Le genre que j'appelle SIGILLINA s'éloigne plus des ascidies que les précédens. Je n'en connais de même qu'une seule espèce (SIGILLINA australis). Elle a été trouvée sur la côte sud-ouest de la Nouvelle-Hollande, à une profondeur de vingt brasses. Elle consiste en des cônes allongés, gélatineux, demi-transparens, supportés et fixés par des pédicules plus grêles. Il paraît que ces cônes sont souvent rapprochés et groupés en faisceaux. Leur surface est garnie de mamelons ovales, colorés par les petits animaux qu'on aperçoit au travers, et pourvus de deux orifices fendus en six parties. L'orifice inférieur, ou le moins éloigné de la base du cône, répond à la bouche, et est toujours le plus grand des deux.

Le thorax, plus court du double que l'abdomen qui le termine, a la forme d'un demi-globe ou d'un globe aplati en dessus, comprimé par les côtés. Il est roux et opaque. Sa partie plate, qui est entourée d'un large anneau blanc-laiteux, laisse voir les orifices un peu tubuleux de la bouche et de l'anus et les deux tubercules. L'orifice de la bouche occupe le centre; il est couronné de six tentacules arrondis. L'orifice de l'anus, découpé en six dents obtuses, est sur le bord antérieur; le plus petit tubercule est entre les deux orifices, et le plus gros sur le bord postérieur. Les cordons colorés et ondulés qui partent de celui-ci, décrivent deux demi-cercles saillans avant de gagner l'abdomen. Le ventricule branchial a quatre ou cinq grands vaisseaux circulaires, qui s'unissent par des vaisseaux longitudinaux très-déliés. Son entrée est garnie de douze filets tentaculaires, disposés sur deux rangs et surmontés d'un anneau membraneux; les filets supérieurs sont plus courts que les inférieurs, avec lesquels ils alternent. A l'extérieur, le contour du thorax est marqué de vingt-quatre nervures musculaires, qui descendent de son sommet et vont en convergeant aboutir au pharynx. Celui-ci, percé au fond du sac branchial, est directement opposé à son orifice supérieur. L'abdomen n'est pas pédiculé; il est seulement rétréci à la base, et un peu en massue. La transparence de la peau permet d'examiner les viscères. On voit que l'œsophage, ou premier intestin, descend tout droit, et qu'après avoir parcouru le premier tiers de l'abdomen, il se renfle en un gros ventricule qui en occupe le second tiers. Ce ventricule est ovoïde, un peu comprimé, divisé de chaque côté en trois parties par deux sutures longitudinales. On pourrait donc le croire subdivisé en trois loges ; mais cette apparence est trompeuse, et il est facile de s'assurer, en le coupant, qu'il est véritablement uniloculaire. Il est ferme et compacte. Au-dessous de ce ventricule, l'intestin se dilate en une poche conique; ensuite il se recourbe en arrière, acquiert en remontant plus de diamètre, et, après avoir traversé obliquement le côté droit de l'abdomen pour suivre le devant du thorax, il se rétrécit de nouveau en arrivant à l'anus. Il ne contient jamais que peu d'excrémens.

L'ovaire est un long filet tubuleux, pourvu de deux petits vaisseaux : il est d'ordinaire roulé en spirale près de son origine, et un peu dilaté à son extrémité inférieure, qui contient les germes et qui pénètre plus ou moins dans l'axe du cône et dans son pédicule. Le bout supérieur de ce filet, ou l'oviductus, s'engage sous la peau du côté gauche de l'abdomen, et suit le rectum.

C'est après le genre *sigillina,* et dans le voisinage des *aplidium,* que je placerais volontiers le SYNOICUM (S. turgens), publié pour la première fois par le capitaine Phipps dans son Voyage au pôle boréal, et depuis associé, aussi mal-à-propos que tant d'autres espèces, au genre des alcyons, sous le nom d'*alcyonium synoïcum.* Il consiste en un groupe de corps cylindriques, demi-cartilagineux, gris, un peu velus, légèrement cannelés, réunis sur une tige courte et dichotome. Ces corps sont renflés à leur sommet, au centre duquel on observe une grande étoile en rose, composée de nombreux rayons, et entourée d'un cercle de petites étoiles à six rayons égaux. Celles-ci, dont le nombre varie de cinq à neuf, correspondent aux bouches des animaux particuliers renfermés dans chaque cylindre; tandis que la grande étoile centrale, analogue à l'hiatus frangé des *polyclinum*, est percée d'un nombre de trous égal à celui des anus.

Les animaux que contiennent les cellules ou les côtes du cylindre, sont rangés circulairement autour d'un axe vertical comme eux. Ils paraissent très-allongés; mais l'ovaire qui les termine fait la moitié de la longueur totale : le thorax et l'abdomen y sont chacun pour un quart. La tunique, qui recouvre le tout, est une peau délicate et transparente, rayée de fines nervures. La cavité thoracique est rétrécie aux deux bouts, rectiligne par devant, très-renflée par derrière; son orifice imite une petite fleur tubuleuse, découpée en six rayons, et son cou est garni d'un double cercle de filets tentaculaires, courts et renflés. Le réseau est très-visible et très-régulier : il se compose, des deux côtés, de quinze vaisseaux demi-circulaires, placés à des distances égales, et unis par des vaisseaux longitudinaux plus déliés. La veine à laquelle ils se réunissent par devant, est frangée d'un égal nombre de petits appendices. Les cordons colorés du dos et les deux tubercules se voient comme à l'ordinaire.

Le pharynx est percé verticalement au fond du thorax; il est relevé en bourrelet, marqué de douze plis, et entouré par les deux derniers vaisseaux demi-circulaires des branchies. L'œsophage, qui descend tout droit, subit un étranglement avant son insertion à l'estomac. Celui-ci est ovoïde, tronqué aux deux bouts, charnu, garni de glandes vésiculeuses, et marqué, sur le côté droit, de quelques plis qui s'étendent du cardia au pilore. L'intestin éprouve, à peu de distance de l'estomac, un renflement transverse; il se dilate ensuite en une poche oblongue, après quoi il se rétrécit extrêmement : c'est le point où il se recourbe en se dirigeant en arrière. A peine commence-t-il à monter, qu'il se renfle une troisième fois pour donner un gros rectum, qui passe obliquement sur le côté droit de l'estomac et de l'œsophage, et va se terminer au-devant du pharynx par un anus bifide. L'orifice auquel correspond cet anus, se prolonge en un tube dont le bout est obliquement tronqué et fendu en trois dents, sous lesquelles on en distingue souvent trois autres fort petites, qui font voir que ce second orifice a, comme le premier, une tendance naturelle à se partager en six divisions. Les dents les plus longues font partie du limbe de la cavité centrale, de sorte que les rayons de la grande étoile que figure cette cavité, sont en nombre trois fois égal à celui des animaux, et par conséquent des petites étoiles qui l'entourent.

L'ovaire est cylindrique et pendant sous l'abdomen; il renferme, dans une substance muqueuse, beaucoup d'œufs ronds et jaunâtres, qu'on n'aperçoit bien que du côté droit. L'oviductus paraît comme un gros fil, que l'on voit monter avec l'intestin. C'est donc une règle constante dans les animaux de cette famille qui n'ont qu'un ovaire, que le canal de cet ovaire s'attache à l'intestin et s'ouvre au même endroit que le rectum.

Tous les alcyons à six tentacules sont dans ce cas; ils ne possèdent qu'un ovaire. Les deux genres qui vont suivre se distinguent par des caractères opposés. Les botrylles et les pyrosomes ont deux ovaires, un de chaque côté du corps; ils ont de plus les orifices de la bouche et de l'anus toujours très-distincts, mais aussi toujours privés de tentacules extérieurs.

L'établissement du genre *botrylle* est dû au célèbre Gærtner. Schlosser, Ellis, et Gærtner lui-même, ont successivement publié, sur ce genre, des observations fort curieuses relativement à ses facultés naturelles, mais qui ne nous ont pas dévoilé sa véritable organisation intérieure. Je vais essayer de l'exposer, en décrivant une espèce de ce genre que M. Desmarets fils a trouvée sur nos côtes, et qu'il m'a permis de faire connaître [1].

Ce botrylle (BOTRYLLUS polyciclus) est, en quelque sorte, un corps parasite; car il enveloppe de ses expansions, comme d'un manteau, certaines ascidies, et d'autres êtres qui vivent ordinairement fixés au fond de la mer : il les recouvre d'une croûte mince, gélatineuse, demi-transparente, d'un gris-cendré clair, à la surface de laquelle on voit saillir des animaux ovoïdes, un peu claviformes, agréablement tachetés de bleu et de pourpre, et formant différens systèmes proéminens, contigus les uns aux autres. Ces systèmes sont composés chacun d'un nombre d'individus indéterminé, quelquefois de deux ou trois, quelquefois de quinze à vingt, disposés sur un seul rang, en ellipse, en ovale, en cer-

---

[1] Je n'aurais pas profité de cette permission, si M. Desmarets ne m'eût assuré le même jour qu'il n'avait fait lui-même aucune observation sur l'organisation intérieure des botrylles. Il en a publié depuis dans le *Nouveau Bulletin des sciences* et dans le *Journ. de physiq.*

cle parfait, autour d'une légère cavité, dont le limbe, membraneux et dentelé, peut s'élever, se prolonger en tube cylindrique ou conique, et, par ses contractions et dilatations successives, agiter et faire tourbillonner l'eau. Le bord extérieur de la croûte gélatineuse offre de petits rameaux vasculaires, renflés en cylindre vers le bout, et terminés par un pore. Ces petits tubes, qui participent de la couleur des animaux, se rencontrent sur toutes les espèces de botrylles; mais ils ne leur sont pas particuliers. La diazone en offre de tout semblables.

Chaque animal est compris dans une cellule, dont le bout le plus étroit se prolonge sous la cavité centrale et commune à tous les individus du même système. Les deux ouvertures de cette cellule sont très-différentes : l'une, placée à la circonférence, est grande, circulaire, à rebord entier ou imperceptiblement crénelé; elle conduit à la bouche: l'autre, située dans la cavité du centre et comprise dans son limbe, est petite, tubuleuse, rétrécie en pointe [1]; elle répond à l'anus, et paraît conformée pour lancer au loin les excrémens. Le corps proprement dit est un ovoïde comprimé par les côtés, et incliné en arrière, dont la grande ouverture occupe le gros bout, et la petite, le milieu de la face supérieure. La tunique qui l'enveloppe est dépourvue de nervures, muqueuse et peu transparente : toutefois, elle laisse

[1] Les dents qui terminent le limbe répondent aux ouvertures anales. Suivant Gærtner, il en descend, dans le *botryllus stellatus*, des rayons jaunes ou blancs qui se prolongent jusqu'aux ouvertures branchiales; ils y sont divisés par le petit sillon longitudinal qui sépare les deux oscules. Ces rayons, pendant la vie, brillent de l'éclat métallique; mais, après la mort, cet éclat s'évanouit, et fait place à une légère villosité. *Voyez* Pall. *loc. cit.*

apercevoir le ganglion, les tubercules et les vaisseaux colorés postérieurs, à leur place ordinaire.

Le ventricule branchial, qu'on peut examiner en ouvrant la tunique, est grand, à mailles très-visibles, formées par des vaisseaux coriaces, cylindriques, d'un violet foncé. Les vaisseaux transverses sont gros, et seulement au nombre de six ou sept de chaque côté; ils sont croisés par des vaisseaux longitudinaux, fins et serrés, dont trois sont communément plus gros que les autres. L'entrée de ce ventricule est garnie d'un cercle de huit filets tentaculaires, sétacés et inégaux, que l'animal a la faculté de produire au dehors [1].

L'œsophage sort de la partie antérieure et inférieure du sac branchial; il est assez court. L'estomac, auquel il aboutit, est situé transversalement, à droite de ce même sac, contre le fond duquel il s'appuie par son bord supérieur, qui m'a paru pourvu d'un petit cœcum. Cet estomac est charnu, ovoïde, marqué de cannelures obliques, moins profondes sur cette espèce que sur quelques autres que je rapporte au même genre [2]. L'intestin, après s'être un peu éloigné du pylore, se recourbe, passe au-dessus de l'estomac, et se dirige vers le pharynx, pour se terminer un peu plus haut, sous l'ouverture destinée à l'anus.

C'est immédiatement au-dessus des intestins, sur les

---

[1] Toutes les ascidies ont de ces filets, dont la direction est de bas en haut, et qui se montrent nécessairement quand l'orifice branchial se dilate. Ce sont les huit filets tentaculaires du botrylle, que Gærtner a nommés des dents : *Ostia exteriora sub-octodentata*. M. Renier, qui a décrit aussi le botrylle, et sur le travail duquel je reviendrai, n'a vu que quatre filets.

[2] *Voyez* le Système des *ascidies*.

deux côtés du sac branchial, qu'on aperçoit les ovaires remarquables par leur blancheur; ils sont attachés à la tunique, et composés, l'un et l'autre, d'œufs ou de germes de diverses grosseurs, aglomérés en une masse tantôt complètement orbiculaire, tantôt incomplète et lunelée, suivant l'âge. Il paraît que les germes, qui se détachent à leur maturité, glissent dans un canal plus ou moins tortueux; car on les trouve communément dispersés sous différens points de la tunique : néanmoins ceux du côté droit suivent assez souvent la direction du rectum. Les ovaires, au nombre de deux, et la position un peu latérale de l'abdomen, donnent aux animaux du botrylle un air frappant de ressemblance avec certaines ascidies; mais ces ascidies sont précisément celles dont le sac branchial a de grands plis longitudinaux, tandis que les branchies du botrylle n'ont aucune sorte de plis. Ce qui est particulier à ce genre, c'est que les ovaires sont infiniment plus gros et plus saillans dans les jeunes individus que dans les adultes [1]. Ces petits individus ont une tunique mince, très-renflée, blanchâtre ou incolore, ainsi que leurs autres viscères. A quelque âge qu'on les examine, on les trouve toujours intercalés parmi les adultes, ou unis entre eux; ce qui porte à croire que les animaux du botrylle ne naissent pas isolés, mais déjà tout assemblés en systèmes.

Nous n'avons observé jusqu'ici que des corps fixés et, pour ainsi dire, immobiles au fond des eaux. Les

---

[1] *Proles sparsa, frequens, ad interstitia dactylorum; neque minùs numerosa ad ipsum gelatinosæ crustæ marginem : figura pro ætate variat, primò sub-globosa, dein ovata, tandem clavata.* (Gærtn. apud. Pall. *Spicil. zool.* fasc. x.)

pyrosomes sont des corps flottans et libres [1]; ils n'en appartiennent pas moins à l'ordre des alcyons gélatineux et des botrylles. Nous verrons par la suite le même phénomène se reproduire dans des familles plus naturelles encore. Le genre *pyrosome* a été découvert et décrit pour la première fois par MM. Péron et Le Sueur : ils l'avaient d'abord considéré comme un polype simple; mais je sais que, dans un travail plus récent, ils ont réparé cette erreur involontaire [2]. Les observations que je donne ici me sont propres; je les ai faites sur une espèce que M. Cuvier a reçue de Nice, d'où elle lui a été envoyée par M. Risso.

Ce pyrosome (PYROSOMA giganteum) est un grand tube cylindrique, de substance gélatineuse, diaphane, dont un bout est fermé et arrondi, et l'autre tronqué et ouvert, mais rétréci à son entrée par un diaphragme annulaire qui n'est pas sans analogie avec le cercle membraneux des botrylles. La superficie de ce tube se compose d'éminences coniques, lisses et polies, de diverses grosseurs, les unes simples et très-courtes, les autres plus longues et terminées par une pièce lancéolée. Chaque éminence est percée au sommet, derrière la base de la pièce lancéolée, quand celle-ci existe, d'un petit trou circulaire entouré d'un bord brun et saillant : ce trou est, suivant moi, l'orifice qui donne entrée à l'eau et qui conduit au pharynx. La paroi intérieure

---

[1] Et qui répandent, la nuit, une lumière comparable à celle d'une bougie.

[2] Ce travail, qui appartient plus particulièrement à M. Le Sueur, a paru avec celui du même auteur et de M. Desmarets sur les botrylles.

du tube offre de légers renflemens hémisphériques, qui correspondeut aux éminences coniques de la surface extérieure, et qui sont également percés au sommet : ces derniers trous, semblables aux précédens pour la forme comme pour le nombre, sont placés vis-à-vis des anus, et servent à la sortie des excrémens.

C'est une nouvelle singularité des pyrosomes d'avoir ainsi les orifices de ces cellules diamétralement opposés; et c'est cette exacte opposition qui détermine la forme extraordinaire du corps total. Quant aux fonctions propres à chacun de ces orifices, elles me semblent indiquées par la seule position relative. Il est naturel de penser que, dans ce genre comme dans les précédens, c'est l'orifice le plus proéminent qui transmet les alimens au pharynx, et qui aspire l'eau nécessaire aux branchies : d'ailleurs cette eau, renouvelée sans cesse à la surface extérieure du tube, ne saurait l'être aussi rapidement ni aussi complètement à la surface intérieure. La disposition des viscères dans chaque animal se trouve conforme à ce premier indice.

Pour décrire les animaux du pyrosome, on peut supposer le cylindre posé verticalement sur sa base; je veux dire, sur son bout arrondi et fermé, car l'ouverture de ce corps en est évidemment le sommet. Chaque animal représente alors un sac elliptique, comprimé par les côtés, dont le grand axe est horizontal, et par conséquent perpendiculaire à celui du cylindre; ce sac, formé d'une tunique mince et diaphane, ne s'attache à la cellule qui le contient que par les ouvertures circulaires et opposées de ces deux bouts : l'extrémité tournée vers l'axe du cylindre est simplement arrondie; l'extrémité dirigée vers la circonférence est prolongée en un cou dont la longueur se proportionne à la saillie que la cellule fait à l'extérieur, et dont l'orifice est garni de festons membraneux. Le bord inférieur du sac laisse voir les mêmes vaisseaux bruns et ondulés que le dos des espèces précédentes, et doit, en conséquence, lui être assimilé.

La cavité thoracique ou branchiale est très-grande; elle occupe les deux tiers de la tunique les plus rapprochés de la circonférence du cylindre : son fond, tout ouvert, communique librement avec l'autre tiers, qui est destiné aux viscères de l'abdomen; ceux-ci sont petits et situés à droite : l'espace qu'ils laissent libre est ordinairement rempli par les fœtus qui viennent successivement s'y placer et s'y développer, comme nous le verrons plus bas.

La conformation du sac branchial dans les pyrosomes peut faire croire que l'eau absorbée par l'orifice oral ressort par l'orifice anal. Ce serait un trait de ressemblance avec les biphores, chez lesquels cette direction de l'eau n'est pas douteuse. Quoi qu'il en soit, le réseau qui tapisse la cavité est autrement organisé; il est lâche et composé de vaisseaux fins, ondulés, d'un blanc opaque, les uns longitudinaux, les autres transverses, croisant, les premiers, à angle droit; caractère qui, comme on le voit, ne se dément point, et appartient jusqu'à présent à tous les genres de cette famille. Ce réseau n'occupe pas la cavité tout entière, mais seulement ses deux parois latérales; de sorte qu'il y a visiblement dans ce genre deux branchies séparées et opposées, l'une à droite, l'autre à gauche, qui sont même très-rétrécies, et par conséquent très-écartées à leur sommet. Dans les genres précédens, les deux branchies, quoique réellement distinctes, ne sont séparées que par derrière. Le pharynx est dans le fond de la cavité branchiale, vers l'angle supérieur. L'œsophage se courbe brusquement pour s'insérer à une échancrure de l'estomac, qui est situé derrière ce même fond. L'estomac est charnu, lisse, comprimé, de forme ovoïde ou approchant un peu de celle d'un cœur. L'intestin, très-grêle à sa naissance, se renfle subitement; un court trajet suffit pour le conduire au bord inférieur de la tunique, où il reçoit l'insertion d'un gros organe analogue au foie; il revient ensuite à l'estomac, derrière lequel il se termine par un anus simple et arrondi. Les excrémens sont homogènes, d'un jaune clair, divisés par petites masses, dont la dernière est souvent déjà engagée dans l'orifice anal; ce qui semble prouver que le rectum a la faculté de s'allonger et de s'adapter à cet orifice.

Je dois remarquer que le foie, ou l'organe que sa position peut faire considérer comme le foie, s'attache à l'intestin par un faisceau de canaux divergens; qu'il est arrondi, communément opaque, rose, jaune ou brun, étranglé au-dessus de son insertion, et divisé en huit à douze côtes par des sillons qui convergent de la base au sommet : il est très-mou et susceptible de se décomposer en vésicules oblongues et pédiculées. J'ajouterai, comme un fait remarquable, que, dans beaucoup d'individus, cet organe n'a pas de couleur, et qu'il ressemble à un globule celluleux et transparent : il varie aussi beaucoup pour le volume; tantôt, et le plus souvent, il est de la grosseur de l'estomac, tantôt cinq à six fois plus gros.

Le système nerveux des pyrosomes ne paraît pas différer essentiellement de celui des animaux précédens. Il y a de même deux tubercules, un de chaque côté du cou branchial. Le tubercule antérieur ou supérieur semble laisser échapper quelques filets nerveux, dont quatre montent sur ce cou, tandis que les autres vont du côté opposé. Le tubercule postérieur, qui est ici l'inférieur, très-apparent dans certains individus, est imperceptible sur le plus grand nombre : il en naît quatre vaisseaux opaques, jaunes ou bruns, qui parcourent le bord inférieur de la tunique. Ce sont évidemment les quatre cordons du sillon dorsal des ascidies : parvenus près du foie, ces quatre petits cordons se réunissent en un seul, qui se dirige vers l'insertion de ce viscère, et se perd en atteignant l'abdomen.

Le long du bord supérieur, vis-à-vis les quatre cordons du sillon dorsal, se voient deux canaux larges, courts, d'un jaune ou d'un brun nébuleux, parallèles, et tellement unis, qu'on les prendrait pour un seul canal replié en siphon, qui du milieu des branchies s'étendrait jusqu'à l'œsophage, où aboutiraient ses deux extrémités : l'intérieur en paraît celluleux. Cet organe, qui est quelquefois vide et transparent, me semble avoir de l'analogie avec celui que M. Cuvier regarde comme l'ovaire des biphores, ou du moins comme leur oviductus. Peut-être est-il en même temps l'oviductus et l'organe fécondant.

Les ovaires sont orbiculaires ou piriformes, opposés symétriquement l'un à l'autre, et placés sur les côtés du cou de l'orifice branchial, entre la tunique et le réseau des branchies, qu'ils débordent le plus souvent: ils communiquent avec deux petits conduits, quelquefois colorés, qui embrassent le cou et descendent jusqu'à l'anse formée par les deux canaux réunis en siphon. Ces ovaires contiennent une multitude d'œufs arrondis, très-petits, mais très-distincts.

Si je ne me fais pas illusion, la manière dont les germes parviennent à leur maturité est très-curieuse : il paraît qu'ils se détachent de l'ovaire très-petits, et successivement un à un, pour aller se placer entre l'intestin et le fond de la tunique; c'est là qu'ils continuent de croître et de se développer jusqu'à leur expulsion définitive.

En effet, on trouve presque toujours dans cet endroit un germe isolé, qui varie beaucoup pour la grosseur. Encore petit, ce n'est qu'un globule parfaitement blanc et transparent, auquel on distingue une ouverture ronde, en forme de bouche : un peu plus gros, ce globule, creux, montre déjà quatre petites taches roussâtres; plus gros encore, ces quatre taches sont devenues une chaîne de quatre petits fœtus bien distincts, qui entourent le globule aux trois quarts; enfin, s'il a toute sa grandeur, les quatre fœtus, pourvus de tous leurs organes, sont réunis et forment un anneau complet. Dans cet état, son volume équivaut au tiers de celui de l'individu qui le renferme : c'est, comme on voit, un nouveau pyrosome déjà composé de quatre animaux, et qui sera bientôt indépendant du grand pyrosome dans lequel il a pris naissance. Comment s'échappe-t-il ? je l'ignore : si, comme il est probable, il sort par la même ouverture que les excrémens, il faut que cette ouverture soit susceptible de se dilater à un point excessif.

Ces observations, réunies à celles que j'ai faites sur le botrylle, démontrent que les corpuscules contenus dans les ovaires de ces animaux sont des germes composés, non destinés à l'accroissement des systèmes, mais à leur multiplication. D'un autre côté, si l'on ouvre un pyrosome, un alcyon gélatineux, etc., on trouve entre les individus adultes des embryons plus ou moins développés, et qui ne peuvent provenir que des germes simples, dont l'existence se manifeste successivement. Ces derniers étaient donc tous contenus dans le germe composé et primitif. Ce serait peut-être ici le lieu de discuter les observations de Bohadsch sur certaines ascidies; mais le temps ne me permet pas de m'y arrêter.

Si les botrylles, les pyrosomes et les autres animaux composés du même ordre, proviennent de germes eux-mêmes composés, il ne faut pas s'étonner que la disposition des individus qui se trouvent réunis en un seul être, soit soumise à des lois si constantes.

1er LOI. *Les petits animaux qui constituent par leur réunion les êtres composés de l'ordre des alcyons gélatineux, pyrosomes, etc., sont essentiellement coordonnés* en système où chaque animal particulier est comme un rayon ou l'origine d'un rayon qui aboutit à un axe commun. Cet axe n'est pas toujours droit ; il peut décrire une ligne plus ou moins tortueuse. De là naît l'irrégularité apparente de plusieurs de ces réunions. Cet axe n'est pas toujours unique : le même corps peut être formé d'un seul système ; il peut l'être de plusieurs. Ainsi, comme il y a des animaux simples et des animaux composés, il y a aussi parmi ces derniers des agrégations simples et des agrégations composées.

2e loi. *Dans tous les corps composés du même ordre, l'orifice branchial des animaux particuliers tend toujours à se rapprocher de la circonférence du système, et l'anus à se rapprocher de l'axe ou du centre.* Il résulte de cette loi que, lorsque la position relative des oscules de tout un système est connue, l'axe du système est aussi connu ; et, réciproquement, si l'on connaît l'axe du système, quelque ressemblance qu'aient les deux orifices de chaque animal, on ne peut prendre l'un pour l'autre.

3e loi. *Le dos ou le côté du corps qui comprend les artères branchiales indiquées par les cordons très-colorés qui les séparent, est toujours la partie de l'animal la plus éloignée du système de l'axe et la moins élevée.*

Après l'exposition de ces lois, j'en fais l'application aux dix genres précédemment décrits, et j'obtiens les résultats suivans :

Dans le *polyclinum*, le centre extérieur du système est un hiatus rond et frangé : les animaux sont situés verticalement ou inclinés en dehors, et placés à des distances très-inégales de leur axe commun ; ils représentent des rayons de diverses longueurs, tous posés sur le même plan. L'agrégation est généralement composée.

Dans les *aplidium, didemnum* et *eucœlium*, la disposition est très-différente de la précédente ; il n'y a pas d'hiatus visible : les animaux sont placés sur le même plan, mais à égale distance de leur axe, qui est souvent très-prolongé dans le sens horizontal, plus ou moins sinueux ; de sorte qu'au premier coup d'œil les oscules semblent disposés en quinconce, ou semés sans ordre et comme au hasard. L'agrégation est composée.

La diazone a des animaux inclinés en dehors, qui décrivent autour du même axe des cercles emboîtés les uns dans les autres, et posés à peu près sur le même plan. L'agrégation est simple.

Les cônes pédiculés du genre *sigillina* sont aussi des agrégations simples. Le centre extérieur du système est au sommet du cône ; les animaux sont très-inclinés en dehors : les cercles peu réguliers qu'ils décrivent ne sont point sur un même plan, mais sur des plans différens, placés successivement les uns au-dessus des autres ; disposition qui détermine la forme allongée et conique du corps total.

Les systèmes du distome sont essentiellement les mêmes, aux hiatus près, que ceux du *polyclinum*.

Les cylindres du *synoïcum* sont des systèmes très-simples : les animaux y sont disposés en cercle, sur un seul rang et sur un seul plan.

Dans les botrylles, les systèmes figurent des cercles,

des demi-cercles, des ellipses, etc., communément formés d'un rang unique d'animaux : quand il y a plusieurs cercles pour un seul système ou pour une seule cavité, ils sont successivement plus petits et plus élevés, et, par conséquent, disposés en pyramide.

Enfin, dans les pyrosomes, les cercles sont très-nombreux, tous du même diamètre et posés à plomb les uns sur les autres : ainsi l'axe du système est celui du cylindre creux formé par la superposition de tous ces cercles, et vers lequel sont, en effet, dirigés les anus des animaux particuliers. Si les cercles augmentaient graduellement de diamètre, le pyrosome prendrait la forme d'un cône creux ; voilà pourquoi il y a dans ce genre des espèces cylindriques et des espèces coniques. La situation des quatre cordons colorés démontre que les animaux sont placés à peu près horizontalement, et que le sommet de leur assemblage doit être rapporté à son ouverture annulaire.

Les mêmes lois ou des lois analogues, paraissent pouvoir s'appliquer à d'autres familles, telles que les flustres, les cellépores, les cellulaires, sertulaires, etc., et fournir des résultats assez curieux : je ne puis qu'indiquer ici cette théorie; ce n'est pas le lieu d'en donner les développemens.

Les genres qui sont le sujet de ce second mémoire, diffèrent de ceux décrits dans le premier par leurs deux orifices apparens. On peut, en s'en tenant aux caractères tirés de l'organisation individuelle, les disposer ainsi qu'il suit :

1°. Bouche et anus surmontés de tentacules extérieurs. Un seul ovaire.

Genre 1. DIAZONA. *Abdomen pédiculé. Ovaire latéral, entouré par l'intestin.*
Genre 2. DISTOMA. *Abdomen pédiculé. Ovaire latéral, dégagé de l'intestin.*
Genre 3. SIGILLINA. *Abdomen sessile. Ovaire dégagé de l'intestin, pédiculé, inférieur.*
Genre 4. CYNOICUM. *Abdomen sessile. Ovaire sessile, inférieur.*

2°. Bouche et anus non surmontés de tentacules extérieurs. Deux ovaires.

Genre 5. BOTRYLLUS. *Branchies réunies par devant, sans communication avec l'orifice anal.*
Genre 6. PYROSOMA. *Branchies séparées, communiquant avec l'orifice anal.*

La série la plus naturelle des dix genres dont l'ordre entier se compose, paraît être celle-ci :

I. CORPS FIXÉ.

1re Division. *Les deux ouvertures supérieures, à six rayons réguliers.*

    Genre 1. DIAZONA.
    ——— 2. DISTOMA.
    ——— 3. SIGILLINA.

2e Division. *Les deux ouvertures supérieures : l'une à six rayons réguliers ; l'autre irrégulière ou simple.*

    Genre 4. SYNOICUM.
    ——— 5. APLIDIUM.
    ——— 6. POLYCLINUM.
    ——— 7. DIDEMNUM.

3e Division. *Les deux ouvertures supérieures et simples.*

Genre 8. Eucœlium.
——— 9. Botryllus.

II. CORPS LIBRE.

4e. Division. *Les deux ouvertures aux deux bouts diamétralement opposés.*

Genre 10. Pyrosoma.

Voilà donc un nouvel ordre d'animaux composés déjà formé de quatre divisions et de dix genres bien distincts. Il est à présumer que les recherches ultérieures augmenteront bientôt ce nombre. Quelques alcyons peu connus, tels que les *alcyonium stellatum* et *corniculatum,* quelques flustres, semblent se rapprocher de cet ordre. On n'a presque rien encore observé de l'organisation de ces mêmes flustres, des cellulaires, des cellépores, et des autres polypes que j'appelle *agrégés.* J'ai fait dessiner et graver avec soin, dans l'atlas, un grand nombre d'espèces appartenant à ces genres [1], et ces figures seules suffiraient pour prouver que la structure de ces petits animaux est beaucoup plus compliquée qu'on ne l'avait cru jusqu'à présent [2].

---

[1] *Voyez* polypes ou anthelides, planches vii et suivantes.

[2] Ils paraissent pourvus d'un anus. Les brachions ou rotifères observés par M. Dutrochet, *Ann. du Mus. d'hist. nat.*, tom. xix, pag. 355, et par M. Léon Leclerc, ont certainement un seul intestin et un anus. Ces animalcules présentent d'abord un grand sac ou pavillon supérieur, dont l'orifice reçoit l'organe rotatoire. Au fond de ce sac est située

5.

Ces considérations m'ont engagé à continuer l'emploi du nom de *polypes* pour désigner les animaux composés qui font l'objet de ces mémoires, quelle que soit d'ailleurs leur place naturelle dans le système zoologique. Je donnerai donc à ceux dont il a été particulièrement question, le nom de *polypes ascidiens* : peut-être faudra-t-il leur accorder celui de mollusques; peut-être conviendra-t-il d'en créer quelque autre. Ces animaux devront suivre le sort des ascidies. Je ne déciderai rien que je n'aie acquis par de nouvelles recherches [1] une connaissance plus approfondie de ces dernières.

la bouche, ou le pharynx, qui communique par un œsophage avec l'estomac. L'intestin qui naît de celui-ci monte et va aboutir à un anus antérieur et supérieur. Sous l'intestin pend un ovaire. Le corps entier est contenu dans un étui cartilagineux, fixé par la base. Cette organisation, vue dans son ensemble, ne manque pas de rapports avec celle des alcyons précédemment décrits, elle en aurait de bien sensibles, si, comme le soupçonne M. Cuvier, les organes ciliés des rotifères servaient à leur respiration.

[1] Ces recherches sont exposées dans le mémoire suivant.

TROISIÈME MÉMOIRE.

OBSERVATIONS
SUR LES ASCIDIES
PROPREMENT DITES,

SUIVIES DE CONSIDÉRATIONS GÉNÉRALES SUR LA CLASSE

DES ASCIDIES.

C'est en examinant des corps dont les attributs extérieurs étaient loin de rappeler ceux des ascidies ordinaires, que nous sommes parvenus à la découverte de l'ordre des ascidies composées ou sociales[1]. L'intérêt de cette découverte exige que nous abandonnions momentanément la classe des polypes, pour nous occuper des êtres plus compliqués qui font l'objet de ce troisième mémoire.

---

[1] A proprement parler, ces ascidies sont plutôt retrouvées que découvertes. Le genre *distomus*, proposé par Gœrtner il y a quarante-cinq ans, présentait la réunion déjà effectuée des ascidies composées aux ascidies simples. Voici ce que Pallas dit à ce sujet : « Alcyonium ascidioïdes *seu* distomus variolosus Gœrtneri *novam indicat et perficit affinitatis seriem inter zoophyta et testacea bivalvia, per ascidia basteri seu priapos, quos Gœrtnerus in genere distomos vocare amavit, quique sunt quasi bivalvia testis exemta, branchisque lamellaceis orbata et basi rupibus adnata.* » (*Spicil. zool.* fasc. x, pag. 35.) Ces observations

Les ascidies ont l'organisation variée et l'aspect uniforme. La configuration qui leur est affectée, ne permet pas que les différences intérieures se manifestent au dehors par des signes fort sensibles. Aussi les distinctions nécessaires à la parfaite connaissance des espèces sont-elles difficiles à tracer. Il ne me paraît cependant pas impossible de les diviser en plusieurs genres. Je vais essayer d'en établir quatre, et je ne doute pas que par la suite on n'en admette plusieurs autres.

Les genres que je propose sont fondés sur les considérations suivantes : le test des ascidies est coriace, ou il est gélatineux; il est sessile, ou il est pédiculé [1].

sont de 1774. M. Renier, naturaliste de Venise, a fait imprimer en 1793, dans les *Opuscoli di Milano*, t. xvi, une longue lettre dont le but principal est d'établir l'affinité des botrylles avec les ascidies. Il est vrai qu'il ne leur suppose d'autres viscères qu'un tube courbé en siphon et allant d'un orifice à l'autre ; c'est même ainsi qu'il les a représentés. Mais il faut se rappeler qu'à l'époque où cet auteur écrivait, l'organisation intérieure des ascidies était à peu près inconnue, et qu'au fond tous ces rapprochemens avaient leur principe dans des analogies extérieures. Je suis arrivé à la vérité en suivant une autre voie ; et le lecteur a pu remarquer que si l'existence des ascidies composées n'est pas encore reconnue dans mon premier mémoire, du moins y trouve-t-on tous les élémens nécessaires pour la démontrer.

[1] M. Cuvier (*Mémoires du Mus. d'hist. nat.*, tom. ix) divise le genre des ascidies en quatre tribus, dont les caractères sont pris dans la forme et les dimensions du sac branchial :

1°. Sac branchial plissé longitudinalement, descendant jusqu'au fond de la tunique propre sans s'y recourber. — *Ascidia microcosmus, A. papillata.*

2°. Sac branchial non plissé, descendant jusqu'au fond de la tunique propre sans s'y recourber. — *Ascidia pliusca.*

3°. Sac branchial descendant jusqu'au fond de la tunique propre, se recourbant ensuite, et remontant jusqu'au milieu du corps. — *Ascidia mamillata, A. monachus.*

4°. Sac branchial ne pénétrant pas jusqu'au fond de la tunique propre. — *Ascidia intestinalis, A. clavata.*

Ces divisions sont très-simples et disposées très-naturellement. Je ne m'en suis écarté que pour y ajouter quelques développemens et donner une sorte de priorité aux caractères extérieurs.

Je range parmi les ascidies à *test coriace,* celles dont l'enveloppe extérieure est d'une substance sèche, peu ou point transparente, dure à entamer, doublée intérieurement d'une peau dense, qui souvent a les reflets de la nacre et son opacité; celles qui admettent dans l'épaisseur de leur enveloppe divers corps marins, et qui s'incrustent de gravier, de coquillages, de lithophytes, de fucus, etc.; celles dont la surface, sans être ainsi incrustée, est profondément ridée, ou verruqueuse, papilleuse, scabre, épineuse, velue. Les espèces auxquelles j'attribue un *test gélatineux,* se distinguent par des qualités contraires. Leur enveloppe est plus molle, plus tendre et plus facile à couper; elle a la transparence de la gelée ou du cartilage. Elle est doublée d'une membrane mince et séreuse; sa surface est unie ou simplement bosselée, le plus souvent glabre et polie. Enfin, il est rare qu'elle reçoive dans sa substance quelques corps étrangers.

Ces deux divisions présentent encore les différences suivantes. Les ascidies à test coriace ont l'orifice branchial ouvert en quatre rayons; l'anal, de même, ou fendu transversalement. Les ascidies à test gélatineux, lorsqu'elles sont pourvues de rayons, en ont communément de huit à neuf à leur orifice branchial, et pas moins de six à l'orifice anal [1].

Enfin, comme le nombre des rayons, dans les ascidies contractées ou privées de vie, est souvent difficile

---

[1] La tunique adhère moins fortement aux orifices dans cette seconde division; la membrane veloutée qui double ces orifices a moins d'épaisseur et de solidité.

à déterminer, s'il restait de l'incertitude sur la place d'un individu quelconque, on la ferait cesser par une simple section du sac branchial : car toutes les espèces que je considère comme des ascidies à test coriace, ont leurs branchies divisées longitudinalement par des plis saillant à l'intérieur, réguliers et permanens [1] ; et toutes celles que j'admets parmi les ascidies à test gélatineux, ont leurs branchies unies et sans aucun pli.

Chacune de ces divisions possède des espèces sessiles et des espèces pédiculées, avec cette différence néanmoins que, dans la première division, le pédicule naît du sommet du corps, et, dans la seconde, de sa base; de sorte que chez les espèces de cette seconde division le corps est véritablement supporté par le pédicule, tandis que chez celles de la première il y est plutôt suspendu.

Tels sont les résultats généraux des observations que j'ai pu faire sur les ascidies de ma collection et sur celles que M. Cuvier a bien voulu me communiquer.

Les ascidies à *test coriace et pédiculé*, composent le genre BOLTENIA ;
Les ascidies à *test coriace, sessile*, le genre CYNTHIA ;
Les ascidies à *test gélatineux, sessile*, le genre PHALLUSIA ;
Les ascidies à *test gélatineux, pédiculé*, le genre CLAVELLINA.

---

[1] « Ces plis, suivant la remarque de M. Cuvier, sont maintenus constans, quelles que soient d'ailleurs les dilatations du sac branchial, par des ligamens et des vaisseaux sanguins qui traversent sur leur base et enveloppent ce sac comme autant de cerceaux. »

IIIᵉ MÉMOIRE. ASCIDIES SIMPLES.

Genre BOLTENIA.

Exemple.

BOLTENIA ovifera. (*Vorticella ovifera.* Linn.)

Le corps est ovoïde, suspendu à un pédicule cylindrique très-grêle et très-long; tous deux couverts d'un poil ras, dur et serré. Les orifices extérieurs ou les oscules sont fendus en croix, peu proéminens, placés du même côté, l'un très-près du pédicule, et l'autre vers l'extrémité opposée. C'est le premier qui répond à la cavité branchiale. L'entrée de cette cavité est garnie d'une rangée de filets tentaculaires divisés à leur bout. Je ne connais pas les plis des branchies; je sais seulement que les gros vaisseaux forment entre eux des mailles carrées, et que ces mailles ont leur jour intercepté par des vaisseaux longitudinaux très-fins, croisés eux-mêmes par deux vaisseaux transverses, de moyenne grandeur. Le pharynx est au fond de la cavité, plus bas que l'orifice anal; il conduit à un estomac simple, et privé de foie, à ce qu'il paraît. L'intestin monte jusqu'au pédicule, mais il n'y pénètre pas, et redescend aussitôt parallèlement à lui-même : il se termine par un anus dentelé. Il y a deux ovaires très-inégaux : le plus petit est du côté des intestins, entre l'estomac et le rectum; et le plus grand, du côté opposé. Ils sont tous deux allongés, placés longitudinalement, et terminés par de courts oviductus, qui aboutissent, comme on le pense bien, à l'orifice anal. Tous ces viscères sont enveloppés dans une tunique dont le sommet se prolonge, s'amincit, et remplit comme une moelle l'intérieur du pédicule. Les muscles dont elle est garnie sont d'étroites bandelettes, les unes longitudinales, se portant aux deux orifices, les autres circulaires. Ces bandelettes se croisent à angle droit, et simulent ainsi un réseau branchial ; mais le plus léger examen suffit pour dévoiler leur nature. L'insertion du pédicule se fait visiblement ici, non au milieu, mais sur le côté du sommet ; et c'est ainsi qu'Edwards l'a représentée. On conçoit alors que le corps doit, par son poids, courber l'extrémité du pédicule, quand celui-ci s'élève verticalement, et se remettre ainsi dans sa position naturelle. Dans une autre espèce que Bolten a décrite, et que la distance qui existe entre ses ouvertures me fait rapporter à ce genre, le pédicule naît directement du sommet, et ne paraît pas disposé à perdre sa direction verticale. Telle que cette espèce est représentée, le fond du sac branchial monte, au lieu de descendre ; de sorte que l'animal est, à proprement parler, dans une situation renversée.

Genre Cynthia.

Plusieurs espèces de ce genre ne se distinguent du précédent que par le défaut de pédicule : d'autres s'en éloignent encore par la présence d'un foie ; d'autres, par l'unité de l'ovaire ; d'autres, par l'interruption du tissu des branchies, etc. Elles doivent donc différer beaucoup entre elles. Le petit nombre de celles que j'ai examinées pourrait former quatre tribus, si l'on avait égard aux variétés d'organisation que présentent les exemples suivans.

Premier exemple[1].

Cynthia Momus, — microcosmus, — pantex, — gangelion, — papillata, — claudicans, — pupa.

Les orifices plus ou moins tubuleux s'épanouissent en quatre festons non frangés. L'entrée de la cavité branchiale est pourvue d'un cercle de filets tentaculaires composés, généralement pinnés ou sub-bipinnés. Cette cavité n'a pas moins de douze plis flottans dans son intérieur, et quelquefois elle en a dix-huit très-complets, neuf de chaque côté, qui tous suivent parallèlement la courbure de la cavité, et vont aboutir à un petit espace lisse, situé au-dessous du pharynx. Les gros vaisseaux longitudinaux sont les plus saillans de tous; ils forment avec les vaisseaux demi-circulaires des mailles en carré long, que trois autres vaisseaux moins gros subdivisent en quatre mailles transverses. Ces dernières ont leur jour intercepté par des vaisseaux longitudinaux extrêmement fins. Le pharynx conduit à un estomac pourvu d'un foie verdâtre, grenu ou feuilleté. Ce foie, qui adhère d'une manière intime à l'estomac, l'enveloppe en tout ou en partie, et y verse la bile par des trous distincts percés au fond de certaines cavités. L'intestin est peu glanduleux; il forme une anse peu élevée, toujours écartée du rec-

[1] *Voyez* les planches relatives aux ascidies.

tum, qui se termine par un anus découpé ou entier. Il y a au moins deux ovaires; ils sont attachés à la tunique, et appliqués contre le sac branchial, l'un du côté des intestins, et l'autre du côté opposé. Ces ovaires sont terminés par de courts oviductus, dirigés vers l'orifice anal.

Telle est l'organisation commune aux sept espèces indiquées ci-dessus, et que diversifient quelques caractères sujets à varier. 1°. Le nombre des plis de la cavité branchiale : on en compte douze dans la *cynthia gangelion*; quatorze dans les *C. microcosmus, pantex, pupa*; seize dans la *C. papillata*, dix-huit dans la *C. momus*; enfin, dix-sept ou même dix-neuf dans la *C. claudicans*, qui les a toujours en nombre impair. 2°. La position du pharynx, qui s'éloigne plus ou moins du fond de la cavité; ce qui peut beaucoup changer la proportion relative de ses plis. La *C. momus*, où il est le plus élevé, a les plis postérieurs ou voisins des artères branchiales très-longs, et les plis voisins de la veine branchiale très-courts. 3°. La conformation de l'estomac, dont l'intérieur, ordinairement simple, est garni de plusieurs feuillets saillans dans la *C. papillata*. 4°. La disposition du foie, que les *C. momus, microcosmus, pantex* et *gangelion*, ont divisé en deux masses, dont une est à gauche du sac branchial, et comme hors de l'abdomen. 5°. Le nombre, la forme et la situation des ovaires. Du côté de l'abdomen, l'ovaire est toujours unique, mais tantôt compris dans l'anse de l'intestin sans y adhérer, tantôt couché sur l'intestin et adhérant au rectum. Ce dernier cas est celui des

C. papillata, *claudicans* et *pupa*. La *C. microcosmus* est la seule qui ait deux ovaires du côté gauche, et la *C. papillata*, la seule qui ait des deux côtés un ovaire recourbé et terminé par un oviductus à chaque bout. Je ne tiens pas compte ici de différences plus minutieuses, qu'on trouvera d'ailleurs énumérées ci-après, dans le Tableau systématique des espèces[1].

Second exemple.

Cynthia dione.

Cette espèce a les deux orifices extérieurs découpés en quatre lobes; les filets tentaculaires branchus et comme bipinnés; quatorze plis flottans au sac branchial; l'estomac enveloppé dans un foie cannelé et verdâtre; les ovaires au nombre de deux, un dans l'abdomen et contigu à l'intestin, quoique non compris dans son anse; l'autre du côté opposé. Elle semble donc partager la conformation des précédentes, et devrait, en effet, leur être réunie, si elle ne présentait deux caractères par lesquels elle se distingue non-seulement de ses congénères, mais encore de toutes les ascidies simples et composées qui me sont connues.

Le premier consiste en de petits filamens qui bordent les festons de ses orifices, et qui la font reconnaître pour l'espèce gravée dans Forskael, tab. XXVII, fig. E, à laquelle on trouve cette singulière frange de filets.

[1] *Voyez* le Système des ascidies.

Le second et le plus important de ces caractères réside dans la disposition du tissu branchial, qui n'est pas continu sur les plis, mais interrompu à des distances égales et de manière à dessiner une suite de festons très-réguliers. Chaque pli en a un second à sa base, qui n'est pas libre comme lui, et dont les points d'attache correspondent aux intervalles qui séparent les festons. La totalité des plis est ainsi de vingt-huit, quatorze de chaque côté : ils sont bordés par un égal nombre de grands vaisseaux longitudinaux. Les vaisseaux qui composent le tissu sont excessivement fins; les transverses cependant, moins déliés que les autres, moins serrés aussi, et s'accommodant très-bien par leur courbure à la circonscription des festons. Ce dernier point est une légère exception à la loi qui veut que, dans cette famille, les vaisseaux des branchies s'unissent en formant des angles droits entre eux.

Cette espèce est encore remarquable par la disposition des fibres charnues de sa tunique, dont les principaux trousseaux, de chaque côté, descendent des deux orifices en convergeant, et se terminent brusquement avant de s'atteindre; ils sont peu nombreux, courts et épaissis par le bout.

La *cynthia momus* présente une organisation musculaire assez analogue : mais, dans les autres espèces de ce genre, les muscles circulaires des orifices se répètent concentriquement sur tout le corps, en se croisant; les muscles longitudinaux de ces mêmes orifices se prolongent aussi, et vont s'épanouir à la base; ils s'unissent avec les autres, et tous se serrent tellement dans les deux tribus suivantes, que la tunique ne présente plus qu'un tissu continu sans distinction de faisceaux. A la vérité, les espèces d'ascidies dont la tunique intérieure est la plus musculeuse et la plus propre à lancer de longs filets d'eau, appartiennent à ce genre.

Troisième exemple.

Cynthia Canopus, — polycarpa, — pomaria.

On trouve à ces espèces des orifices à quatre lobes non frangés; des filets tentaculaires très-simples; des plis branchiaux; au nombre de huit seulement, quatre de chaque côté, à réseau continu; un estomac feuilleté intérieurement, dépourvu de foie et de toute autre annexe à l'extérieur : enfin, un ou plusieurs ovaires sur chacun des côtés du corps.

L'organisation viscérale semble simplifiée. La cavité branchiale a moins de plis, et, en outre, des plis moins saillans; plus de filets tentaculaires divisés; plus de foie; les glandes renfermées dans l'épaisseur des parois intestinales peuvent y suppléer. L'intérieur de l'intestin est pourvu d'une côte cylindrique qui s'étend du pylore à l'anus, et qui se montre ici pour la première fois.

La conformation du tube alimentaire varie. La *cynthia Canopus* a l'estomac très-grand, cylindrique, et un très-long rectum. Dans les *C. polycarpa* et *pomaria*, l'estomac est très-petit, elliptique, et l'intestin très-court : il y a de plus un petit cœcum en avant du pylore.

Les organes de la génération montrent des différences plus frappantes et plus difficiles à concevoir. Les ovaires de la *C. Canopus* sont en nombre limité, deux ou quatre, au plus; ceux du côté droit contigus au rectum; tous terminés, comme à l'ordinaire, par des oviductus ou des canaux propres à l'émission des œufs. A en croire les apparences, les ovaires des *C. polycarpa* et *pomaria* seraient en nombre pour ainsi dire illimité, et n'auraient aucun oviductus. En effet, parmi les organes que possèdent ces espèces, les seuls qu'on puisse prendre pour des ovaires, sont des corps hémisphériques ou coniques, adhérens à la tunique charnue, au nombre de plus de cinquante, et disposés sur huit rangs qui correspondent à peu près aux huit plis du sac branchial: ils sont formés d'un amas de grains semblables aux œufs de quelques autres espèces, très-serrés, et dont l'ensemble imite exactement une baie composée, soutenue par un calice à cinq divisions. Ces ovaires, vrais ou faux, n'ont entre eux aucune communication visible, et paraissent ne posséder d'oviductus ni communs ni particuliers; ils sont accompagnés à leur base de vésicules gélatineuses, transparentes, sub-pédiculées: l'état de vacuité leur donne à eux-mêmes cette apparence vésiculeuse. La *C. papillata,* qui appartient à la première tribu, m'a offert aussi plusieurs rangées de vésicules gélatineuses, ridées, demi-transparentes, qui correspondent aux plis des branchies, et sont attachées à la base de leurs principaux ligamens, sur la tunique charnue. Ces vésicules, non moins isolées que les corps précédens, ont quelques vaisseaux sanguins et paraissent organisées. On ne peut néanmoins les confondre avec les véritables ovaires, qui en sont ici très-distincts. Dans la *C. microcosmus*, les ovaires, dont la nature n'est pas douteuse, se composent de lobes gélatineux, séparés comme les grains d'une grappe; et après l'émission des œufs, ces lobes flétris deviennent difficiles à distinguer des vésicules ridées de la *cynthia papillata*. Je suis même porté à croire que ce sont les ovaires flétris du *microcosmus*, que M. Cuvier, ne sachant quelle organisation leur attribuer, a pris pour des provisions de substance nutritive, comparables à la graisse des autres animaux [1].

Quelles que soient les fonctions de ces diverses parties, on doit se garder de confondre des corps si régulièrement organisés et disposés, avec certaines excroissances spongieuses ou charnues qui pullulent sans ordre sur les parois de la tunique et jusque sur les intestins et les ovaires de quelques espèces. J'ai trouvé de semblables excroissances à une variété de la *C. claudicans*, dont elles enveloppaient entièrement l'intestin; j'en ai même trouvé à la *C. Canopus* qui fait partie de cette troisième tribu, et je les ai fait dessiner. Au reste, toutes ces productions paraissent étrangères aux espèces de la quatrième tribu, et elles ne se représentent plus dans les genres suivans.

Quatrième exemple.

CYNTHIA mytiligera, — solearis, — cinerea.

Les deux orifices sont plus ou moins sillonnés; ils

[1] Mémoire précité, pag. 54.

ne s'épanouissent néanmoins qu'en quatre festons, indiqués par quatre angles intérieurs. Les filets tentaculaires sont très-simples; la cavité branchiale pourvue de huit plis, quelquefois très-superficiels; le tissu respiratoire essentiellement conformé comme dans la première tribu; l'estomac feuilleté au-dedans, sans aucun foie à l'extérieur; l'intestin petit, glanduleux, muni à l'intérieur d'une côte qui s'étend du pylore à l'anus. Tous ces caractères se trouvent déjà réunis dans les espèces de la troisième tribu, dont celles-ci ne diffèrent en effet que par l'unité de l'ovaire, et sa situation dans l'anse intestinale, qui l'embrassent exactement. C'est une différence de quelque valeur, parce qu'en séparant ces espèces à branchies peu plissées, et les isolant dans leur division, elle les rapproche en même temps de la division suivante, où l'ovaire est toujours unique et étroitement embrassé par l'intestin.

Dans cette tribu, l'ovaire se présente sous la forme d'une poche membraneuse, qui fournit des points d'attache aux branchies, et qui se fixe elle-même à la tunique et au pourtour de l'anse intestinale. Je n'y ai jamais aperçu que quelques grains ronds et épars, assez semblables à d'autres grains qui tapissent la tunique et le dehors de l'intestin; mais ces derniers ne sont que de petites glandes généralement très-noires. Cette poche envoie un prolongement qui s'attache au rectum, mais si frisé, si irrégulier, si mince, que je n'ose le donner pour un oviductus.

Les espèces en question sont celles dont les viscères abdominaux tiennent le moins de place. Leur intestin est très-petit et très-maigre. Le sac branchial est généralement d'un tissu ferme, fortifié par des ligamens fibreux très-compactes, et attaché à la tunique charnue par des brides ou des expansions prolongées de ces mêmes ligamens [1]. On voit qu'en se contractant il pourrait se réduire à un petit volume et laisser entre les côtés de la tunique et lui un assez grand espace, auquel l'orifice qui répond à l'anus ménagerait facilement quelque communication au dehors. L'eau pénétrerait-elle ainsi dans cet intervalle, qui est souvent rempli de gravier assez gros, sans qu'il se manifeste aucune lésion au tissu des branchies [2] ? Des observateurs si dignes de foi [3] ont vu les ascidies lancer l'eau en deux jets séparés, qu'on ne peut guère douter que ce fluide ne soit quelquefois absorbé ou rejeté par l'orifice anal.

Genre PHALLUSIA.

On sait déjà que ce genre diffère des précédens par ses branchies non plissées et tendues. A ce premier caractère elles en joignent un second plus difficile à observer : c'est que les mailles de leur tissu sont pourvues, à chaque angle, de petites bourses ou papilles coniques qui marquent la jonction des vaisseaux longitudinaux aux vaisseaux transverses. Ces mailles ont

---

[1] Le sac branchial des ascidies n'adhère immédiatement à la tunique que par ses deux arêtes antérieure et postérieure.

[2] On pourrait s'en assurer en injectant quelque liquide par l'orifice anal; essai que l'état des individus que je possède ne m'a pas permis de tenter.

[3] Diquemare, Bruguière, Müller, Bosc, et, plus anciennement, Rondelet.

d'ailleurs leur ouverture interceptée, comme à l'ordinaire, par d'autres vaisseaux longitudinaux très-déliés. Quant aux papilles, elles sont analogues aux filets qui bordent la veine branchiale dans beaucoup d'ascidies, tant simples que composées, et qui indiquent aussi la réunion des vaisseaux transverses à cette veine.

Il semble d'abord que ce genre ne puisse se subdiviser aussi facilement que le précédent : des filets tentaculaires toujours simples ; des branchies toujours tendues et dont les mailles sont toujours essentiellement les mêmes ; un ovaire toujours unique ; jamais de foie à l'estomac : cet annexe ne doit plus reparaître, mais une côte intestinale qui s'étend toujours du pylore à l'anus. Il y a donc ici un grand fond d'uniformité ; mais ce fond est varié par des combinaisons absolument étrangères aux deux premiers genres, et qui permettent d'établir dans celui-ci trois tribus naturelles très-distinctes. C'est ce que je vais démontrer par autant d'exemples.

Premier exemple.

PHALLUSIA sulcata, — nigra, — arabica, — turcica.

L'enveloppe de ces quatre espèces est demi-cartilagineuse, arrosée par des ramifications veineuses et artérielles très-visibles : ces petits vaisseaux proviennent d'un double tronc qui sort de la partie moyenne et postérieure du corps. Le pharynx n'est pas situé précisément au fond du sac branchial, mais plus haut, vers son tiers ou son quart inférieur. Il conduit à un estomac horizontal et simple dans les trois premières espèces, mais vertical et garni de feuillets très-minces dans la *Ph. turcica*. L'intestin est peu glanduleux ; il forme une anse plus élevée que dans le genre précédent, et plus inclinée sur le rectum. L'ovaire ne s'est trouvé visible et rempli d'œufs que sur la première espèce, *Ph. sulcata*. Sa masse principale est comprise entre le rectum et l'anse intestinale, dans laquelle son tube se plonge pour suivre le contour inférieur de l'intestin jusqu'à l'anus.

Au premier aperçu, la *Ph. turcica* semble une espèce anomale dans cette tribu. Son tissu branchial ne représente point un réseau dont les mailles auraient leur ouverture interceptée par des fils plus fins : les vaisseaux longitudinaux y sont tous très-fins et très-égaux ; mais les principaux d'entre eux n'en sont pas moins distingués des autres par la position des papilles, et il est certain que, dans la plupart des espèces, le diamètre apparent des vaisseaux est plus ou moins augmenté par les ligamens qui les fortifient, ligamens qui sont ici d'une transparence parfaite. A y bien regarder, cette anomalie est donc à peu près nulle : mais il s'en trouve une plus embarrassante dans la disposition des intestins.

En effet, c'est une règle générale parmi les ascidies, que la cavité branchiale occupe le côté gauche, et la cavité abdominale le côté droit du corps [1]. La *phallus'a turcica* déroge incontestablement à cette loi : son tube alimentaire est situé à gauche du sac branchial. Une autre règle est que l'intestin, après s'être éloigné du pylore, se recourbe en devant pour se rapprocher du

---

[1] Il ne faut pas oublier que la droite des ascidies répond à la gauche des bivalves.

bord supérieur de l'estomac avant de se porter à l'anus : dans la *Ph. turcica*, l'intestin se courbe au contraire en arrière, et embrasse l'estomac par dessous, avant de donner le rectum. Cette double singularité, observée sur une seule espèce et sur un seul individu, m'ayant paru suspecte, j'ai voulu rechercher si d'autres espèces ne présenteraient pas quelquefois des dérangemens analogues. J'en ai en effet trouvé un dans la *cynthia momus*, qui est plus extraordinaire encore, et qu'il me paraît utile de noter ici. Le tube alimentaire était de même à gauche : mais, par une interversion presque inexplicable, le pharynx avait quitté la base antérieure du sac branchial et s'était placé à son sommet postérieur ; l'intestin descendait jusqu'au fond de la tunique, se repliait en avant, et remontait parallèlement à lui-même pour se terminer vis-à-vis du pharynx, de sorte que l'anus et le pharynx s'ouvrent également sous l'orifice branchial. Quant à l'orifice anal, il entrait dans les branchies et leur procurait une seconde issue au dehors. Cet individu avait des ovaires garnis d'œufs. Il paraissait néanmoins supporter cette organisation monstrueuse avec peine; ses branchies, remplies de crevettes, attestaient son état de faiblesse, et ce même état m'a paru décelé dans la *Ph. turcica* par le grand nombre d'entomostracés qui en peuplaient l'intérieur.

Une troisième différence, mais assez légère, se remarque sur la tunique, dont les muscles longitudinaux sont courts et terminés brusquement dans la phallusie en question, tandis qu'ils se prolongent et s'épanouissent dans les trois autres.

Second exemple.

PHALLUSIA monachus, — mamillata.

Quelque variée que soit l'organisation des divers groupes d'ascidies que nous avons examinés, ils se ressemblent tous par la forme générale du corps et les proportions relatives de ses parties principales. Ce corps est toujours droit; la cavité branchiale descend jusqu'au bout de la tunique; l'intestin n'est point sensiblement dépassé par le fond de cette cavité, et lui-même il ne la dépasse point. Une conformation si constante jusqu'ici disparaîtra tout-à-coup. Bientôt nous ne trouverons que des ascidies dont les intestins s'éloignent du sac branchial, et dont l'abdomen abandonne, pour ainsi dire, le thorax. Mais, avant de suivre cette voie, qu'elle ne doit plus quitter, la nature semble se détourner brusquement et faire quelques pas en sens inverse. Les ascidies de cette tribu n'ont pas seulement le sac branchial de la longueur de l'abdomen; il se prolonge au-delà en se recourbant en arrière, et semble forcer la tunique à se prêter à ce mouvement : il y force, en quelque sorte, l'abdomen lui-même; car l'estomac est réellement relevé et replié sur l'anse de l'intestin.

L'enveloppe extérieure a la même consistance demi-cartilagineuse que nous lui avons vue dans la tribu précédente, et montre les mêmes ramifications vasculaires. Le corps qu'elle contient, parvenu à son fond, se recourbe à droite et en arrière pour remonter vers son milieu; elle se moule sur ce repli, et, pénétrant dans l'intervalle que les deux parties laissent entre elles, elle les maintient dans leur position respective. C'est au-dessus de ce *septum* que l'enveloppe reçoit du corps son principal vaisseau. La tunique a des trousseaux de fibres très-divisés. Le sac branchial a, comme on le pense bien, beaucoup d'étendue : il est allongé et se recourbe immédiatement au-dessous du pharynx; mais, comme l'entrée de la courbure est vaste, le pharynx ne laisse pas d'être éloigné de la base de l'enveloppe, circonstance qui permet à l'estomac de se tenir au-dessous dans une ligne absolument verticale. Cet estomac, retourné sur l'intestin, a pris une situation inverse de celle qu'il affecte communément, c'est-à-dire que son bord antérieur et inférieur est devenu supérieur et postérieur. Quoi qu'il en soit, sa cavité est relevée de gros plis qui convergent, comme à l'ordinaire, du cardia au pilore; il est très-glanduleux, ainsi que tout l'intestin, dont l'anse est disposée comme dans la première tribu. Je n'ai point trouvé d'ovaire; les petits grains disséminés dans la masse des viscères sont évidemment des glandes. M. Cuvier indique cependant le conduit excréteur de la génération; mais, en examinant la figure qu'il en a donnée, je crains qu'il n'ait pris pour tel l'extrémité de la côte intestinale. Cette côte semble formée d'un paquet de petits tuyaux qui, partant du pylore, vont aboutir à l'anus et s'y terminer par une sorte de pavillon frisé. Je passe aux phallusies de la troisième tribu.

Troisième exemple.

PHALLUSIA intestinalis.

C'est maintenant que l'abdomen des ascidies commence visiblement à descendre et à se séparer du thorax[1]. Cette nouvelle et importante modification semble annoncer que la nature va passer des ascidies simples aux ascidies composées. On ne peut toutefois la considérer encore que comme le lien organique qui unit ce genre au suivant.

L'enveloppe de la phallusie intestinale est gélatineuse, transparente, cylindrique, et d'une forme qui indique qu'elle se prête à l'allongement des viscères. Elle n'a point de ramifications vasculaires visibles ; les vaisseaux incolores qu'elle reçoit lui viennent de la partie inférieure du corps. Son épiderme est légèrement velouté ; les festons de ses orifices sont séparés par de gros points calleux, caractère dont on pourra tirer meilleur parti dans la suite, si on le trouve exclusivement propre à cette tribu. Les fibres longitudinales de la tunique des-

---

[1] En un certain sens, l'abdomen ne descend pas, il monte ; et en voici la preuve. Une ascidie dans sa position naturelle représente un mollusque bivalve, aussi dans sa position naturelle ; et ce dernier, un mollusque gastéropode, une patelle, par exemple, la tête en bas et dans une situation renversée. Il résulte de là que les parties qui descendent relativement à l'ascidie, montent relativement au gastéropode. Ainsi, une ascidie dont les intestins et l'ovaire se sont prolongés au-dessous du thorax, ne peut plus être comparée qu'à un gastéropode dont les viscères abdominaux se seraient déroulés en avant de la tête, et qui n'aurait conservé dans la position habituelle de l'abdomen que les branchies et l'anus.

Ceci complète, en quelque sorte, l'inversion des expressions, que j'ai fait remarquer ci-devant, pag. 18, note 1.

cendent par faisceaux réguliers qui vont s'épanouir à sa base. La cavité branchiale est très-allongée, et le pharynx presque contigu à son fond, qui est ainsi facilement dépassé par l'abdomen. L'estomac, auquel conduit un court œsophage, descend obliquement en arrière. Il est pourvu de quelques feuillets en dedans, et en dehors de glandes assez saillantes : on observe de semblables glandes sur une portion de l'intestin. L'anse de celui-ci est un anneau qui remonte à peine jusqu'aux branchies, mais qui est immédiatement suivi d'un long rectum. La masse de l'ovaire est comprise dans l'anneau intestinal; son fond s'attache à l'œsophage; son tube monte avec le rectum et le dépasse. Il est à remarquer que dans cette espèce le péritoine commence à prendre plus de consistance et fournit une voûte membraneuse qui circonscrit et protége en dessus la cavité abdominale.

Genre CLAVELLINA.

Exemple.

CLAVELLINA borealis. (*Ascidia clavata.* Cuv.)

Quoique le genre des phallusies comprenne quelques espèces dont la masse des viscères se concentre entre le fond de la tunique et celui du sac branchial, ce dernier très-allongé leur sert encore de point d'appui, et l'on peut dire que toutes les phallusies ont l'abdomen plus ou moins latéral. Il n'en est pas ainsi des clavellines : leur sac branchial ou leur thorax est fort petit ; leur abdomen est très-allongé et absolument inférieur;

le pédicule qui le supporte le fait paraître encore plus long. Au reste, les proportions de ce prolongement, qui n'est rempli que par une production muqueuse de la tunique, peuvent varier; et je pense qu'on doit considérer l'*ascidia lepadiformis* de Müller comme une espèce de clavelline dont le pédicule est fort court.

L'existence du pédicule établit entre les clavellines et les boltenies une sorte de conformité extérieure qui tend à les faire confondre : mais, si l'on fait attention au point d'où part ce support, on trouvera bientôt que le caractère qui semblait rapprocher les deux genres, est précisément celui qui les éloigne, et qui oblige de les placer aux deux bouts de la série des ascidies simples.

Les véritables rapports des clavellines sont avec les phallusies. Néanmoins, aux différences que l'on connaît s'ajoutent des considérations moins importantes peut-être, mais dont la réunion me semble justifier pleinement l'établissement du genre. L'orifice branchial paraît privé de rayons; il est garni au-dedans de filets disposés sur deux rangs bien séparés. Le réseau de la cavité n'a point de bourses ou papilles vasculaires; il se compose de gros vaisseaux transverses, unis par des vaisseaux longitudinaux, très-fins et très-égaux. L'œsophage est long et grêle; il descend tout droit, et aboutit à un estomac perpendiculaire, qui a quelques feuillets au-dedans, mais qui n'est pas glanduleux. On ne voit point ici cette côte cylindrique qui, dans les phallusies, s'étend du pylore au bout du rectum. Toute la portion de l'intestin inférieure à l'estomac est remplie de petites glandes piriformes, qui ont la couleur jaunâtre ou verdâtre des tubes hépatiques; elles sont contenues dans l'épaisseur des parois intestinales, et ne font aucune saillie. Au sortir du pylore, l'intestin ne se relève pas pour former un anneau plus ou moins vertical : il descend au contraire perpendiculairement jusqu'au pédicule, et ne se recourbe que pour remonter directement vers l'anus en passant sur l'estomac; exactement comme dans la plupart des ascidies sociales, avec lesquelles celle-ci, par les proportions et le groupement de ses viscères, a des analogies que M. Cuvier a très-bien remarquées.

La position de l'ovaire dans le repli de l'intestin, quoique semblable à celle que présente la phallusie intestinale, ne vient point infirmer les conséquences précédentes, parce que cette position est encore à peu près la même dans les genres *diazona* et *distoma*, qui sont des ascidies sociales.

On peut prévoir, des rapports de la clavelline avec ces deux derniers genres, qu'en se bornant à considérer l'organisation individuelle, il ne se présentera aucune distinction réelle entre les ascidies simples et les ascidies composées; et en effet, plus on les compare entre elles, plus les différences s'évanouissent. Hormis les distinctions qui caractérisent les genres chacun dans sa division, on peut dire que toutes les autres modifications leur sont communes[1]. Il y en a même qui, après avoir disparu dans les unes, se montrent de nouveau

---

[1] Les abeilles solitaires ne ressemblent pas davantage aux abeilles sociales.

dans les autres. Ainsi les petites bourses papilliformes des branchies du genre *phallusia* reparaissent dans le genre *diazona*; les ovaires doubles et appliqués contre les branchies des cynthies se retrouvent dans les botrylles; la position très-relevée de l'abdomen, si complètement étrangère à la clavelline, revient jusqu'à un certain point dans ces mêmes botrylles et dans les eucélies. Il y a même de très-insignifians ou très-minutieux détails d'organisation dont l'existence se soutient dans toute la série. Ainsi les botrylles, les sigillines et les autres ascidies sociales dont nous connaissons les filets tentaculaires, les ont toujours montrés de longueur inégale, les plus petits séparant les plus grands et alternant avec eux. La même combinaison se retrouve dans les ascidies simples; et si elle n'y est pas toujours aussi régulière, on voit que cela tient à la multiplicité des filets, qui en gêne et en contrarie plus ou moins le développement.

Mais cette conformité dans les organes que nous avons examinés jusqu'ici, ne serait-elle qu'un masque commun sous lequel existeraient des natures réellement différentes? Il est d'autres organes, en effet, que les zoologistes regardent comme plus essentiels, et dont l'absence, la présence ou certaines modifications, décident, suivant eux, du mode d'existence accordé aux divers animaux. Le cœur a été trouvé dans les ascidies simples: existe-t-il dans les ascidies composées? Je puis répondre à cette question par l'affirmative; mais, pour arriver à une démonstration complète, il est nécessaire que j'examine la forme sous laquelle les ascidies ordinaires présentent cet organe.

Dans toutes, le cœur est un renflement peu musculeux, oblong ou fusiforme, dont les deux extrémités opposées se prolongent en deux vaisseaux d'un diamètre presque égal au sien. Un de ces vaisseaux reçoit, à ce qu'on croit, tout le sang des branchies; il prend le nom de *veine pulmonaire*. L'autre, beaucoup plus long, est l'*aorte*, qui distribue le sang aux diverses parties du corps[1]. Cet appareil est renfermé dans un double fourreau membraneux.

Dans toutes encore, le cœur est situé fort près de l'estomac; la veine pulmonaire se porte d'abord vers le cardia, tandis que l'aorte se dirige en sens contraire. Il y a ensuite des variétés qu'il importe de connaître.

La cynthie papilleuse a le cœur placé horizontalement entre le fond de la tunique et le foie. La veine pulmonaire suit le bord inférieur et antérieur de l'estomac jusqu'au cardia, lieu où paraît toujours s'établir la communication de cette veine avec les branchies. L'aorte se recourbe d'abord brusquement, passe sous le cœur, revient sur elle-même, et monte quelque temps parallèlement aux artères branchiales avant de se diviser.

La phallusie cannelée, première tribu, a le cœur situé plus en avant, mais toujours horizontalement et sous le bord inférieur de l'estomac, que la veine pulmonaire remonte jusqu'à l'œsophage, tandis que l'aorte

---

[1] « L'ascidie n'a, comme les gastéropodes et les acéphales, qu'un ventricule gauche ou aortique, et il n'y a point de ventricule sur la réunion de la veine cave et des artères pulmonaires. » Cuvier, *Mém. précité*, pag. 37.

se porte immédiatement du côté opposé, en suivant les artères branchiales, qu'elle abandonne vers le milieu de leur longueur pour aller distribuer le sang à l'enveloppe. Dans tout ce trajet, elle est accompagnée d'un autre gros vaisseau qui rapporte ce sang au corps.

Dans la *phallusia monachus*, seconde tribu, le cœur est situé un peu obliquement derrière le pylore. Comme l'estomac est retourné sur l'intestin, et que son bord inférieur est devenu supérieur, la veine pulmonaire se réfléchit pour suivre ce même bord jusqu'au cardia. Quant à l'aorte, elle monte, comme dans l'espèce précédente, parallèlement aux artères branchiales, dont elle ne s'éloigne que pour arroser l'enveloppe et d'autres parties.

Le cœur de la phallusie intestinale, troisième tribu, diffère des précédens par sa direction : il est situé presque perpendiculairement, un peu au-dessus de l'estomac, à gauche, du côté opposé à l'ovaire. La veine pulmonaire contourne l'estomac pour parvenir à l'œsophage. L'aorte s'élève d'abord, et forme, en revenant sur elle-même, une petite anse verticale qui dépasse un peu celle de l'intestin ; elle continue de descendre, mais dans une direction opposée à celle de la veine pulmonaire, et finit par se diviser en deux ou trois branches qui se rendent à l'enveloppe et aux autres parties.

Le cœur de la clavelline boréale est perpendiculaire comme le précédent, et situé de même du côté opposé à l'ovaire ; mais la chute complète de l'anse intestinale l'a entraîné un peu au-dessous de l'estomac. La veine pulmonaire s'élève vers le cardia ; l'aorte descend parallèlement à l'intestin, et se divise près de sa courbure; l'ensemble représente un gros vaisseau tout droit.

Voilà les diverses positions que m'a fait voir le cœur des ascidies proprement dites. Diquemare, qui a observé cet organe dans l'ascidie intestinale, sans toutefois le reconnaître, dit qu'il s'allonge et se raccourcit alternativement avec beaucoup de vivacité[1]. On ne peut donc douter de sa nature et de ses fonctions : c'est par conséquent le même organe qu'il s'agit de retrouver dans les ascidies sociales.

Le genre *diazona* en présente un tout semblable; il est, comme dans la clavelline, situé perpendiculairement au-dessous du pylore, du côté opposé à l'ovaire : la veine pulmonaire monte de même à la base de l'œsophage; l'aorte descend vers le fond de la tunique, puis elle se recourbe et s'élève en montant du côté du rectum; elle se divise néanmoins avant d'atteindre le pédicule de l'abdomen.

Je n'ai examiné le cœur que sur cette ascidie composée; la petitesse des autres m'a détourné d'une telle recherche : mais il ne serait pas plus raisonnable de leur contester cet organe que de balancer à l'accorder à tous les petits mollusques céphalopodes ou gastéropodes, dans lesquels on ne l'a pas observé, et où vraisemblablement on ne le cherchera jamais.

Ainsi les ascidies sociales ont un cœur, un centre de circulation semblable à celui des ascidies solitaires. Elles leur ressemblent encore par la place qu'occupe le centre principal des sensations. M. Cuvier a fait voir

[1] *Journal de physique*, année 1777, pag. 138.

que le plus gros ganglion des ascidies ordinaires était placé entre les productions de la tunique, moins près cependant de l'orifice branchial que de l'anal[1]. Il est allongé, et donne à chaque bout deux branches qui envoient des rameaux aux viscères, mais dont les divisions principales se portent très-visiblement aux deux orifices.

Pour expliquer cette distribution des filets nerveux, il faut se représenter que l'ascidie, emprisonnée sous une écorce à peu près insensible, et souvent incrustée de corps étrangers, n'a de communications et de sensations directes à l'extérieur que par les deux orifices. Il paraît même que celui de l'anus, ordinairement plus rapproché du ganglion, est le siége d'une sensibilité plus vive. Les mouvemens de dilatation et de contraction qu'il laisse apercevoir, sont si souvent répétés, que Müller a cru qu'il était employé à prendre la nourriture, et que le supérieur servait uniquement à rejeter l'eau.

Les ascidies sociales offrent la même organisation et les mêmes phénomènes. J'ai parlé ailleurs de leur gros ganglion, et je ne reviendrai pas sur ce sujet. Je me contenterai de remarquer que, quoique l'agrégation des enveloppes particulières soit complète et intime, la communauté des sensations semble n'exister que par les

---

[1] « Ce ganglion, dit M. Cuvier, donne des branchies que l'on suit aisément, parmi lesquelles on en distingue, dans les grandes espèces, deux qui se rendent à l'œsophage et l'entourent d'un anneau. L'analogie ne permet pas de douter que cet anneau ne soit le cerveau. Le ganglion répond à celui qu'on trouve dans les bivalves, entre les branchies, et vers l'origine du tube qui amène l'eau. » (*Mémoire précité*, p. 24.)

orifices de l'anus. On les voit tendre constamment à se rapprocher, à se mettre en contact; et, quand ils parviennent à s'unir, on les voit se créer un centre nerveux, et produire par leur expansion un nouvel organe, qui est celui de la sensibilité et de la volonté générales [1]. Le botrylle, qui réunit toutes les conditions précédentes, jouit au plus haut degré des prérogatives de l'animal composé : l'anatomie était en quelque sorte nécessaire pour dévoiler sa vraie nature, et l'on peut dire que sans elle les animaux dont se forme chaque étoile du botrylle eussent toujours été considérés comme un seul animal [2].

[1] Si l'on irrite un oscule à la circonférence d'un système de botrylli, cet oscule se contracte seul; si l'on irrite le milieu de la cavité centrale du système, tous les oscules se contractent à-la-fois. Conservé dans l'eau filtrée, et épuisé par un long jeûne, l'animal élève davantage le limbe délicat qui entoure la cavité centrale; il lui donne la forme d'une trompe conique, et cherche, en l'agitant, à exciter un tourbillon plus étendu ou plus rapide. S'il a pris et digéré de la nourriture, il retire à lui le limbe tout entier; les orifices intérieurs lancent alors les excrémens par petits grains avec tant de vivacité, qu'ils leur font dépasser la cavité centrale d'un seul jet. *Irritato osculo externo dactyli, illud unicè contrahitur, immotis persistentibus reliquis; sed, irritatá parte centrali stellæ, omnia oscula simul clauduntur. In aqua marina filtrata detentum et longá inediá vexatum, animal singulæ stellæ limbum centralem in conum apice pervium (seu infundibulum), è tenerrima et diaphana membrana formatum, erigit, fortioris sine dubio et amplioris vorticis excitandi gratiá. Contrà alvum deponens retrahit limbum illum, ut vix ejus supersit vestigium; atque tunc ex foramine interno dactylorum granulatæ fæces tantá vi exploduntur, ut ingenti saltu oppositum foveæ marginem transiliant.* (Gærtn. apud Pall. Spicil. zool. fasc. x, pag. 38.)

[2] Pallas se faisait une idée singulière de ces étoiles : il les regardait comme des animaux pourvus de plusieurs têtes, et qui en acquéraient tous les jours de nouvelles. *Quis enim è Gærtneri observationibus non concludat singulam hujus crustæ Zoophytæ stellam non unum esse flosculum seu unicum caput, sed Polypum quasi multicipitem, et subnascentibus continuò novis capitibus pullulantem?* (Spicil. zool. fasc. x, pag. 35.)

On voit aussi que, si un degré trop élevé dans l'organisation s'oppose à la réunion matérielle de plusieurs individus en un seul être, un degré moyen pourrait bien lui être favorable, puisque le système nerveux des ascidies, loin de nuire aux facultés de l'animal composé par elles, lui en procure d'éminentes qu'on chercherait peut-être vainement dans les classes inférieures.

Le propre, l'essence des ascidies composées, réside donc dans la convergence et dans l'union plus ou moins directe des orifices de l'anus, union qui établit la réciprocité de certaines impressions et la société ou la vie commune. Voilà le caractère qui résulte de leurs qualités actuelles et positives. Quant à l'origine de ces qualités, il faut la chercher dans la composition même de l'œuf; car il est évident que le dépôt successif de plusieurs germes indépendans, quelque régulier et symétrique qu'on le suppose, ne produirait jamais que des groupes analogues à ceux de l'ascidie rameuse ou de l'ascidie lépadiforme, dont les individus s'attachent les uns aux autres, sans que ce rapprochement puisse établir entre eux aucune véritable liaison organique.

Nous avons déjà prouvé l'existence de ces germes composés, qui seule exclut les suppositions qu'on pourrait faire à l'aide des germes simples. Je conviens que le nombre apparent des embryons particuliers est très-borné dans chaque œuf. Celui d'un pyrosome qui aura quelques milliers d'individus, n'en offre que quatre; et je n'oserais assurer que ceux des botrylles et des autres ascidies sociales en montrassent autant de bien distincts. Mais ne doit-on pas supposer que l'accroissement antérieur de ces fœtus visibles est nécessaire à l'apparition et aux premiers développemens des fœtus invisibles, qui profitent de leur nourriture, et qui, s'alimentant bientôt eux-mêmes, provoquent à leur tour l'apparition de nouveaux embryons, de sorte que l'accroissement de l'être total s'opère successivement, mais dans une progression toujours accélérée, et ne s'arrête qu'au dernier germe contenu dans l'œuf? car le nombre des embryons, quoique varié, n'est jamais infini : un système de *synoïcum* peut se composer de dix individus, mais non de cinquante; un système de botrylle, de trente individus, et non de cent; et quoique, dans certaines espèces de pyrosomes, le nombre des individus paraisse s'élever à plusieurs milliers, ces grands assemblages ont des limites qu'ils ne dépassent point; circonstance qui concourt à prouver que l'accroissement ne se fait point par une addition indéfinie de nouveaux germes, mais par le développement gradué et successif des seuls germes contenus primitivement dans le même œuf.

Ce développement s'opère dans l'intérieur même de l'être, entre les individus plus grands qui le composent, et souvent loin de la surface extérieure. On peut l'observer jusqu'à un certain point, et je ne doute pas qu'avec le temps on ne parvienne à en déterminer rigoureusement le mode pour chaque genre. Il suffira ici de remarquer que ce mode doit varier en raison de la forme du système, et qu'il ne peut être exactement le même pour celui du botrylle, qui ne s'étend qu'en circonférence, et pour celui du pyrosome, qui croît en circonférence et en hauteur. Cet accroissement en tout sens devient absolument inexplicable par la juxta-position, et achève de l'exclure, du moins pour les corps qui, comme les pyrosomes, sont formés d'un seul système.

Quant à ceux qui le sont de plusieurs, comme ces divers systèmes n'ont pas de centre commun, on peut supposer que des germes fortuitement rapprochés se sont confondus en un seul corps. Néanmoins, si l'on fait attention que les germes ne grossissent et ne sortent que quelque temps l'un après l'autre, et que, dans les corps en question, l'organisation est continue et uniforme dans toute la masse, on sera porté à donner aux agrégations plus compliquées la même origine qu'à celles qui le sont moins, et à croire que s'il existe des œufs composés, il en existe aussi de surcomposés [1].

L'ascidie sociale apporte donc en naissant les propriétés qui la distinguent de l'ascidie solitaire : elle les possédait déjà dans l'œuf, et je ne sais s'il peut en être autrement de tout animal véritablement composé. On doit supposer qu'il existe quelque chose d'analogue dans les biphores, autres sortes d'ascidies dont les associations forment de longues chaînes flottantes très-remarquables et très-nombreuses sur certaines mers.

Désirant vérifier sur la nature même les rapports connus des biphores avec les ascidies, je me suis adressé à M. Cuvier, qui m'a permis de disposer des nombreuses

---

[1] M. Renier observe que lorsqu'on irrite vivement le bas de l'enveloppe gélatineuse d'un botrylle, le système voisin du point irrité ne se contracte pas seul, mais que tous les autres, auxquels l'impression se

espèces de sa collection. Je me suis borné à examiner les *salpa octofera* et *cylindrica*, dont la connaissance suffisait à mon objet.

Ce qui m'a d'abord frappé le plus, ce sont les quatre petits cordons mous et colorés de la cavité branchiale. Leur existence ne m'a pas surpris chez des êtres que M. Cuvier a placés si près des ascidies[1]. Ils y sont également renfermés dans un sillon dorsal, qui aboutit, d'un côté, à l'ouverture par où entre l'eau, et, de l'autre, au fond des branchies, non loin du pharynx. Leur aspect est le même que dans le pyrosome, et rien ne porte à croire que leurs autres relations soient changées. Les observations qui suivent sont rédigées dans cette hypothèse.

1°. Les biphores ont le corps déprimé; l'orifice branchial n'est ni tubuleux ni rayonné : c'est une fente grande et transverse, qui termine le corps par un bout, tandis que l'orifice anal, qui n'est pas moins grand, s'ouvre à l'autre bout, soit qu'il le termine, soit qu'il se fasse jour en dessous. Le premier n'a point de filets ni de membrane festonnée à l'intérieur; mais il est pourvu d'une valvule mince, formée par un repli de la lèvre supérieure ou dorsale, valvule dont l'objet est de forcer l'eau absorbée par cet orifice de s'écouler par l'orifice opposé.

2°. La tunique intérieure est garnie de larges bandes musculaires généralement tranverses. Elle est unie de

communique de proche en proche, se contractent de même successivement.

[1] *Voyez* le Mémoire sur les *salpa* dans les *Annales du Muséum d'histoire naturelle*, tome IV, page 360, et le Mémoire sur les ascidies, ci-devant cité.

tous côtés à l'enveloppe extérieure, qui est mince, gélatineuse, d'une transparence parfaite, et qu'elle doit forcer d'obéir à ses mouvemens, mais dont elle paraît plus propre à faire varier le diamètre transversal que la longueur.

3°. Le sac des branchies adhère intimement à la tunique, ou plutôt se confond avec elle. Il est entièrement ouvert aux deux bouts. Son entrée, privée, comme je l'ai dit, de filets, ne se distingue que par un petit cercle artériel; son autre issue laisse au-dessus d'elle la cavité abdominale. Le tissu vasculaire ne s'étend pas sur les parois de ce sac; il n'occupe que le bord des deux replis ou feuillets longitudinaux, d'inégale longueur. Le principal feuillet est opposé au sillon dorsal, et, par conséquent, obligé de traverser le diamètre de la cavité du sac d'avant en arrière et de bas en haut, pour arriver au pharynx : il n'est ainsi fixé que par les extrémités. L'autre feuillet est si petit, que personne, je crois, ne l'a encore remarqué : il s'étend de la base du précédent au sillon du dos. Il peut donc prendre le nom de *branchie supérieure* ou *postérieure*, et le plus grand, celui de *branchie inférieure* ou *antérieure*, dénominations qui ne pourraient convenir aux organes analogues de l'ascidie qui tapissent les parois latérales de leur cavité. Quelque disproportionnées que soient les branchies des biphores, elles sont symétriques relativement au corps entier, dont elles occupent la ligne longitudinale moyenne, tandis que les branchies égales de l'ascidie, symétriques relativement à leur cavité propre, ne le deviennent à l'égard du corps que lorsque l'abdomen descend au-dessous d'elles.

4°. La surface respiratoire est principalement composée de vaisseaux transverses. Il n'y en a qu'un seul rang de chaque côté des feuillets dans la *salpa cylindrica* : mais dans la *salpa octofera* il y en a plusieurs rangs; ce qui suppose l'existence de plusieurs vaisseaux longitudinaux, et rapproche ce tissu branchial de celui des ascidies.

5°. La cavité abdominale, souvent très-circonscrite, est située en arrière des branchies, dans la partie supérieure du corps, c'est-à-dire dans le dos et sur la ligne moyenne; position déterminée par la seconde ouverture du sac branchial. Les intestins y sont ramassés en peloton. La bouche, percée entre les deux branchies, ne diffère en rien de celle des ascidies; il en est de même de l'extrémité du rectum, qui, dans les espèces dont il s'agit particulièrement, est libre et tournée directement vers l'orifice anal.

6°. Le cœur, logé dans un péricarde membraneux, s'observe derrière le fond du sac branchial, entre la tunique et l'intestin; situation analogue à celle qu'il présente dans les ascidies, et spécialement dans la *phallusia intestinalis*.

7°. On n'aperçoit distinctement ni ganglions, ni filets nerveux; mais, derrière un petit anneau vasculaire qui marque la naissance de la grande branchie, on voit très-bien le tubercule qui, dans les ascidies, est contigu au gros ganglion. Il a l'opacité et la couleur jaunâtre de celui des pyrosomes.

Au résumé, l'organisation des biphores, la même

pour le fond que celle des ascidies, possède cependant en propre quelques points faciles à remarquer, tels que la direction opposée des ouvertures et la clôture de l'une d'elles par une valvule, l'adhérence de la tunique intérieure au sac extérieur, les deux issues de la cavité respiratoire, l'inégalité des branchies, la réduction du réseau branchial, etc. La plus importante de ces particularités ne paraît pas être l'opposition des orifices, que les pyrosomes montrent également. Je ne la vois même pas dans la singulière conformation des branchies; je croirais plutôt que l'adhérence complète de la tunique musculaire, ou de l'organe spécial du mouvement, à la tunique gélatineuse, a déterminé les autres modifications. En effet, l'enveloppe extérieure, obligée de se prêter au jeu des muscles dans l'inspiration et l'expiration de l'eau, devait être mince et délicate [1], et ces premières qualités lui en procuraient nécessairement une autre que ses relations plus intimes avec les viscères ne pouvaient que favoriser; je veux dire une sorte de sensibilité que le test plus compacte ou plus épais des ascidies ne paraît pas avoir [2]. Cette sensibilité du corps

[1] Quoique les ascidies, en général, se renflent quand elles absorbent l'eau, s'affaissent, se rident, quand elles la rejettent, les diverses circonstances où l'on trouve ces animaux, prouvent que les mouvemens de l'enveloppe extérieure ne sont pas absolument nécessaires à ceux de la tunique charnue. On est obligé de penser que celle-ci peut se contracter seule, sans néanmoins pouvoir décider quelle est la substance qui s'interpose entre elle et l'enveloppe lorsque cette contraction a lieu.

[2] Les ascidies très-gélatineuses, comme l'*ascidia intestinalis*, sont plus sensibles à l'extérieur que les autres; mais elles jouissent de la faculté de faire rentrer et de mettre à couvert les parties proéminentes et délicates de leur enveloppe. Au reste, tout ce paragraphe suppose certaines restrictions : si j'omets d'en noter quelques-unes, j'espère que le lecteur y suppléera.

à la surface était incompatible avec la privation totale de la locomotion. Comment imaginer des êtres exposés sans cesse aux impressions des agens extérieurs, et dans l'impossibilité absolue d'en éviter aucune? Les biphores ont donc obtenu les moyens de changer de lieu; et l'on ne peut qu'admirer ceux qu'elles ont reçus d'une organisation si simple, et, en apparence, si peu propre à les fournir[1]. De là sont venues la conformation, la situation des deux orifices, et vraisemblablement celle des branchies, qui, étendues sur les parois de la tunique intérieure, eussent supporté avec peine des contractions trop souvent répétées. Mais ce n'est pas sur les seuls individus, c'est encore sur leurs agrégations que l'adhérence des deux sortes de tuniques a exercé son inévitable influence. Les tuniques extérieures ne pouvaient plus se toucher par tous les points et confondre leur substance : cette liaison générale des enveloppes, s'opposant à leurs mouvemens particuliers, eût équivalu pour chacune à la plus grande rigidité, et eût de même arrêté tous les phénomènes de l'absorption et de l'expulsion de l'eau[2]. Les agrégations des biphores devaient donc différer beaucoup de celles des ascidies : aussi ces mollusques ne tiennent-ils les uns aux autres que par quelques protubérances gélatineuses, disposées de manière à ne point gêner les mouvemens des muscles.

---

[1] On sait qu'ils avancent en absorbant l'eau par l'ouverture branchiale et la rejetant avec violence par l'ouverture anale. *Voyez* Forskael, Bosc, Péron, etc.

[2] Pour admettre le contraire, il faudrait supposer que, dans les ascidies intimement agrégées, les mouvemens individuels d'inspiration ou d'expiration sont parfaitement simultanés et isochrones; supposition à laquelle les faits connus ne conduisent pas.

Leur union n'est même que temporaire. « A un certain âge, dit M. Péron, ces animaux se séparent; tous les grands individus sont solitaires. » Le même voyageur pense que les chaînes de biphores viennent au jour toutes formées : il paraît, suivant d'autres, qu'elles sont constamment composées d'individus de même âge et de taille égale. Si ce dernier fait est exact, il prouve combien ces associations conservent peu d'analogie avec celles des ascidies, dont les systèmes naissent tout formés, mais continuent de s'accroître par l'apparition et le développement successif de nouveaux animaux, et se composent long-temps d'individus de toute grandeur. Ajoutez que la disposition symétrique des unes et celle des autres ne se ressemblent aucunement. Les biphores, soit qu'ils s'étendent en chaîne, soit qu'ils se rassemblent en cercle, sont toujours placés dos à dos. En général, les chaînes sont composées de deux rangs d'individus tellement combinés, que chaque biphore répond à deux autres du rang adossé au sien : ceux de tout un rang ont l'orifice branchial formé d'un côté de la chaîne; ceux de l'autre rang sont du côté opposé. Cet arrangement suppose des moyens de communication que nous ne connaissons point; moyens qui existent toutefois, si, comme les observateurs l'assurent, les mouvemens individuels sont si bien coordonnés, qu'une chaîne de quelques centaines d'animaux n'en représente réellement qu'un.

Quelles que soient, au reste, les connexions de l'enveloppe extérieure avec les parties internes, sa nature, dans les ascidies et les biphores, reste la même : elle est toujours souple, humide, et distinctement organisée ; et c'est par ces qualités qu'elle continue de faciliter les agrégations singulières que nous avons cherché à faire connaître. C'est en quoi elle diffère beaucoup de l'enveloppe des *conques* ou mollusques bivalves, dont le test pierreux, sans fluides ni vaisseaux apparens, semble exclure toute possibilité d'une pareille liaison organique. Remarquons de plus que la nature a donné à ces derniers mollusques un organe de la locomotion approprié à leur pesanteur, une sorte de pied musculeux, qui non-seulement manque aux biphores et aux ascidies, mais que leur organisation ne comporte point. Son existence dans les conques est, au contraire, favorisée par la division du test en deux valves mobiles, par l'ouverture du manteau et la position symétrique des branchies aux deux côtés du corps, sur lequel il fait aisément saillie. Je ne parlerai pas des autres distinctions qui accompagnent celles-ci, et qui cependant marqueraient encore mieux la distance qui sépare les bivalves des ascidies et des biphores. Il me suffit d'avoir exposé les caractères qui rapprochent ces derniers animaux, ceux qui les éloignent, et d'avoir montré que, si leur commune structure et leur commune propension à former des êtres composés exigent qu'on les réunisse dans une même classe, ils conservent néanmoins encore assez de différences entre eux pour constituer, dans cette petite mais importante division des invertébrés, deux ordres distincts.

EXPLICATION

SOMMAIRE

DES PLANCHES

DONT LES DESSINS ONT ÉTÉ FOURNIS

PAR M. J. C. SAVIGNY,

POUR L'HISTOIRE NATURELLE DE L'OUVRAGE.

ANIMAUX INVERTÉBRÉS.

NOTE

Concernant l'Explication sommaire des Planches *dont les dessins ont été fournis par* M. J. C. Savigny, *pour* l'Histoire naturelle de l'ouvrage.

Le 19 mars 1825, Son Exc. le Ministre Secrétaire d'état au département de l'intérieur, informé que la position physique de M. Savigny ne lui permettait plus, depuis un an, de se livrer à aucun travail, et craignant que la branche de zoologie dont ce naturaliste est chargé dans l'ouvrage, ne se trouvât suspendue pour un temps indéfini, lui écrivit la lettre qui est rapportée à la fin de la présente Note. Quatre-vingt-six planches représentant les animaux invertébrés, la plupart finies depuis plusieurs années, se trouvaient, par un trop long retard, exposées à des accidens fâcheux et même à des chances de destruction; le Ministre prit en conséquence la résolution d'arrêter les mesures nécessaires pour faire terminer et imprimer ces planches avec une explication sommaire, dans l'espace de six mois. Les gravures dont il s'agit appartiennent à dix-sept classes ou séries d'animaux, formant cent vingt-cinq planches : trente-neuf d'entre elles avaient déjà paru dans les précédentes livraisons de la *Description de l'Égypte*, avec leurs numéros d'ordre, et il était impossible de retrancher les quatre-vingt-six autres sans laisser des lacunes choquantes dans l'ouvrage. D'un autre côté, ces quatre-vingt-six planches se rapportent à un volume souvent cité, compris dans tous les prospectus annoncés au public et promis aux souscripteurs depuis l'origine. Enfin, les soins précieux apportés à l'exécution des gravures, les recherches anatomiques et scientifiques dont elles renferment les résultats, et les dépenses consacrées à ce travail, étaient encore de puissans motifs pour en désirer la publication, dans l'intérêt commun et de l'auteur et de la science. Déterminé par ces diverses considérations, le Ministre a écrit à la Commission d'Égypte, en même temps qu'à M. Savigny, qu'il chargeait M. Audouin, naturaliste et son élève, de mettre ces planches en état de paraître, en y inscrivant les noms généraux et toutes les désignations nécessaires, et en rédigeant une explication très-sommaire, suffisante pour l'intelligence des figures : mais en même temps Son Excellence a réservé à M. Savigny tous ses droits comme auteur; son intention étant que les explications fournies par M. Audouin ne puissent nuire aux travaux scientifiques du premier, et qu'elles se rapportent constamment aux parties déjà faites, de manière que M. Savigny puisse un jour donner à ses recherches la suite qu'il jugera convenable.

Avant de prendre les mesures prescrites par le Ministre, la Commission s'est entourée des lumières dont elle avait besoin; plusieurs médecins et amis de M. Savigny ont été consultés et invités à assister aux conférences et à donner des renseignemens positifs sur sa situation. Il a été reconnu et constaté qu'on ne pouvait absolument assigner aucune époque certaine pour son rétablissement; que, même après l'amélioration de son état actuel, on avait à craindre qu'il ne lui fût pas permis de se livrer au travail des planches. Les mêmes personnes ont déclaré qu'en ce moment il ne pourrait fournir à la Commission aucun renseignement ni aucun papier; qu'il serait impossible et même imprudent de l'entretenir de ses travaux scientifiques et de lui communiquer la décision du Gouvernement : cette dernière déclaration a été réitérée plusieurs fois de vive voix et par écrit.

DES PLANCHES D'ANIMAUX INVERTÉBRÉS.

Après avoir pris connaissance de l'état des planches, de l'avancement du travail et de la gravure de la lettre, la Commission a engagé M. Audouin à s'occuper sans délai de fournir les indications diverses à inscrire sur ces gravures, d'après vingt-cinq planches-modèles déjà publiées dans les diverses classes, et lui a remis deux exemplaires de chacune d'elles; elle a décidé que les planches dont la gravure n'était pas entièrement terminée, seraient confiées sans retard aux artistes les plus habiles, pour être amenées, autant que possible, au même point de perfection que les autres. M. Prêtre, peintre d'histoire naturelle, auteur d'un grand nombre des dessins de la collection de M. Savigny, a bien voulu se charger de revoir ces planches et de coopérer à cette partie du travail. Mais la Commission, n'ayant dans les mains qu'une partie des dessins, et ne possédant aucun des manuscrits de l'auteur, s'est trouvée dans l'obligation d'inviter M. Audouin à commencer son travail avec ces seuls matériaux : en même temps, sur la proposition du commissaire du Gouvernement, il a été arrêté qu'il serait publié en tête de cette partie de l'ouvrage une Note indiquant la nécessité impérieuse où s'est trouvée la Commission, par suite des ordres du Ministre, de publier, quoique encore imparfait, le travail de M. Savigny; Note où l'on annoncerait, d'après les renseignemens qui ont été communiqués antérieurement, que les matériaux d'une description complète des genres et des espèces sont réunis dans les mains de l'auteur, notamment la description des arachnides, entièrement finie et à moitié imprimée; que l'état de sa santé l'a empêché jusqu'ici de la mettre au jour, et que tous les développemens de ce travail sont destinés à paraître ultérieurement. M. Audouin a pris aussitôt l'engagement de s'occuper du travail qui lui est confié par le Ministre, de mettre sur les planches les inscriptions demandées, de s'assujettir en tout point au plan tracé par le naturaliste dans les planches publiées, et dans vingt-une autres planches dont la lettre était déjà gravée; enfin, de se conformer, à cet égard, aux instructions du Ministre et au désir de la Commission d'Égypte.

La Commission, malheureusement privée de la coopération de l'auteur, croit convenable, en publiant ces remarques, d'annoncer que l'achèvement et l'impression des planches dont il est question dans la présente Note, ont été effectués sans le concours de M. Savigny, que son état ne lui a pas même permis d'en prendre connaissance; elle se fait aussi un devoir de déclarer que ce naturaliste, après avoir consacré les soins les plus assidus et les plus attentifs à la confection des dessins de zoologie, s'était occupé jusqu'à ces derniers temps, avec non moins de zèle et de persévérance, de surveiller la gravure des planches de concert avec le commissaire du Gouvernement. Elle doit ajouter que c'est par suite d'un travail opiniâtre, que ce naturaliste, victime de son dévouement à la science et de son désintéressement, se trouve aujourd'hui dans l'impossibilité momentanée de mettre lui-même la dernière main à son ouvrage.

Copie de la Lettre adressée par Son Exc. le Ministre de l'intérieur, le 19 mars 1825, à M. SAVIGNY, *membre de l'Académie des Sciences.*

« Monsieur, depuis deux ans les Chambres n'allouent plus de
« fonds pour la *Description de l'Égypte,* et cet état de choses m'a
« mis dans la nécessité de prendre des mesures urgentes pour
« l'achèvement d'un ouvrage aux dépenses duquel il ne me serait
« plus possible de pourvoir.

« Parmi les mesures adoptées, se trouve la publication immé-
« diate des planches d'histoire naturelle qui sont gravées et qui

DES PLANCHES D'ANIMAUX INVERTÉBRÉS.

« devaient faire partie d'un travail que l'état de votre santé ne
« vous a malheureusement pas permis d'achever dans les délais
« fixés.

« Cependant, Monsieur, en prescrivant la publication immé-
« diate de ces planches, j'ai pris des dispositions pour que les
« explications sommaires qui devront les accompagner ne nuisent
« pas aux travaux que vous aviez commencés, et que je conserve
« l'espoir de vous voir reprendre plus tard, lorsque votre santé
« sera rétablie.

« C'est dans ce but, et pour vous prouver l'estime que m'ont
« inspirée l'étendue de vos connaissances et votre caractère, que
« j'ai choisi l'un de vos élèves, M. Audouin, pour dresser ces
« explications. Comme son travail se rapportera aux descriptions
« complètes qui pourront vous devoir le jour, la science n'est
« pas moins intéressée que l'administration à ce qu'aucune er-
« reur grave ne se glisse dans l'explication des planches qu'on
« va publier.

« Je vous prie donc, monsieur, de donner à M. Audouin
« tous les renseignemens dont il aurait besoin pour bien remplir
« sa tâche, et de mettre à sa disposition les matériaux qui seront
« disponibles entre vos mains.

« Agréez, etc. »

Signé CORBIÈRE.

Distribution des PLANCHES DE ZOOLOGIE
dont les dessins ont été fournis par M. Jules-César SAVIGNY[1].

Premier volume. — ANIMAUX VERTÉBRÉS.

	Planches.
Mammifères (carnassiers)....................	1.
Oiseaux....................................	14.
Reptiles (serpens, couleuvres, lézards, etc.,)......	5.
Poissons...................................	0.
A reporter............	20.

[1] *Voyez* le Tableau général et som- l'*Égypte*, joint au troisième grand porte-
maire des planches de la *Description de* feuille.

NOTE SUR L'EXPLICATION, ETC.

                Planches.
       Report............... 20.

Deuxième volume. — Animaux invertébrés.

Mollusques	Céphalopodes.......................	1.
	Gastéropodes.......................	3.
	Coquilles..........................	14.
Annelides.............................		5.
Crustacés.............................		13.
Arachnides...........................		9.
Insectes	Myriapodes........................	1.
	Orthoptères, névroptères, hyménoptères..	30.
Échinodermes.........................		9.
Zoophytes............................		3.
Ascidies..............................		1.
Polypes...............................		14.
Algues...............................		2.

        Total............... 125.

N. B. L'Histoire naturelle de l'ouvrage est terminée par la Botanique, soixante-deux planches, et par la Minéralogie, quinze planches, formant la seconde partie du 2ᵉ volume.

        Paris, 1ᵉʳ novembre 1825.

Signé Lafont, *Président;* Girard, Fourier, Desgenettes, Geoffroy Saint-Hilaire, Devilliers, Jollois, Le Père, Jomard.

EXPLICATION SOMMAIRE

DES PLANCHES

DE MOLLUSQUES

DE L'ÉGYPTE ET DE LA SYRIE,

PUBLIÉES PAR JULES-CESAR SAVIGNY,

MEMBRE DE L'INSTITUT;

OFFRANT UN EXPOSÉ DES CARACTÈRES NATURELS DES GENRES
AVEC LA DISTINCTION DES ESPÈCES,

PAR VICTOR AUDOUIN[*].

OBSERVATIONS PRÉLIMINAIRES.

LE grand embranchement des mollusques a été différemment circonscrit par les naturalistes de diverses époques. Aujourd'hui même on ne s'accorde pas toujours sur l'étendue de ses limites. Il n'est pas nécessaire, pour l'objet que nous nous proposons, d'adopter telle méthode de préférence à telle autre. M. Savigny, dans

---

[*] *Voyez* ci-dessus, page III, la Note concernant l'explication sommaire des planches dont les dessins ont été fournis par M. J.-C. SAVIGNY pour l'HISTOIRE NATURELLE DE L'OUVRAGE.

l'arrangement de ses planches, se rapproche tantôt de la classification de M. le chevalier de Lamarck, et tantôt de celle de M. le baron Cuvier : d'autres fois, la disposition de ses figures ne semble, au premier abord, assujettie à aucun ordre.

Suivant M. Cuvier, les mollusques sont des animaux sans vertèbres, ayant un système nerveux ganglionnaire, dont les principales masses, placées sur l'œsophage, constituent le cerveau; une respiration aquatique ou aérienne; une circulation double à un seul ventricule, qui est aortique, et quelquefois en outre un ventricule pulmonaire (les céphalopodes); le sang blanc ou bleuâtre; le corps et les appendices mous sans articulation; la peau nue, très-sensible, offrant le plus souvent une expansion ou manteau, qui sécrète une coquille plus ou moins grande, plus ou moins solide, et ordinairement calcaire.

M. Cuvier divise l'embranchement des mollusques en six classes : les CÉPHALOPODES, les PTÉROPODES, les GASTÉROPODES, les ACÉPHALES, les BRACHIOPODES et les CIRRHOPODES.

La classe peu nombreuse des ptéropodes et celle des brachiopodes sont les seules dont on ne trouve point ici de figure : mais M. Savigny n'avait pas pour but de représenter une série complète des genres de mollusques, il s'est borné à quelques-uns. On ne voit point non plus figurer parmi les mollusques le genre des ascidies, dont M. Cuvier fait le second ordre des acéphales. M. Savigny le considère comme une classe distincte : on le trouvera ailleurs.

MOLLUSQUES.

Les planches de mollusques sont au nombre de dix-huit, savoir [1] :

Céphalopodes..	Poulpes, sèches............	Pl.	1.
Gastéropodes..	Doris.................	Pl.	1.
	Tritonies, aplysies, onchidies....	Pl.	2.
	Pleurobranches, émarginules, oscabrions...............	Pl.	3.
Coquilles [2]....	Patelles, fissurelles, émarginules, balanes, gastrochènes.......	Pl.	1.
	Hélices, bulimes, ampullaires, planorbes, paludines.........	Pl.	2.
	Monodontes, scalaires, mélanies, paludines..............	Pl.	3.
	Cerithes, murex, strombes, buccins.	Pl.	4.
	Bulles, nérites, phasianelles, sabots, troques................	Pl.	5.
	Pourpres, nasses, casques, cônes, olives, porcelaines.........	Pl.	6.
	Anodontes, mulettes, anatines, solens.................	Pl.	7.
	Psammobies, Vénus, Lucines, tellines, donaces............	Pl.	8.
	Cythérées, bucardes.........	Pl.	9.
	Tridacnes, pétoncles, arches.....	Pl.	10.
	Moules, avicules...........	Pl.	11.
	Crénatules..............	Pl.	12.
	Marteaux, peignes, vulselles.....	Pl.	13.
	Vulselles, huîtres, cames, arrosoirs.	Pl.	14.

[1] Cinq de ces planches avaient paru dans les livraisons précédentes de l'ouvrage, savoir : la planche 1re des Céphalopodes, la planche 1re des Gastéropodes, et les planches 4, 11 et 14 des Coquilles. Presque toutes les autres étaient dépourvues de numéros d'ordre et de figures.

[2] Sous le nom de *coquilles*, M. Savigny a réuni tous les mollusques pourvus d'un test calcaire, tant gastéropodes qu'acéphales, pour lesquels il n'avait pas représenté l'animal.

EXPLICATION SOMMAIRE
DES PLANCHES.

MOLLUSQUES.—CÉPHALOPODES.

PLANCHE I.

POULPES, SÈCHES.

Genre POULPE, *OCTOPUS.*

Fig. 1 et 2.

Ce genre, que Linné confondait avec les sèches, et que M. de Lamarck en a distingué, offre pour caractères essentiels d'avoir le corps contenu dans un sac dépourvu d'ailes, et huit bras allongés munis de ventouses. Il comprend des espèces remarquables par leur taille : M. Cuvier[1] a très-bien fait connaître leur anatomie.

I. 1. Octopus vulgaris, *Poulpe commun.* Lam.

Cette espèce, qui est fort commune dans les mers d'Europe, avait été assez mal figurée jusqu'à présent, et son

[1] *Mémoires pour servir à l'histoire et à l'anatomie des mollusques.*

organisation extérieure se trouvait si imparfaitement décrite, que Denis de Montfort, qui l'examina le premier avec soin, ne reconnut pas en elle l'espèce des auteurs, et se crut autorisé à en établir une nouvelle sous le nom de *poulpe fraisé*. Le caractère qui avait échappé aux naturalistes consiste dans l'existence de plusieurs prolongemens coniques de la peau : M. Savigny les a très-bien vus, et il les représente exactement. On en remarque trois au côté interne des yeux, et plusieurs sur le dos, dont trois principaux disposés en triangle.

1. 1. Individu mâle vu en dessus. w. Les bras.
1. W. Portion d'un des bras coupé transversalement. w. Ventouse vue de face.
1. w. Une ventouse isolée, vue de trois quarts.
1. 2. Le même individu vu en dessous, ouvert, et dont on a coupé les bras près de leur base. C. Orifice de l'entonnoir, servant de cloaque, et laissant échapper les excrémens, la laite et l'encre. F. F. Branchies situées dans la cavité qui leur est propre. H. Anus s'ouvrant à la base de l'entonnoir. M. Extrémité de l'organe mâle. bb. Pourtour de l'orifice branchial. c. Repli de la tunique enveloppante ou de la bourse, et qui se prolonge à la partie moyenne en forme de cloison. δδδ. Épaisseur de cette tunique. gg. Deux ouvertures donnant chacune dans une grande cavité spéciale qui contient les principaux troncs veineux, et que M. Cuvier nomme à cause de cela *cavités veineuses*.
1. 3. Portion du même individu avec l'orifice buccal mis en évidence et situé au centre de la cavité conique formée par la réunion des bras. B. Orifice branchial. C. Orifice de l'entonnoir.

1. 4. Orifice buccal vu de face, et entouré d'un cercle de petites ventouses au nombre de huit, et qui correspondent à l'origine des huit bras. E. La bouche. a. Mandibule supérieure (lèvre supérieure, Sav.). u. Mandibule inférieure (lèvre inférieure ou seconde mâchoire, Sav.).

1. 5. Bouche vue de profil et isolée des parties qui l'entourent, afin de montrer l'appareil musculaire. a. Mandibule supérieure. u. Mandibule inférieure. "b. OEsophage.

1. 6. La mandibule inférieure u, entourée de ses muscles, et offrant à sa base la naissance de l'œsophage.

1. a. Mandibule supérieure isolée.
1. u. Mandibule inférieure isolée.

1. 7. Parties plus intérieures de la bouche. i. Lames charnues enveloppant la langue, et qui pour M. Savigny seraient les vraies mandibules.

1. 8. Les mêmes parties offrant d'autres détails. i. Une des lames mandibulaires renversée en dehors, et laissant voir la langue e et l'ouverture du pharynx y. "b. L'œsophage.

1. e. Langue excessivement grossie, vue de face. eee. Épines extérieures et intérieures qui la garnissent.

1. e. La même langue vue de profil. eee. Ses épines.

I. 2. POULPE hideux, *Octopus horridus*.

Cette espèce paraît nouvelle; MM. de Férussac, d'Orbigny et moi avons cru devoir lui imposer ce nom tiré de son aspect. Nous ne savons pas quelle était sa couleur. L'individu figuré est un mâle.

MOLLUSQUES. - CÉPHALOPODES. PL. 1.

Genre SÈCHE, *SEPIA.*

Fig. 3.

Le genre sèche de Linné comprenait un grand nombre de mollusques céphalopodes, qui depuis ont été répartis dans de nouvelles divisions. M. de Lamarck les restreint aux seules espèces qui offrent pour caractères distinctifs, dix bras garnis de ventouses, dont deux plus longs et pédonculés; une nageoire charnue le long de chaque côté du sac; coquille ou os ovale, libre, spongieux, opaque, situé vers le dos.

I. 3. Sepia officinalis, *Sèche commune.* L.

Cette espèce, très-commune dans l'Océan et dans la Méditerranée, acquiert un pied et plus de longueur.

3.   *1.* Individu mâle de taille moyenne, vu en dessous et ouvert. w. Les huit bras externes très-courts et garnis de quatre rangées de ventouses. v. Les bras intérieurs ou en massue garnis de ventouses seulement à l'extrémité. E. Cavité de la bouche. C. Orifice de l'entonnoir. DD. Nageoires charnues du sac, ou nageoires abdominales. FF. Branchies. H. Anus. M. Extrémité de l'organe mâle. æ. Yeux. bbbb. Disques creux de la base de l'entonnoir, servant à clore la bourse, et limitant le pourtour de l'orifice branchial. gg. Ouverture des deux cavités veineuses. ♪♪. Épaisseur de la tunique qui constitue la bourse.

3.   *w.* Une ventouse des bras en massue, excessivement grossie et vue de face.

124 EXPLICATION DES PLANCHES.
3. *w.* La même ventouse vue de profil.
3. *w.* Une ventouse des bras extérieurs, vue de trois quarts.
3. 2. Orifice buccal vu de face. E. La bouche. a. Mandibule supérieure (lèvre supérieure, Sav.). u. Mandibule inférieure (lèvre inférieure ou seconde mâchoire, Sav.).
3. *3.* Bouche vue de profil et dégagée de la tunique qui l'enveloppe. a. Mandibule supérieure. u. Mandibule inférieure. "b. OEsophage.
3. *4.* Bouche vue de profil et de trois quarts en dessus. u. Mandibule inférieure entourée de muscles, et montrant l'entrée du pharynx *y.*
3. a. Mandibule supérieure isolée.
3. u. Mandibule inférieure isolée.
3. *5.* Parties internes de la bouche, vues de profil et très-grossies. i. Partie charnue et épineuse appliquée de chaque côté contre la langue, et qui pour M. Savigny serait l'analogue des mandibules : il en existe une de chaque côté; celle du côté gauche est ici renversée. e. La langue dans sa position naturelle, et laissant voir une rangée de ses épines *e. y.* Pharynx. "b. OEsophage.
3. e. La langue vue de face, et montrant les rangées d'épines qui la garnissent. *ee.* Ces rangées au nombre de sept.
3. *e.* La même langue vue de profil. *ee.* Ses épines.
3. =f. Deux divisions d'une des branchies.
3. ·t. Paquet d'œufs réunis en grappe.
3. *6.* Une jeune sèche retirée d'un des œufs.

MOLLUSQUES. — GASTÉROPODES.

PLANCHE I.

DORIS.

Genre **DORIS**, *DORIS*.

Le genre doris appartient, dans la méthode de M. Cuvier, à l'ordre des nudibranches, ou à cette division assez nombreuse de mollusques gastéropodes privés de coquille, et dont les branchies sont à nu sur quelques parties du dos; il se reconnaît aux caractères suivans : l'anus est percé sur la partie postérieure du dos, au centre d'une espèce de rosace formée par les branchies, qui constituent de petits arbuscules très-compliqués; la bouche est formée par une trompe avec deux petits tentacules coniques. Il existe deux tentacules très-développés à la partie supérieure du manteau; enfin, les organes de la génération ont leur ouverture sous le bord droit. Ces détails, donnés par M. Cuvier dans son excellent travail sur les doris, se trouvent confirmés par M. Savigny, qui a poussé encore plus loin l'analyse de l'organisation extérieure.

EXPLICATION DES PLANCHES.

I. 1. Doris limbata, *Doris à limbe*. Cuv.

> Il nous reste quelques doutes sur cette détermination; le dessin, en nous faisant connaître ses couleurs, les aurait facilement levés.

1. *1.* Individu de grandeur naturelle vu en dessus.
1. *2.* Le même vu en dessous.
1. *3.* Le même vu de profil. F. Branchies. L. Orifices des deux sexes. jj. Antennes (tentacules supérieurs de M. Cuvier).
1. *4.* Houppes branchiales étalées et très-grossies. F. branchies dont les rameaux sont très-distincts. H. Anus. q. Ouverture donnant issue à une liqueur spéciale, sécrétée par une glande, que M. Cuvier n'a pu distinguer du foie proprement dit.
1. *5.* Appareil buccal très-grossi. O. Tunique musculeuse entourant la trompe. o. Trompe proprement dite, saillante, offrant une ouverture triangulaire, et au fond le palais tenant lieu de premières mâchoires.
1. *6.* Appareil buccal ouvert. ii. Les deux lobes de la trompe placés comme les mandibules, et en tenant lieu. u. Sorte de lèvre inférieure ou lobe médian. e. Langue. "b. OEsophage.
1. j. et j. L'antenne excessivement grossie, vue en dessus et en dessous.

I. 2. Doris immaculata, *Doris sans tache*.

> Cette espèce, autant qu'il est permis d'en juger sur la gravure, paraît nouvelle; nous lui avons donné le nom d'*immaculata*, de concert avec MM. de Férussac et d'Orbigny, qui vont publier un excellent et magnifique ouvrage sur les Mollusques nus.

MOLLUSQUES. – GASTÉROPODES. PL. 1.

2. *1*. Individu de grandeur naturelle et de profil; la trompe fait une saillie assez prononcée.
2. 2. Le même vu en dessous.
2. 3. Partie antérieure du corps très-grossie et vue en dessous, pour montrer la trompe o, renfermée dans un fourreau musculaire, lequel sort d'une ouverture du pied, qui offre une bride g, dont la texture est musculaire ou plutôt ligamenteuse.

I. 3. DORIS tigrina, *Doris tigrée.*

Cette espèce est évidemment nouvelle : la disposition de ses taches suffit pour la caractériser. MM. de Férussac, d'Orbigny et moi lui avons imposé, à cause de cela, le nom de tigrée, *tigrina.* Elle se distingue encore par la convexité de son dos et l'intervalle considérable entre le manteau et le pied.

3. *1*. Espèce de grandeur naturelle, vue de profil.
3. 2. Le même individu grossi et vu de profil; on remarque le très-grand allongement de la trompe.
3. 3. Le disque branchial : au centre est l'anus H, et autour de lui les branchies F, qui sont très-peu saillantes.

I. 4. DORIS tuberculata, *Doris tuberculée.* Cuv.

MM. de Férussac, d'Orbigny et moi pensons que cette espèce doit être rapportée au *doris tuberculata* de M. Cuvier; elle en est du moins très-voisine par les petits points élevés qui recouvrent entièrement le manteau, et qui le font ressembler à du chagrin. Cette espèce est encore très-remarquable par son aplatissement et le développement excessif du manteau, qui déborde le pied de toutes parts, surtout en arrière.

4. *1*. Individu de grandeur naturelle, vu en dessus.

4.	2.	Le même vu en dessous.
4.	3.	Partie antérieure du corps très-grossie et vue en dessous. On remarque la bouche E faisant saillie, et munie de deux antennes intérieures coniques V, que M. Cuvier nomme les tentacules de la bouche. La bouche adhère par sa base à un ligament transversal *g*.
4.	4.	Disque très-grossi, formé par six rameaux de branchies F. Sur la ligne moyenne, mais non au centre du disque, est située l'ouverture anale H, et à sa droite une cavité ovalaire *q*, qui donne sortie à une humeur particulière, que sécrète à l'intérieur du corps une glande remarquable entrelacée avec le foie.
4.	5.	Partie la plus antérieure du corps excessivement grossie, vue en dessous, et ouverte pour montrer les parties de la bouche. j. Antennes extérieures ou tentacules supérieurs. v. Antennes intérieures ou tentacules inférieurs. E. Ouverture de la bouche. e. Langue formée par l'assemblage de plusieurs rangées de crochets. *e*. Deux rangs de crochets grossis et dans leur position naturelle. *e*. Un des crochets isolé, très-grossi et vu de profil. *i*. Parties faisant fonction de mandibules, et entre elles des espèces de mâchoires o.
4.	j.	Une des antennes isolée et très-grossie.

I. 5. DORIS concentrica, *Doris concentrique.*

Cette espèce nous a paru nouvelle; nous lui imposons, avec MM. de Férussac et d'Orbigny, le nom de concentrique, *concentrica*, à cause de la disposition très-remarquable des petits tubercules arrondis qui recouvrent son manteau. Cette doris offre encore quelques particularités curieuses dans les deux échancrures de la partie antérieure de ce manteau, qui est très-développé, dans le froncement du pied et dans ses branchies, qui sortent du dos par une fente transversale, légèrement courbe, très-étroite, et dont la concavité est en avant : on ne voit que leur sommet.

5. *1.* Individu de grandeur naturelle, vu de profil.
5. *2.* Le même très-grossi, vu en dessus.
5. *3.* Le même en dessous.
5. j. Une des antennes extérieures de profil et très-grossie.

I. 6. DORIS tomentosa, *Doris tomenteuse.* Cuv.

Ne connaissant pas la couleur de l'espèce figurée par M. Savigny, c'est avec quelque doute que MM. de Férussac, d'Orbigny et moi la rapportons au *doris tomentosa* de M. Cuvier.

6. *1.* Individu de grandeur naturelle, vu de profil.
6. *2.* Le même très-grossi et vu en dessus.
6. *3.* Le même en dessous.

I. 7. DORIS marmorata, *Doris marbrée.*

MM. de Férussac, d'Orbigny et moi croyons être bien certains que cette espèce est nouvelle : les marbrûres du manteau et du pied permettent de la distinguer facilement ; mais elle est surtout caractérisée par les antennes, qui paraissent sortir d'un godet, et encore par l'allongement excessif du pied, qui dépasse en arrière le manteau.

7. *1.* Individu de grandeur naturelle, vu de profil.
7. *2.* Le même très-grossi, vu de profil.
7. *3.* Le même en dessus.
7. *4.* Le même en dessous.

7. 5. Le disque de la partie postérieure du corps formée par onze rameaux de branchies F, qui ne sont qu'en partie visibles au dehors, et dont tous les sommets sont tournés vers l'anus H.

PLANCHE 2.

TRITONIES, ALYSIES, ONCHIDIES.

Genre TRITONIE, *TRITONIA*.

Fig. 1.

Ce genre, qui appartient à l'ordre des gastéropodes nudibranches, se distingue facilement par un grand nombre de caractères : les branchies ont la forme d'arbrisseaux, et occupent toute la longueur des deux côtés du dos; l'orifice des organes de la génération et l'anus sont situés sur le côté droit du corps; la bouche est garnie de lèvres, et munie en dedans de deux mâchoires cornées et tranchantes; il existe deux antennes ou tentacules supérieurs.

II. 1. Tritonia elegans, *Tritonie élégante*.

Cette espèce, que nous croyons nouvelle et dont nous possédons le dessin, est très-remarquable par l'élégance de ses couleurs; le corps est fond blanc avec des marbrures d'un beau rouge légèrement orangé[1] : les troncs et les ramifications des branchies sont blanchâtres; mais les ramuscules pinnatifides qui les terminent sont du rouge le plus vif.

[1] La gravure a indiqué ces marbrures rouges par une teinte très-foncée.

MOLLUSQUES. – GASTÉROPODES. PL. 2.

I. 1. Variété de la tritonie élégante, de grandeur naturelle, vue par le dos; les rameaux des branchies sont réunis postérieurement sur la ligne moyenne du corps.

I. 2. Autre variété de la tritonie élégante, de grandeur naturelle : le côté droit est convexe et plus étendu que le côté gauche; les branchies de droite sont aussi plus développées.

I. 3. Tritonie élégante, probablement aussi de grandeur naturelle : dans cet individu, le côté gauche paraît convexe et plus développé que le côté droit.

I. 4. La même, vue de profil et du côté droit : on distingue en avant et en bas l'orifice des organes génitaux; plus loin et plus en haut est l'anus.

I. 5. Partie antérieure du corps, vue en dessous pour montrer la masse charnue de l'orifice buccal, qui est situé entre le pied et le bord antérieur du dos; celui-ci se termine par une large membrane, dentelée sur ses bords, et qui surmonte la bouche comme un large voile.

I. 6. Une des branchies isolée et très-grossie : on voit à sa base un des petits arbrisseaux qui, sur le corps de l'animal, alternent avec les plus grands.

I. 7. Une des antennes supérieures ou tentacules très-grossie : elle se compose d'un bourrelet saillant, duquel sort une espèce de gland déchiqueté en lanières; on voit dans son centre un prolongement tubuleux, qui est l'antenne ou le tentacule proprement dit.

I. 8. Les deux mâchoires réunies et vues de profil.

1. 9. Les mêmes mâchoires vues de face : la langue est placée entre elles.
1. 10. Une des mâchoires isolée et vue en dedans.
1. 11. La langue isolée et vue de profil : elle est garnie de ses papilles.
1. 12. Les papilles qui garnissent la langue, vues de face.

Ces diverses figures des organes de la mastication s'accordent parfaitement avec les descriptions que M. Cuvier a données des mêmes parties dans son anatomie de la *tritonia Humbergii*. Voici comment il s'exprime : « Les mâchoires forment la base de tout cet appareil : leur substance est cornée; leur couleur, d'un jaune-brun ; et leur forme, très-extraordinaire pour un organe de ce genre, ne peut être mieux comparée qu'à celle des ciseaux avec lesquels on tond les moutons. Qu'on se représente seulement qu'au lieu de jouer sur un ressort commun, les deux lames jouent sur une articulation, et qu'au lieu d'être planes, elles sont un peu courbes ; de manière que leur articulation, située en avant, se relève un peu par rapport à leur corps.

« Ces deux lames sont fort tranchantes, et il n'est rien de vivant qu'elles ne puissent couper, lorsque l'animal en fait glisser les deux branches l'une sur l'autre.

« Les alimens une fois coupés par les mâchoires sont aussitôt saisis par les papilles de la langue, qui, étant aiguës et recourbées en arrière, conduisent continuellement, par leur mouvement péristaltique, les matières alimentaires dans l'œsophage : il faut pour cela que ces matières montent et qu'elles se reportent en avant; car l'œsophage commence à la partie supérieure de la masse maxillaire, et plus près de son bord antérieur que l'avant-bouche n'avait fini. »

Genre APLYSIE, *APLYSIA*.

Fig. 2.

Le genre aplysie, connu vulgairement sous le nom de *lièvre marin*, offre des caractères tellement tranchés, qu'il est facile de le distinguer de tous les mollusques gastéropodes tectibranches. L'espèce figurée ici présente une grande analogie avec les aplysies; mais elle s'en distingue essentiellement par l'absence complète de la coquille, qui, chez ces dernières, recouvre la cavité branchiale : cette particularité, jointe à quelques autres assez importantes, autorisait la formation d'un nouveau genre. M. de Blainville l'a établi sur un individu des mers des Indes, auquel notre espèce ressemble, quant aux principaux traits d'organisation. Voici les caractères génériques de ce nouveau genre, que son auteur nomme bursatelle, *bursatella*[1] : corps subglobuleux, offrant inférieurement un espace ovalaire, circonscrit par des lèvres épaisses indiquant le pied; supérieurement, une fente ovalaire à bords épais, symétrique, formée par la réunion complète des appendices natatoires du manteau, et communiquant dans une cavité où se trouvent une très-grande branchie libre et l'anus;

---

[1] *Manuel de malacologie et de conchyliologie*, page 473.

quatre tentacules fendus, ramifiés, outre deux appendices buccaux. Aucune trace de coquille.

Ces caractères génériques diffèrent un peu de ceux que M. de Blainville avait précédemment donnés[1]; car il ne parle plus d'un organe tentaculaire qu'il indiquait sur le milieu de la tête, et qu'on retrouve dans l'espèce représentée par M. Savigny.

Au reste, M. de Blainville nomme bursatelle de Leach, *bursatella Leachii*, la seule espèce qu'il a eu occasion d'observer; il la figure[2] et la décrit dans ces termes : « Elle est presque grosse comme le poing, d'une couleur d'un blanc jaunâtre, comme translucide; tout son corps est parsemé de petits appendices tentaculiformes irrégulièrement disposés; ce qu'on nomme, peut-être à tort, *les tentacules* dans cette famille, et le bord antérieur de la tête, en ont de plus longs. » Autant qu'il est permis d'en juger par cette description, notre individu diffère essentiellement de cette espèce; mais il offre les principaux caractères du genre bursatelle.

II. 2. BURSATELLA Savigniana, *Bursatelle de Savigny*.

Cette espèce sera dédiée à M. Savigny; elle se distingue par sa taille, par sa forme allongée, par sa couleur d'un gris verdâtre, et par son pied assez étendu, mince, d'un gris jaunâtre. La partie de l'animal qui déborde en arrière le manteau, est parsemée supérieurement de petits oscules noirâtres; la ligne moyenne présente quatre tentacules digités, et les côtés en offrent six, dont la première

---

[1] *Supplément du Dictionnaire des Sciences naturelles*, tom. v, p. 138.
[2] C'est la figure 6 de la planche XLIII de son *Manuel de malacologie :* elle n'a pas encore paru.

paire seulement est déchiquetée en lanières, tandis que les deux autres sont simples, coniques, courbes et dirigées en arrière. Le manteau lui-même est couvert de tentacules tous digités, d'un bleu-grisâtre, avec des taches noirâtres à leur base.

2. 1. Individu de grandeur naturelle, vu en dessus.
2. 2. Le même vu en dessous.
2. 3. Le même individu vu de profil.
2. 4. Le tentacule droit de la seconde paire très-grossi et montrant son oreillon.
2. 5. La branchie très-grossie et vue dans sa position naturelle.
2. 6. La même branchie vue de profil et en dessous.
2. 7. Partie antérieure très-grossie et vue en dessous pour montrer l'ouverture extérieure de la bouche.
2. 8. Probablement la bouche ouverte, dépourvue de mâchoires proprement dites, mais garnie de deux masses charnues, qui supportent deux espèces de cornes, sans doute d'une nature plus consistante.
2. 9. La langue vue de profil : elle est garnie d'un appareil propre, formé par l'assemblage d'une quantité de petits crochets, dont les figures suivantes donnent la disposition et la forme.
2. 10. Langue vue de face.
2. 11. La même, vue en dessus.
2. 12. Portion de la langue excessivement grossie, offrant trois rangs des crochets qui la garnissent.
2. 13. Cinq rangs des crochets qui garnissent la langue : trois des rangs ont l'extrémité des crochets relevée, afin de montrer comment leur pointe est libre et se redresse.

Genre ONCHIDIE, *ONCHIDIUM.*

Fig. 3.

Ce genre, établi par Buchannan[1], a été adopté par M. Cuvier, qui l'a augmenté de plusieurs espèces; entre autres, de l'onchidie de Péron. M. de Blainville a considéré celle-ci comme le type d'un nouveau genre qu'il a nommé Péronie, *Peronia.* Cette distinction avait été sentie par M. Cuvier, qui trouvait entre l'espèce de Buchannan et celle de Péron des différences notables. Le genre onchidie a pour caractères[2], d'avoir un large manteau en forme de bouclier, débordant le pied de toutes parts, recouvrant même la tête quand elle se contracte; deux longs tentacules rétractiles et deux autres semblables à des lèvres triangulaires et comprimées; l'anus et l'orifice de la respiration sous le bord postérieur du manteau; près d'eux à droite, l'organe femelle de la génération, qui se prolonge en un sillon marchant le long du côté droit du pied : au contraire, l'organe mâle a la partie antérieure près du tentacule droit. M. de Blainville adopte, à peu de chose près, ces caractères pour son genre Péronie. Les seules différences bien notables que présente l'espèce figurée ici, consistent dans la petitesse des tentacules et le développement de l'organe mâle, qui est double, ainsi que M. Cuvier l'avait entrevu. Une autre particularité digne de remarque consiste dans le développement des tubercules

---

[1] *Transactions of the Linnean Society*, t. v, p. 132, tab. 5, fig. 1-3.

[2] M. Cuvier, *Règne anim.*, t. ii, pag. 410.

de l'extrémité postérieure du corps, qui ont plutôt l'apparence de ramuscules vasculaires : nous croyons même devoir émettre ici l'opinion que ces tubercules postérieurs sont de véritables branchies, qui existent indépendamment de l'appareil pulmonaire, dont l'orifice est situé un peu à droite et derrière l'anus. L'onchidie aurait donc en même temps un appareil pulmonaire et un appareil de branchies; et cette structure est parfaitement en rapport avec ce qu'on sait des habitudes de ce mollusque : Péron dit qu'il est aquatique; au contraire, M. Cuvier, sans l'autorité de cet observateur, l'aurait cru terrestre. Voici comment il s'exprime, après avoir décrit les organes de la respiration : « D'après cette ressemblance du poumon avec celui des mollusques terrestres de notre pays, d'après la nature même de son organisation, beaucoup plus analogue à celle des vrais poumons des quadrupèdes, ou surtout des reptiles, qu'à celle des branchies de poissons, j'aurais cru que l'onchidie était aussi un mollusque terrestre; et il m'a fallu, pour m'en dissuader, la certitude qu'a M. Péron de l'avoir toujours trouvé dans l'eau : je pense du moins qu'il vient à la surface ouvrir son orifice, et prendre, pour respirer, de l'air en nature, comme le font nos bulimes et nos planorbes, qui, bien qu'aquatiques, ne respirent cependant que de l'air. »

Nous pensons que l'onchidie, au moins l'espèce figurée ici, jouit de la propriété de respirer dans l'eau à l'aide des tubercules rameux qui garnissent l'exrémité postérieure de son corps, sans qu'il soit nécessaire qu'elle vienne sans cesse à la surface; ce qui est assez difficile pour un animal dont la conformation indique qu'il rampe avec lenteur au fond de l'eau. Quant à l'orifice pulmonaire, il nous indique que l'onchidie respire aussi l'air en nature; et nous devons supposer que plusieurs fois dans sa vie elle se trouve dans la condition de le faire. Nous ignorons si M. Savigny partagerait notre manière de voir.

II. 3. ONCHIDIUM Peronii, *Onchidie de Péron.*

M. Cuvier, à qui nous avons communiqué le dessin de M. Savigny, a cru y reconnaître l'onchidie de Péron : celle qu'on représente ici est d'une belle couleur verte tirant un peu sur le jaunâtre.

3.   1.   Individu de grandeur naturelle, vu de profil.
3.   2.   Le même individu vu en dessous.
3.   3.   Un autre individu, sans doute de grandeur naturelle, vu en dessus : tout son corps est couvert de masses tuberculeuses, et postérieurement ces masses sont ramifiées.
3.   4.   Tête détachée et vue en dessus : on remarque les lèvres de la bouche faisant saillie, les antennes ou tentacules, et l'organe mâle qui est double.
3.   5.   Une des masses tuberculeuses de l'extrémité postérieure du corps excessivement grossie.
3.   6.   La plaque linguale très-grossie : elle est d'une couleur jaune assez foncée.
3.   7.   Partie antérieure du corps considérablement grossie et vue en dessous; on distingue l'orifice buccal, et le double organe mâle, consistant en deux bourses : de l'une d'elles sort un long filet qui paraît tubuleux, assez consistant;

l'autre bourse ne laisse pointer qu'un petit appendice, qui pourrait bien être semblable à l'autre.

3.   8.   Les trois orifices de la partie postérieure du corps très-grossie : l'ouverture linéaire est celle de l'organe femelle; à côté est l'anus, et plus en arrière l'orifice pulmonaire, qui s'écarte de la ligne moyenne du corps.

PLANCHE 3.

PLEUROBRANCHES, ÉMARGINULES, OSCABRIONS.

Genre PLEUROBRANCHE, *PLEUROBRANCHUS.*

Fig. 1.

On doit la connaissance de ce genre à M. Cuvier, qui en a donné l'anatomie dans ses Mémoires sur les mollusques. Voici ce qui le caractérise : un corps débordé par le manteau et par le pied, offrant un sillon circulaire, dans la partie droite duquel est située la branchie; une bouche en forme de trompe, et surmontée d'une lèvre et de deux tentacules tubuleux et fendus; les orifices de la génération en avant, et l'anus en arrière de la branchie. Ces divers caractères se voient très-nettement sur l'individu que nous rapportons au genre pleurobranche.

III. 1. PLEUROBRANCHUS oblongus, *Pleurob. oblong.*

Ce pleurobranche, qui diffère certainement du *pleurobranchus Peronii*, est peut-être nouveau; il serait possible qu'il fût une des espèces de la Méditerranée, que M. Cuvier se borne à désigner, mais qu'il ne décrit pas : au reste, nous serions très-embarrassés de parler de sa couleur, n'ayant pas eu à notre disposition le dessin d'après lequel on a fait la gravure. MM. d'Orbigny et de Férussac la croient aussi nouvelle, et la désignent avec nous sous le nom d'*oblongus*.

1. 1. Individu de grandeur naturelle, vu de profil et du côté droit.

1. 2. Le même très-grossi, et offrant distinctement toutes les parties extérieures de l'animal, et surtout celles qui sont propres au côté droit : on voit la trompe qui fait une saillie assez prononcée; la lèvre ou le voile qui la surmonte; le pied un peu moins long que le manteau, celui-ci très-épais et convexe; les tentacules; un des yeux situé à leur base; les organes générateurs mâles; l'ouverture de l'organe femelle située au-dessus; la branchie; enfin, l'anus.

1. 3. Le même vu en dessus : on remarque que le pied déborde le manteau de chaque côté, mais non en arrière.

1. 4. Le même vu en dessous : ici la trompe ne fait point saillie.

1. 5. Trompe vue de profil et excessivement grossie, pour montrer la disposition des fibres musculaires qui la constituent. On remarque au-dessus le fragment d'une plaque hexagonale, qui

pourrait bien appartenir à la membrane linguale, laquelle, suivant M. Cuvier, est disposée sur deux plans aux deux côtés de la bouche.

1. 6. Coquille qui se trouve cachée dans l'intérieur du manteau; elle est vue en dessus et en dedans.

1. 7. La branchie isolée, excessivement grossie pour montrer la disposition de la lame principale, de laquelle partent en haut et en bas des espèces de feuillets qui sont plutôt alternes qu'opposés; on en compte deux de plus à la rangée supérieure, le terminal étant considéré comme appartenant à cette rangée.

Genre ÉMARGINULE, *EMARGINULA.*

Fig. 2.

Ce genre des mollusques gastéropodes, confondu d'abord avec les patelles, en a été distingué avec raison par M. de Lamarck, et tous les naturalistes ont adopté ce changement. M. Cuvier[1] place les émarginules dans l'ordre des scutibranches, en leur assignant pour caractère propre une petite fente ou échancrure à la partie antérieure de leur coquille et de leur manteau; elle pénètre dans la cavité branchiale; les bords du manteau enveloppant et couvrant en grande partie ceux de la coquille; des tentacules coniques portant les yeux sur un tubercule de leur base antérieure; les bords du pied garnis d'une rangée de filets. Si l'on compare cette

---

[1] *Règne animal*, tome II, page 449.

description avec la figure qu'a donnée M. Savigny, on jugera que M. Cuvier a bien vu l'animal, et que tout ce qu'il en a dit est beaucoup plus exact et plus complet que ce qu'on trouve dans quelques ouvrages récens de conchyliologie. M. de Lamarck ne mentionne que deux espèces; on en connaît un bien plus grand nombre dans les collections.

III. 2. EMARGINULA Cuvieri, *Émarginule de Cuvier*.

L'espèce figurée ici diffère, à bien des égards, de l'émarginule treillissée (*emarginula fissura*, Lam.), à laquelle j'étais tenté de la rapporter : sa taille est moindre, et les dessins de la coquille ne sont pas exactement les mêmes; ce qui la distingue encore, c'est la disposition des côtes longitudinales, qui, sur la ligne médiane, s'écartent et constituent une gouttière, tandis que, dans les individus de l'émarginule treillissée que nous avons examinés, on voit une côte médiane aboutissant à l'échancrure. Nous nous croyons donc autorisés à la considérer comme espèce distincte, et nous la dédions au savant auteur des Mémoires sur l'anatomie des mollusques.

2.   *1.* Individu de grandeur naturelle, vu de profil et un peu en dessus.

2.   2. Le même grossi et vu de profil. On distingue très-bien le manteau, dont les bords sont relevés, et qui, en avant, est séparé du pied par une sorte d'échancrure très-profonde. Celui-ci, moins étendu que le manteau, dont il est très-distinct, a sa base garnie d'une série de tentacules; le corps est terminé antérieurement par la tête. Cette figure donne une idée très-exacte de l'organisation extérieure de cet élégant mollusque.

MOLLUSQUES. – GASTÉROPODES. PL. 3.   143

2. 3. Le même très-grossi et vu en dessus : par cette figure on peut juger l'étendue du manteau, et la manière dont il recouvre de toutes parts les bords de la coquille, en laissant à sa partie antérieure une fente qui aboutit à l'ouverture branchiale.

2. 4. Le même animal vu en dessous : on remarque que le manteau déborde le pied de toutes parts; celui-ci est contracté et présente la disposition qu'aurait l'animal, s'il était fixé à quelque corps; la tête est rentrée, et ne laisse voir que l'ouverture buccale et l'extrémité des tentacules.

2. 5. Extrémité antérieure de la coquille très-grossie; elle est vue en dessous, et montre la fissure médiane de son bord : on remarque aussi l'adhérence du corps de l'animal, dont la tête, représentée seulement au trait, est infléchie.

2. 6. Tête et proportion antérieure du pied vues en dessus et très-grossies : la trompe, les antennes ou tentacules, le tubercule oculaire de leur base et l'origine des tentacules coniques du pied, sont fort distincts.

2. 7. La même portion du corps vue en dessous, pour montrer l'ouverture de la trompe. La représentation fidèle de toutes ces parties et les limites dans lesquelles nous sommes tenus de nous restreindre, nous dispensent d'en parler plus au long.

Genre SIPHONAIRE, *SIPHONARIA.* Sow.

Fig. 3.

M. Sowerby a établi ce genre aux dépens de celui des patelles, et cette distinction semble devoir être admise, non-seulement à cause de la forme de la coquille, dont le côté droit est plus ou moins prolongé en canal ou gouttière, mais encore par l'organisation toute particulière de l'animal. Déjà Adanson [1] avait signalé sous le nom de *lepas mouret* une coquille du même genre, qui le frappa à cause de la structure du mollusque qui l'habitait. « Je ne connais point d'espèce de lépas, dit-il, dont la figure s'éloigne davantage de ses congénères, que ne fait celle-ci. Les yeux et les cornes sont si petits, que l'on peut dire qu'elle n'a ni les uns ni les autres. Sa tête est faite en demi-lune, et coupée par le milieu par une large crénelure qui semble la diviser en deux parties égales. Le cordon que j'ai remarqué sur le manteau de la première espèce [2] manque dans celle-ci, et les bords, au lieu d'être frangés, sont légèrement crénelés : dans le sinus qu'il fait avec le dessus du pied, on ne trouve point les douze stigmates dont j'ai parlé; on voit seulement sur la droite une petite membrane plissée, qui est dans une agitation continuelle; c'est le tuyau de la respiration. Son pied n'a point non plus ce sillon circulaire de la première espèce. » Ces parties

[1] *Histoire naturelle du Sénégal*, Coquillages, pag. 34, pl. II, fig. 5.
[2] Cette première espèce qu'il mentionne appartenait au genre patelle proprement dit.

extérieures ainsi décrites se reconnaissent parfaitement dans l'animal dont voici ici la figure : on les retrouve toutes, et de plus on en distingue quelques-unes qui avaient échappé à Adanson ; entre autres, le cordon de petits feuillets qui règne véritablement autour du manteau, et qu'Adanson a très-bien vu dans les patelles.

III. 3. Siphonaria, *Siphonaire.*

Il serait difficile de se prononcer sur l'identité de l'individu qu'on voit ici avec telle ou telle autre espèce connue : tout ce que nous pouvons dire, d'après la comparaison que nous avons faite, c'est qu'elle nous a semblé nouvelle ; nous n'en sommes pas cependant assez certains pour lui assigner un nom.

5. 1. Coquille simplement au trait, de grandeur naturelle, et renfermant l'animal qui en a été extrait, et qu'on voit représenté au-dessous et de profil.

3. 2. L'animal extrait de la coquille et excessivement grossi : il est vu de profil ; on distingue le pied, le manteau, les organes de la respiration et la trompe. Il n'existe pas de tête proprement dite.

3. 3. Le même vu en dessous et contenu dans sa coquille, qui le déborde de toutes parts : on voit le pied dépassé par le manteau.

3. 4. Le même animal, extrait de la coquille et vu en dessus : on remarque les organes respiratoires, le manteau, quelques viscères et les muscles.

3. 5. Partie antérieure de l'animal très-grossie, et qui paraît offrir les deux lobes de la bouche vus en dessous.

Genre OSCABRION, *CHITON*.

Fig. 4, 5, 6, 7, 8, 9.

Ce genre de mollusques gastéropodes, que M. Cuvier range dans l'ordre des cyclobranches, a été fondé par Linné sous le nom de *chiton* : il se fait remarquer par un test composé de valves symétriques au nombre de huit, et enchâssées le long du dos du manteau; il se distingue aussi par l'absence d'yeux, de tentacules et de mâchoires ; il existe à l'intérieur un appareil lingual très-compliqué, armé de dents ou d'épines : les organes de la respiration consistent en des branchies pyramidales, occupant de chaque côté le rebord du manteau; les bords de celui-ci sont coriacés et garnis d'une peau tantôt nue, et tantôt recouverte d'écailles, d'épines ou de poils. Le pied est beaucoup moins large et sensiblement moins long que le manteau; l'animal s'en sert pour ramper, et surtout pour adhérer aux rochers et à différens corps sous-marins.

M. de Blainville a publié dernièrement[1] un travail assez étendu sur les oscabrions; il y établit plusieurs sections auxquelles on peut rapporter les individus représentés ici : quant à la détermination spécifique, on conçoit combien elle doit être difficile quand il faut suivre les descriptions sur des figures en noir. Nous dirons même que plus celles-ci sont exactement faites, plus il devient impossible de les comparer aux figures que les auteurs citent à l'appui de leur phrase descrip-

---

[1] *Dictionnaire des sciences naturelles*, tome xxxvi, page 519.

tive, la plupart étant mauvaises et ne retraçant pas les caractères qui sont représentés ici très en détail et avec la plus grande exactitude. Nous avons parlé ailleurs de cette difficulté, et c'est ici le cas d'apprécier la justesse de notre observation. Nous n'avons donc cru reconnaître avec certitude que les deux espèces mentionnées sous les n°*. 5 et 9; nous avons distingué les autres par des chiffres, attendant des circonstances plus favorables pour leur imposer des noms.

La figure 4. *1* représente en dessus une espèce d'oscabrion de grandeur naturelle, et la figure 4. 2 le montre vu en dessous; on remarquera le développement excessif des deux rangs de branchies qui atteignent le bord antérieur du pied. La figure 5 est l'oscabrion fasciculaire, *chiton fascicularis*, Linn. La figure 5. *1* le représente de grandeur naturelle, vu de profil et muni de ses faisceaux de soie [1]; — 5. 2, le même grossi et vu en dessus; — 5. 3, le côté gauche d'une des valves excessivement grossie, pour montrer la disposition des espèces de taches qui la recouvrent; — 5. 4, le même individu vu en dessous; — 5. 5, un individu qui, par la place qu'il occupe dans la planche, paraît avoir été voisin de celui qui précède, mais dont la forme est cependant assez différente; il est vu en dessus et représenté en partie au trait : les détails qui suivent paraissent lui appartenir; — 5. 6, une portion des branchies de forme pyramidale et à composition lamelleuse; —

---

[1] Cette figure, comme toutes celles au trait, est destinée à donner la grandeur naturelle de l'animal : aussi ne doit-on pas être surpris si le dessinateur s'est trompé en mettant dix faisceaux au lieu de neuf. *Voyez* la figure 5. 2.

5. 7, la langue dans toute sa longueur : on compte de chaque côté cinquante-quatre dents latérales rangées en série, et adhérentes par leur base à des espèces d'arceaux moyens; on voit, en dehors des dents, de nombreuses plaques hexagonales, constituant une espèce de carrelage. La partie antérieure de tout cet appareil offre d'autres dents coniques au nombre de huit, rangées sur deux séries, et ayant au milieu trois petits tubercules, également coniques. Poli avait déjà représenté la langue de l'oscabrion, mais avec moins de détails et dans une autre espèce[1]. — 5. 8. Deux paires de dents excessivement grossies, et adhérentes à leur pièce centrale.

Les figures 6, 7 et 8 représentent des espèces auxquelles nous n'oserions assigner un nom. La figure 6 est une très-petite espèce, qu'on voit de grandeur naturelle, et adhérente à une tige de madrépore, sous le n°. 6. 1. La figure 7 est une espèce plus grande, représentée de profil sous le n°. 7. 1. — 7. 2 la montre excessivement grossie, et l'on remarque que les bords du manteau sont unis, c'est-à-dire non recouverts de poils ou d'écailles. — 7. 3 est un détail de ses valves antérieure, moyenne et postérieure. La figure 8 est une espèce de même taille à peu près, mais dont les bords sont écailleux; les écailles ont une forme et une disposition particulière, qui se trouvent parfaitement rendues dans la figure 8. 3. Cette espèce a beaucoup d'analogie avec la suivante. La figure 9 paraît être l'oscabrion écailleux, *chiton squamosus*, Linn. — 9. 1 le représente

---

[1] *Testacea utriusque Siciliæ*, planche III, figures 6, 7 et 9.

de grandeur naturelle et de profil; — 9. 2, très-grossi et vu en dessus; — 9. 3, très-grossi et vu en dessous. — 9. 4 et 9. 5 montrent les branchies vues en dessus et en dessous; elles sont pyramidales : les feuillets qui s'insèrent à la tige moyenne, sont grêles et assez écartés les uns des autres.

MOLLUSQUES. – COQUILLES.

PLANCHE I.

PATELLES, FISSURELLES, ÉMARGINULES, BALANES, GASTROCHÈNES.

Genre SIPHONAIRE, *SIPHONARIA*.

Fig. 1.

M. Sowerby a fondé sous ce nom un genre très-voisin des patelles, et dont Adanson avait distingué l'animal; nous en avons indiqué déjà les caractères[1] : l'espèce figurée ici paraît nouvelle et offre une variété. On la voit en dessus, en dedans et de profil.

[1] *Voyez* ci-dessus, *Gastéropodes*, page 144, et planche 3, figure 3.

Genre PATELLE, *PATELLA.*

Fig. 2 et 3.

Le genre patelle, très-anciennement formé, appartient, dans la méthode de M. Cuvier, à l'ordre des gastéropodes cyclobranches, et a pour caractère essentiel d'avoir une coquille d'une seule pièce, plus ou moins évasée. L'animal, qui y est entièrement contenu, a le corps circulaire, muni d'un pied épais, plus étroit que le manteau; un cordon de petits feuillets branchiaux règne sous le bord de ce dernier, et en avant on distingue la tête ayant deux tentacules pointus, des yeux à leur base et une trompe. Les espèces de patelles sont très-nombreuses et fort difficiles à distinguer, surtout lorsqu'on n'est pas aidé par les couleurs. La figure 2 offre en dessus, en dessous et de profil, une espèce d'assez grande dimension. La figure 3 en présente une autre, vue seulement en dedans; elle est plus petite que la précédente, dont on pourrait la croire une variété.

Genre FISSURELLE, *FISSURELLA.*

Fig. 4, 5, 6, 7.

Les fissurelles, qui appartiennent à l'ordre des gastéropodes scutibranches, avaient été confondues d'abord avec les patelles : Bruguières les en a séparées, et cette distinction a été adoptée généralement. Elle est fondée, quant à la coquille, sur la perforation de son sommet;

à ce trou aboutissent l'anus et l'ouverture de la cavité branchiale, qui est pratiquée dans le manteau. Celui-ci déborde toujours le pied de l'animal, et souvent aussi les bords de la coquille. Les espèces propres à ce genre sont nombreuses, difficiles à distinguer et assez mal connues.

Les figures 4 et 5 offrent deux espèces d'assez grande dimension, très-différentes l'une de l'autre par leur forme. Le n°. 6 est une espèce bien distincte, mais fort petite, à en juger du moins par la figure $1'$. La figure 6. 2, bien qu'elle soit au trait, est sans doute grossie; on remarque le petit crochet situé en arrière de l'ouverture.

La figure 7. $1'$ est une espèce de fissurelle excessivement petite. Les figures 7. 1, 7. 2, 7. 3, la montrent très-grossie et vue en dessus, en dedans et de profil. On est frappé de la forme du trou qui est percé à la base d'un prolongement du sommet. M. d'Orbigny pense que la position de ce trou est due au développement encore incomplet de la coquille; à mesure qu'elle grandit, le trou occuperait, suivant lui, plus d'étendue en arrière : cette espèce serait donc un très-jeune individu.

Genre CABOCHON, *CAPULUS.*

Fig. 8.

Le genre cabochon, que M. de Lamarck désigne sous le nom de *pileopsis*, appartient aux gastéropodes de l'ordre des scutibranches, et se trouve caractérisé par une coquille conique, à sommet fermé et recourbé en arrière. L'animal offre deux tentacules coniques ayant des yeux à la base extérieure, une trompe assez longue et des branchies sur une rangée au bord antérieur de la cavité branchiale. Les espèces connues sont peu nombreuses ; celle qui est figurée ici paraît très-petite. $\imath'$ est sa grandeur naturelle. 8. $\imath$ la représente en dedans, et 8. 2 de profil.

Genre ÉMARGINULE, *EMARGINULA.*

Fig. 9.

Nous avons fait connaître les caractères de ce genre, en donnant l'explication de la planche 3 des gastéropodes[1]. La coquille représentée ici pourrait bien appartenir à l'animal qui a été figuré avec tant de soin : cette espèce paraît différer de celles qui ont été décrites par M. de Lamarck; elle a des rapports avec l'*emarginula fissura*, et est voisine aussi de l'*emarginula rubra*. $\imath'$ la montre de grandeur naturelle; — 9. $\imath$, en dessus; — 9. 2, en dedans; — 9. *3*, de profil. Nous la nommerons *emarginula Cuvieri*, émarginule de Cuvier.

Genre PARMOPHORE, *PARMOPHORUS.*

Fig. 10.

M. de Blainville a établi ce genre dans un mémoire lu à la Société philomathique, au mois de décembre 1816[2] ; et il a caractérisé plus tard l'animal et

---

[1] *Gastéropodes*, page 141.
[2] *Bulletin de la Société philomathique*, année 1817, page 25.

la coquille de la manière suivante : corps épais, ovale, allongé, peu bombé en dessus, et couvert, dans une plus ou moins grande partie du dos, par une coquille à bords cachés par un repli de la peau; le manteau dépassant le corps; tentacules épais, coniques, avec les yeux saillans à leur base externe. Coquille allongée, très-déprimée; le sommet bien post-médial peu marqué, et évidemment incliné en arrière; ouverture aussi grande que la coquille; les bords latéraux droits et parallèles, le postérieur arrondi, l'antérieur tranchant et subéchancré au milieu; empreinte musculaire large, à ovale très-allongé, à peine ouverte en avant.

M. de Blainville assigne la place de ce nouveau genre extrait des patelles, tout près des émarginules et des fissurelles. Il est à remarquer que M. Savigny, qui a composé cette planche à une époque bien antérieure, a fait aussi ce rapprochement; peut-être connaissait-il l'animal, ou bien jugeait-il cette ressemblance sur la forme de la coquille. M. de Blainville a d'abord admis trois espèces vivantes; mais il n'a plus parlé que de deux dans un ouvrage récent[1]. Celle qui est représentée ici est très-petite : $1'$ la montre de grandeur naturelle; — 10. 1, très-grossie en dessus; — 10, 2, en dessous; — 10. 3, de profil.

[1] *Manuel de malacologie*, page 502.

DES BALANES.

Fig. 11, 12, 13 et 14.

Le genre des balanes, qui a été assez bien circonscrit par Bruguières, renferme un grand nombre de mollusques qui, s'ils ont entre eux des traits de ressemblance, offrent aussi plusieurs caractères qui autorisent des distinctions assez tranchées. M. Cuvier les réunit sous le nom de glands de mer, *balanus*, et il leur trouve à tous, pour pièce principale de leur coquille, un tube conique, fixé à divers corps, et dont l'ouverture supérieure se ferme par quatre battans mobiles. Les parois du tube sont creusées de pores et de chambres, dans lesquelles pénètrent, par la base, des productions du manteau. Les branchies, ajoute M. Cuvier, sont deux grands feuillets garnis de petites lames et adhérens aux côtés du manteau.

Il est évident que toutes les espèces connues ne présentent point l'ensemble de ces caractères, et qu'on peut former parmi elles de petits groupes ou genres bien distincts. M. l'abbé Ranzani en mentionne déjà huit dans un mémoire spécial, sous les noms de *asemus, ochthosia, balanus, chthamalus, coronula, cetovirus, diadema*, et *tubinicella*. On trouve encore dans M. de Lamarck d'autres coupes ; ce sont les petits genres *acasta, creusia* et *pyrgoma*. M. Savigny a représenté ici des espèces appartenant à quelques-uns de ces genres.

Genre CHTHAMALE, *CHTHAMALUS*[1].

Fig. 11.

On ne connaît que deux espèces propres à ce genre; le *lepas depressa* et le *lepas stellata* de Poli. Nous rapportons à cette dernière l'espèce représentée par M. Savigny. Poli[2] et l'abbé Ranzani[3] l'ont déjà figurée. 11. *1*, chthamale étoilé, *chthamalus stellatus*, grossi et vu en dessus; — *1'*, de grandeur naturelle; — 11. *2*, grossi et vu en dessous; — 11. *3*, grossi et vu de profil; — 11. *4*, l'opercule vu de profil.

Genre PYRGOME, *PYRGOMA*.

Fig. 12.

L'établissement de ce genre est dû à M. Savigny; mais on ne le connaissait encore que par la description qu'en avait donnée M. de Lamarck[4]. Ce savant le caractérise ainsi : coquille sessile, univalve, subglobuleuse, ventrue, convexe en dessus, percée au sommet; ouverture petite, elliptique; opercule bivalve. M. de Lamarck n'avait pas connaissance de l'animal, et, à cet égard, nous sommes dans la même ignorance; car on sait que

---

[1] M. l'abbé Ranzani assigne pour caractères au genre chthamalus : *Tubus areis prominentibus subæqualibus; aperturâ tetragonâ, lateribus subæqualibus; laminâ internâ brevi; parietibus ad basim multò crassioribus; operculum quadrivalve ferè horizontale, ac vix pyramidatum, per musculos basi adhærens.*

[2] *Testacea utriusque Siciliæ*, t. I, tab. v, fig. 18-20.

[3] *Memorie di storia naturale*, dec. prima, tab. II, fig. 21-24.

[4] *Histoire des animaux sans vertèbres*, tome v, page 400.

nous ne possédons aucune note pour la rédaction de notre texte. Les figures, parfaitement exécutées et grossies, ne représentent que la coquille; mais elles donnent une idée très-exacte de ses compartimens. On voit que la pièce principale n'offre aucune division, et ressemble assez bien, en dedans, à une fissurelle : mais, lorsqu'on la voit à l'extérieur, et surtout de profil, elle présente une organisation toute particulière; la surface est couverte de tubercules rayonnant du centre à la circonférence; le bord est droit et formé par une série de vingt-huit côtes obliques, séparées les unes des autres par des enfoncemens distincts, et parcourues elles-mêmes par un sillon longitudinal. Au dedans de cette sorte de coquille patelliforme, on trouve d'autres pièces qui, réunies, constituent l'opercule. Les pyrgomes sont contenues dans l'épaisseur de polypiers du genre *astrea*. M. de Blainville a réuni ce genre aux creusies. M. Leach admet une espèce que M. de Lamarck conserve; c'est la pyrgome rayonnante, *pyrgoma cancellata*, et très-probablement celle qui est représentée ici. La figure 1' donne la grandeur naturelle; — 12. 1, un individu vu en dessus : on aperçoit l'ouverture du sommet fermée par les valves, et la surface couverte de tubercules rayonnans; — 12. 2, le même, vu en dedans, et dont on a retiré les valves : alors l'ouverture du sommet est libre, et la circonférence de la base offre des espèces d'épines tronquées et échancrées; ce sont les extrémités des côtes obliques, qui vont de l'ouverture de la coquille au bord de l'espace dorsal; — 12. 3, le même individu, vu de profil : on distingue très-bien la partie dorsale couverte de tubercules et la série de côtes toutes obliques qui vont de cette partie dorsale au pourtour inférieur de la coquille; — 12. 4, les pièces operculaires cachant l'animal, qui déborde en arrière; — 4', cette même partie de grandeur naturelle; — 12. 5, les valves de l'opercule vues en dedans; — 12. 6, les valves vues de profil. La perfection des figures rend inutile d'entrer dans d'autres détails.

Genre BALANE, *BALANUS.*

Fig. 13.

Ce genre, dont la distinction est due à Bruguières, a été subdivisé depuis en plusieurs groupes génériques, de telle sorte que les balanes proprement dites, bien qu'elles soient encore très-nombreuses, ne renferment plus que les espèces ayant pour caractères : coquille conique, sessile, avec ou sans support calcaire bien distinct, fixée, et paraissant formée de six valves soudées entre elles; ouverture située au sommet, fermée par un opercule de quatre pièces articulées. La coquille figurée ici présente les divers caractères du genre balane : elle est très-voisine de la balane œuvée, *balanus ovularis* de M. de Lamarck, qui ne paraît pas différer du *lepas balanoïdes* de Linné, figuré par Poli[1]. Il ne peut y avoir de doute pour la détermination qu'entre cette espèce et la balane chétive, *balanus miser* de Lamarck, dont la figure de Chemnitz ne donne qu'une idée très-imparfaite; — 13. *1* représente un groupe de

[1] *Loc. cit.* tab. v, fig. 2-6.

balanes de grandeur naturelle; — 13. 2 montre un individu très-grossi et vu de trois quarts en dessus; — 13. 3, le même individu représenté de trois quarts en dessous; — 13. 4, section verticale d'une balane à laquelle on a enlevé l'opercule; — 13. 4, section à l'intérieur et de face de l'opercule, pour montrer la jonction des pièces operculaires; — 13. 6, deux des pièces operculaires vues en dehors et de face; — 13. 7, l'opercule entier, c'est-à-dire les quatre pièces réunies telles qu'elles le sont dans l'état naturel, et lorsqu'elles bouchent l'ouverture de la coquille; 7′, cet opercule de grandeur naturelle; — 13. 8, l'opercule vu de profil.

Genre CREUSIE, *CREUSIA*.

Fig. 14.

M. Leach a établi ce petit genre aux dépens des balanes, et il a été généralement adopté. M. de Lamarck lui assigne pour caractères : corps sessile, subglobuleux, enfermé dans une coquille operculée; trois ou quatre paires de bras tentaculiformes; bouche sans saillie, à la partie antérieure et supérieure du corps; coquille sessile, fixée, orbiculaire, convexe-conique, composée de quatre valves; les valves inégales, réunies, distinctes par leurs sutures; opercule intérieur, bivalve. Ces divers caractères se reconnaissent parfaitement dans l'individu que M. Savigny a fait représenter. On distingue très-bien dans ces figures la manière dont les valves de la coquille sont réunies entre elles, et la disposition curieuse des pièces operculaires. M. de Blainville a établi des divisions dans ce genre : notre individu appartient évidemment à la section comprenant les espèces très-déprimées, striées, quelquefois avec des indices de la division en quatre pièces et à opercule bivalve. Il cite la creusie épineuse, *creusia spinulosa* de Leach[1], à laquelle appartient peut-être l'individu de M. Savigny : celui-ci offre aussi quelque ressemblance avec les espèces mentionnées par Lamarck sous les noms de *stromia* et de *verruca*, et représentées par Müller et Chemnitz; mais les figures de ces deux zoologistes sont tellement imparfaites, qu'il serait difficile de pouvoir arriver à une détermination précise par un examen comparatif.

14. 1, trois individus de grandeur naturelle, fixés sur un madrépore; — 14. 2, individu très-grossi et vu de trois-quarts en dessus : l'opercule est appliqué obliquement sur l'ouverture de la coquille, qu'il ferme en grande partie; — 14. 3, le même, vu de profil avec l'animal, dont les cirres, au nombre de douze, sortent par une ouverture du sommet; — 14. 4, le même, vu en dessous et montrant le support calcaire de la base, au moyen duquel la coquille adhère au polypier pierreux; — 14. 5, deux des valves de la coquille, très-grossies et isolées pour rendre évident le mode de connexion de ces pièces; — 14. 6, opercule montrant ces deux pièces réunies; — 14. 6*, les pièces de l'opercule disjointes.

[1] La figure citée par M. de Blainville n'a pas encore paru; ce qui nous empêche de lui comparer celle de M. Savigny.

Genre GASTROCHÈNE, *GASTROCHOENA.*

Fig. 15.

Ce genre, établi originairement par Sprengler, adopté ensuite par M. Cuvier et par M. de Lamarck, a pour caractères, suivant ce dernier auteur : coquille bivalve, équivalve, presque cunéiforme, très-bâillante; à ouverture antérieure très-grande, ovale, oblique; la postérieure presque nulle; charnière linéaire, marginale, sans dents. M. de Lamarck le range à côté des pholades, c'est-à-dire qu'il croit ces coquilles dépourvues du fourreau tubuleux qui caractérise les arrosoirs, les tarets, les fistulanes, etc. Cependant M. Turton a fait connaître, dans sa *Conchyliologie britannique*, que ce tube existait dans une espèce qu'il a eu occasion de trouver sur les côtes d'Angleterre; et M. Deshayes, ayant vérifié l'exactitude de cette observation, a conclu que le genre gastrochène devait être réuni à celui des fistulanes. On sait que les gastrochènes sont des mollusques térébrans, c'est-à-dire qu'ils se creusent des demeures dans les madrépores et les roches calcaires.

La coquille figurée ici, figure 15. 1, 2, 3, paraît être un gastrochène. M. Savigny a placé cette coquille acéphale sur cette planche, peut-être à cause de son habitation dans l'intérieur des madrépores : elle est, méthodiquement parlant, hors de rang.

PLANCHE 2.

HÉLICES, BULIMES, AMPULLAIRES, PLANORBES, PALUDINES.

Genre MAILLOT, *PUPA*.

Fig. 1.

Ce genre se distingue au premier abord des hélices par sa forme cylindracée, et par le dernier tour de spire, qui n'est pas sensiblement plus grand que celui qui précède. M. de Lamarck caractérise ainsi les maillots : coquille cylindracée, en général épaisse; ouverture irrégulière, demi-ovale, arrondie et subanguleuse inférieurement; à bords presque égaux, réfléchis en dehors, disjoints dans leur partie supérieure; une lame columellaire, tout-à-fait appliquée, s'interposant entre eux. Ces caractères se reconnaissent dans la petite espèce figurée ici, et qui est très-remarquable par la carène élevée et linéaire qui se voit sur le dernier tour de spire. Cette particularité, qui n'est relatée dans aucune des espèces décrites par M. de Lamarck, nous porte à croire que ce maillot est une espèce nouvelle : nous lui proposerons le nom de *pupa Lamarckii*, maillot de Lamarck. La figure 1. 1 le montre très-grossi, et 1^r de grandeur naturelle; 1. 2, de profil, du côté de la bouche; 1. 3, en dessus.

Genre HELIX, *HELICE*.

Fig. 2-20.

Les hélices ou les escargots constituent un genre très-nombreux en espèces, et dont la coquille varie singulièrement pour la forme; ce qui a engagé quelques auteurs à les diviser en plusieurs genres qu'ils ont crus bien distincts. L'animal de ces mêmes coquilles offre au contraire une organisation peu variable; et les zoologistes qui ont attaché une plus grande importance à cette considération, n'ont cru devoir adopter les divers genres que comme des sections d'un seul et même groupe : M. de Férussac a fait une étude spéciale de ces coquilles [1].

Parmi les espèces dont on voit ici la figure et que nous avons pu reconnaître sans autre secours malheureusement que la gravure, nous citerons 2. 1, 2. 2, 2. 3, *helix ligata*, Var. Fér. : elle est vue sous diverses faces; — 3. 1, 2, 3, *helix melanostoma*, Drap. Fér.; — 4. 1, 2, 3, *helix spiriplana*. La figure 5. 1, 2, 3, n'en est peut-être qu'une variété. Les figures 6. 1, 2, 3; 8. 1, 2, 3; 9. 1, 2, 3; 10. 1, 2; 11. 1, 2, 3, et 12. 1, 2, paraissent appartenir à l'*helix irregularis*, Fér., dont elles seraient des variétés. La figure 7. 1, 2, 3, offre peut-être le jeune âge de cette même espèce. Les figures 13, 1, 2, 3, 4, 5, 6 et 7, semblent être l'*helix simulata*. Les figures 14. 1, 2, 3; 15. 1, 2, 3,

---

[1] *Histoire générale et particulière des mollusques terrestres et fluviatiles.*

4, et 16. *1, 2, 3*, sont probablement une seule et même espèce se rapportant à l'*helix pisana*, Mull. Lam. On pourrait considérer les figures 17. *1, 2, 3;* 18. *1, 2, 3*, et surtout la figure 19. *1, 2, 3*, comme de jeunes individus de cette dernière espèce. La fig. 20. *1* et *2* est bien certainement l'*helix algira* de Linné.

Genre BULIME, *BULIMUS*.

Fig. 21 et 22.

L'animal des coquilles du genre bulime ne diffère en rien de celui des hélices; de sorte que la distinction de ce genre devient très-fugitive, puisqu'elle n'est basée que sur quelques modifications de forme dans le test, modifications elles-mêmes très-variables. Deux espèces sont représentées ici : figure 21. *1*, le bulime aigu, *bulimus acutus* de Bruguières (*helix acuta*); et fig. 22. *1, 2, 3*, le bulime décollé, *bulimus decollatus* (*helix decollata*).

Genre AURICULE, *AURICULA*.

Fig. 23.

Les auricules, confondues par Bruguières avec les bulimes, en ont été distinguées nettement par M. de Lamarck, qui leur assigne pour caractère générique : coquille subovale ou ovale-oblongue; ouverture longitudinale, très-entière à sa base et rétrécie supérieurement où ses bords sont désunis; columelle munie d'un ou de plusieurs plis; labre à bord, tantôt réfléchi en dehors, tantôt simple et tranchant. L'espèce figurée sous le n°. 23. *1* et 2 est l'*auricula villosa*, Fér.; *1'* offre sa grandeur naturelle.

Genre AMBRETTE, *SUCCINEA*.

Fig. 24.

Draparnaud a le premier distingué ce genre, et il lui a donné pour caractères : coquille ovale-oblongue; ouverture grande oblique; columelle évasée, formant dans l'intérieur une rampe en spirale; plan de l'ouverture, très-incliné par rapport à l'axe de la coquille. Ces caractères se dénaturent beaucoup chez certains individus, et l'animal ne diffère pas bien sensiblement des hélices : aussi plusieurs auteurs réunissent-ils les ambrettes à ce dernier genre. Quoi qu'il en soit, l'espèce représentée sous le n°. 24, *1* et 2 paraît être l'ambrette amphibie, *succinea amphibia*, Drap. : elle est grossie, et la figure *1'* donne sa grandeur naturelle. M. Risso nous a dit qu'elle était très-voisine d'une espèce nouvelle, qu'il va décrire sous le nom d'*elegans*.

Genre AMPULLAIRE, *AMPULLARIA*.

Fig. 25 et 31.

M. de Lamarck, qui a établi judicieusement un si grand nombre de genres dans la classe des mollusques, a le premier distingué les ampullaires des hélices et des bulimes, avec lesquels on les confondait; elles ont pour caractères : coquille globuleuse, ventrue, ombiliquée à la base, sans callosité au bord gauche; ouverture entière, plus longue que large, à bords réunis, le droit non réfléchi; un opercule. La figure 25. *1* et 2 est l'ampullaire ovale, *ampullaria ovata* d'Olivier, et la figure 31. *1*, *2*, *3*, *4*, *5*, paraît être l'ampullaire carénée, *ampullaria carinata* d'Olivier, trouvée précédemment par ce savant naturaliste dans les canaux d'Égypte; 31. *3* et *4* offre deux variétés de cette coquille; 31. *5* est l'opercule. M. Savigny, en éloignant cette espèce de *l'ampullaria ovata*, avait peut-être eu l'intention de la distinguer génériquement. En effet, elle a une forme très-remarquable; mais les différences qu'elle présente disparaissent quand on examine comparativement un grand nombre d'ampullaires.

Genre PLANORBE, *PLANORBIS*.

Fig. 26.

Müller le premier et ensuite Bruguières ont distingué les planorbes des hélices, avec lesquelles Linné les confondait. Les caractères génériques sont, d'après M. de Lamarck : coquille discoïde à spire aplatie ou surbaissée, et dont les tours sont apparens en dessus et en dessous; ouverture oblongue, lunulée, très-écartée de l'axe de la coquille et dont le bord n'est jamais réfléchi : point d'opercule. L'absence de l'opercule distingue essentiellement ce genre de certaines espèces d'ampullaires qui sont également discoïdes et pourvues d'un opercule corné. Les planorbes sont des coquilles d'eau douce.

La figure 26. *1 , 2 , 3 ,* paraît être le planorbe oriental, *planorbis orientalis* d'Olivier.

Genre PHYSE, *PHYSA.*

Fig. 27.

C'est à Draparnaud qu'on doit l'établissement de ce petit genre, qui ne renferme que des espèces d'eau douce, et qui fut confondu avec les bulles par Linné, et avec les bulimes par Bruguières. Lamarck lui assigne pour caractères : coquille enroulée, ovale ou oblongue, à spire saillante; ouverture longitudinale, rétrécie supérieurement; columelle torse, bord droit très-mince, tranchant, s'avançant en partie au-dessus du plan de l'ouverture : point d'opercule. On ne connaît encore qu'un petit nombre d'espèces : celle que représente la figure 27. *1* et *2* paraît être la physe tronquée, *physa truncata* de M. de Férussac; elle est grossie : *1'* donne sa grandeur naturelle.

Genre PALUDINE, *PALUDINA.*

Fig. 28, 29, 30.

La distinction de ce genre est due à M. de Lamarck. Avant lui, les espèces qui le composent étaient dispersées parmi les cyclostomes, les bulimes et les turbos ; il leur a donné pour caractères propres : coquille conoïde, à tours arrondis ou convexes, modifiant la cavité spirale; ouverture arrondie, ovale, plus longue que large, anguleuse au sommet; les deux bords réunis, tranchans, jamais recourbés en dehors; un opercule orbiculaire et corné. Ces coquilles vivent pour la plupart dans les eaux douces; on en rencontre aussi dans les eaux saumâtres et salées. La figure 28. *1* et 2 paraît être la *paludina bulimoïdes* de Férussac. La figure 29. *1* et 2 pourrait bien être une variété de la paludine sale, *paludina impura* de M. de Lamarck; elle semble grossie : *1'* indiquerait sa taille naturelle. La figure 30. *1* et 2 est la paludine unicolore, *paludina unicolor* de Lamarck, ou la *cyclostoma unicolor* d'Olivier. Elle paraît propre à l'Égypte.

PLANCHE 3.

MONODONTES, SCALAIRES, MÉLANIES, PALUDINES.

Genre MONODONTE, *MONODONTA*. Lam.

Fig. 1-11.

M. de Lamarck, qui a établi ce genre, le caractérise ainsi : coquille ovale ou conoïde; ouverture entière, arrondie, à bords désunis supérieurement; columelle arquée, tronquée à sa base; un opercule. La précision de ces caractères n'est qu'apparente; ils s'évanouissent successivement lorsqu'on passe en revue un grand nombre d'espèces : on voit alors qu'on doit réunir les monodontes aux turbos, et que ce dernier genre ne se distingue que difficilement des troques; il en est de même de plusieurs petits groupes génériques établis par les auteurs, et qui tous pourraient être considérés comme autant de sections ou de sous-genres des troques, que l'on considérerait alors comme le genre principal. Les monodontes de M. de Lamarck sont nombreuses en espèces : très-peu ont été représentées avec soin; ce qui rend très-difficiles la comparaison et par suite la détermination des figures gravées qu'a fait exécuter M. Savigny. Les figures 1. i, 2, 3, 2. i, 2, 3, 11. i, 2, nous montrent trois espèces d'assez grande dimension; nous avons reconnu que le n°. 11 était la monodonte articulée, *monodonta articulata* de M. de Lamarck, qui ignorait sa patrie. Cette coquille fait partie du cabinet de M. le duc de Rivoli, dont la noble obligeance est connue et appréciée par tous les naturalistes.

Les autres espèces représentées sous les n°^{s}. 3, 4, 5, 6, 7, 8, 9, 10, paraissent grossies : i' indique plutôt leur grandeur naturelle que leur jeune âge. La plupart de ces espèces sont probablement nouvelles; il faudrait connaître leur couleur pour leur assigner des noms et tenter de les décrire. Toutes étant distinguées par des chiffres, on pourra les citer facilement lorsqu'on aura occasion de les rencontrer, soit dans les collections, soit dans la nature.

La figure 12. i et 2 est une coquille assez singulière, qui semble imparfaite, et qu'on pourrait rapporter au grand genre *trochus*; elle est grossie : i' indique sa taille naturelle.

Genre SCALAIRE, *SCALARIA.*

Fig. 13 et 14.

Les scalaires constituent un genre très-distinct, établi par M. de Lamarck et caractérisé de la manière suivante : coquille subturriculée, garnie de côtes longitudinales, élevées, interrompues, presque tranchantes ; ouverture obronde ; les deux bords réunis circulairement, et terminés par un bourrelet mince, recourbés. Les espèces de ce genre sont toutes marines : on n'en connaît encore qu'un petit nombre ; M. de Lamarck n'en décrit que sept. Il paraît qu'il en existe plusieurs d'une très-petite taille, et qui n'ont pas encore été étudiées ; celles qu'on voit figurées ici sont très-certainement nouvelles. La figure 13 offre une de ces scalaires excessivement grossie ; nous la nommerons scalaire de Férussac, *scalaria Ferussacii* : $1'$ donne sa grandeur naturelle. La figure 14. 1 et 2 nous semble être encore une scalaire dont la dimension plus grande est représentée au n°. $1'$: elle portera le nom de scalaire de Jomard, *scalaria Jomardi.*

Genre PALUDINE, *PALUDINA.*
Genre MÉLANIE, *MELANIA.*   } Fig. 15—45.
Genre RISSOAIRE, *RISSOA.*

Il y aurait un travail à faire sur toutes les coquilles qu'on voit associées ici. M. Savigny en avait sans doute le projet : le soin qu'il a mis à les représenter avec beaucoup de détails et très-grossies, l'indique assez. Ces espèces sont presque microscopiques, et leur grossissement nous révèle des formes et une organisation toutes particulières. Nous avons fait des tentatives pour en reconnaître quelques-unes : mais nous nous sommes bientôt convaincus qu'elles étaient nouvelles ; nous avons alors cherché à les rapporter aux genres connus, et là nous avons encore trouvé bien des difficultés. Les dessins et surtout les coquilles elles-mêmes nous eussent été très-utiles pour juger, d'après la couleur et la nature plus ou moins calcaire du test, si elles étaient marines ou fluviatiles ; ce qui aide bien souvent à la détermination du genre.

Nous avons cru reconnaître des paludines dans les n°*. 15. *1*, 2, 16. *1*, 2, et peut-être 17. *1*, 2. Ce genre se trouve déjà représenté à la planche précédente; mais les trois espèces qu'on y voit figurées sont d'eau douce, tandis que celles dont il s'agit paraissent marines : cette différence dans l'*habitat* entraîne une distinction générique. M. de Férussac fait de ces espèces le sous-genre littorine, *littorina* : ces petites littorines sont nouvelles. Les figures 18 et 19 pourraient former un nouveau genre.

Les trois espèces qui suivent doivent être rapportées, dans l'état actuel et très-imparfait de la science, au genre rissoaire, *rissoa*, qui lui-même n'est pas très-rigoureusement caractérisé. Ces espèces sont excessivement petites ; leur grandeur naturelle est placée à côté de chacune d'elles et indiquée par le chiffre *1'*. La figure 20 sera la rissoaire de Fréminville, *rissoa Fre-*

minvillii; la figure 21 portera le nom de rissoaire de Desmarest, *rissoa Desmarestii;* et la figure 22 sera appelée rissoaire de d'Orbigny, *rissoa Dorbignii.*

La figure 23 a quelque ressemblance avec les mélanies; on peut en dire autant de la figure 25. La figure 24 est une turritelle, qui serait ici de grandeur naturelle.

Les figures 26, 27, jusques et y compris la dernière ou le n°. 45, offrent quelques-uns des caractères du genre rissoaire, et ces espèces peuvent être considérées, dans tout cas, comme une division du grand genre paludine. La figure 31 paraît être le *rissoa truncata*, encore jeune. M. Risso en fait un genre sous le nom de *truncatella*.

PLANCHE 4.

CÉRITHES, MUREX, STROMBES, BUCCINS.

Le genre rissoaire, dont un grand nombre d'espèces ont été représentées dans la planche qui précède, se retrouve figuré ici sous les n°^{s}. 1, 2 et 3. M. Risso les place dans un nouveau genre sous le nom de *manzelia*. Nous proposerons pour la figure 1 le nom de M. Risso; et pour la figure 2, celui de Berthollet. La figure 3 n'est pas représentée dans son entier; mais ce qu'on en voit indique assez qu'elle diffère des précédentes.

Genre CÉRITHE, *CERITHIUM.*

Fig. 4-11.

Bruguières a le premier distingué ce genre des murex, des strombes et des troques, avec lesquels Linné avait confondu les cérithes : tous les naturalistes ont adopté cette réforme, et M. de Lamarck a caractérisé les cérithes de la manière suivante : coquille turriculée; ouverture oblongue, oblique, terminée à sa base par un canal court, tronqué ou recourbé, jamais échancré; une gouttière à l'extrémité supérieure du bord droit; un opercule petit, orbiculaire et corné.

Ce genre est très-nombreux non-seulement en espèces vivantes, mais encore en espèces fossiles, abondantes dans certains terrains de formation marine; leur détermination est difficile et encore fort peu avancée. Les figures qu'en ont données les auteurs sont très-imparfaites : celles qu'on voit ici n'ont pas cet inconvénient; elles sont exécutées avec le soin le plus scrupuleux. Les figures 4, 5, 6, 7. 1 et 2, n'ont pu être déterminées bien certainement; la figure 8. 1 et 2 paraît voisine du *cerithium atratum* de Bruguières; les figures 9. 1, 2, 10. 1, 2, 3, restent indéterminées, et sont probablement nouvelles. L'espèce représentée au n°. 11 1 et 2 est la cérithe tuberculée, *cerithium tuberculatum* de M. de Lamarck.

Genre BUCCIN, *BUCCINUM.*

Fig. 12, 13, 15, 20, 21.

Le genre buccin de Linné a été réduit de beaucoup par Bruguières, et ensuite par M. de Lamarck, qui lui assigne pour caractères : coquille ovale ou ovale-conique; ouverture longitudinale, ayant à sa base une échancrure sans canal; columelle aplatie, renflée dans sa partie supérieure.

Les espèces représentées ici, fig. 12, 13, 15, 20. 1, 2, 21. 1 et 2, et de grandeur naturelle $1'$, sont, à l'exception d'une seule, excessivement petites, et la détermination spécifique n'est guère possible dans l'état actuel de nos connaissances; c'est même avec doute que nous rapportons quelques-unes de ces espèces au genre buccin. Les figures 15 et 21 semblent être des murex.

Genre PYRULE, *PYRULA,* fig. 16.

Genre FUSEAU, *FUSUS,* fig. 17, 18 et 19.

Genre FASCIOLAIRE, *FASCIOLARIA,* fig. 14.

Genre PLEUROTOME, *PLEUROTOMA,* fig. 24.

Bruguières réunissait sous le nom de fuseau, *fusus,* un grand nombre d'espèces, qui en ont été distinguées, et qui font aujourd'hui partie des genres pyrule, pleurotome, fasciolaire, etc. M. de Lamarck a restreint de la manière suivante les limites de chacun de ces genres.

Les pyrules ont pour caractères : coquille subpyriforme, canaliculée à sa base, ventrue dans sa partie supérieure, sans bourrelets en dehors, et ayant la spire courte, surbaissée quelquefois; columelle lisse; bord droit sans échancrure. Nous avons reconnu dans la figure 16. 1 et 2 la pyrule rayée, *pyrula lineata* de M. de Lamarck.

Le genre fuseau est caractérisé ainsi : coquille fusiforme ou subfusiforme, canaliculée à sa base, ventrue dans sa partie moyenne ou inférieurement, sans bourrelets extérieurs, et ayant la spire élevée et allongée; bord droit sans échancrure; columelle lisse; un opercule corné. On voit ici la figure de deux espèces très-grandes. Nous n'avons pu déterminer positivement le n°. 17. 1 et 2. Quant à la figure 18. 1, 2, elle paraît représenter le fuseau sillonné, *fusus sulcatus* de M. de Lamarck. La figure 19, qui est excessivement grossie, et dont on voit la taille naturelle en 1', ressemble à un très-jeune fuseau.

Le genre fasciolaire offre pour caractères : coquille subfusiforme, canaliculée à sa base, sans bourrelets persistans, ayant sur la columelle, près du canal, deux ou trois plis très-obliques. C'est avec quelque doute que nous rapportons à ce genre la figure 14. 1, 2; nous oserions encore moins en donner la détermination spécifique : cependant elle a quelque analogie avec la *fasciolaria tarentina* de Lamarck.

Le genre pleurotome est ainsi distingué par M. de Lamarck : coquille, soit turriculée, soit fusiforme, terminée inférieurement par un canal droit, plus ou moins long; bord droit, muni dans sa partie supérieure d'une entaille ou d'un sinus. Les espèces de ce genre sont assez nombreuses : nous n'en avons trouvé aucune identiquement semblable à celle qui est ici figurée sous le n°. 24. *1*, 2, et qui pourrait bien être nouvelle.

Genre MUREX, *MUREX*.

FIG. 22 ET 23.

Linné avait réuni dans ce genre un grand nombre de coquilles assez différentes, qui en ont été distraites par divers auteurs, et, entre autres, par Bruguières et M. de Lamarck. Ce dernier conchyliologiste a singulièrement réduit le genre des rochers ou *murex*, en le limitant aux espèces encore très-nombreuses qui offrent pour caractères : coquille ovale ou oblongue, caniculée à sa base, ayant à l'extérieur des bourrelets rudes, épineux ou tuberculeux; ouverture arrondie ou ovalaire : bourrelets triples ou plus nombreux sur chaque tour de spire ; les inférieurs se réunissant obliquement avec les supérieurs par rangées longitudinales ; un opercule corné. On voit ici deux espèces : la figure 22. *1*, 2, reste indéterminée; la figure 23. *1*, 2, est voisine du murex fascié, *murex trunculus* de M. de Lamarck.

Genre STROMBE, *STROMBUS*.

FIG. 25, 26 ET 27.

C'est Linné qui originairement a fondé ce genre, et c'est M. de Lamarck qui l'a modifié, en créant à ses dépens les sous-genres ptérocère et rostellaire. Les strombes de cet auteur ne renferment plus que les espèces ayant pour caractères : coquille ventrue, terminée à sa base par un canal court, échancré ou tronqué; bord droit, se dilatant avec l'âge en une aile simple, lobée ou crénelée supérieurement, et ayant inférieurement un sinus séparé du canal ou de l'échancrure de sa base. La figure 25. 1, 2, représente un strombe voisin du strombe rayé, *strombus lineatus* de M. de Lamarck, quant à la taille et à la disposition des couleurs : le dessin colorié n'aurait laissé aucun doute à cet égard. Les figures 26 et 27 pourraient être des variétés de la même espèce, au moins la figure 26.

Genre VIS, *TEREBRA*.

Fig. 28.

Le genre vis a été fondé par Bruguières aux dépens des buccins de Linné. M. de Lamarck l'adopte en lui donnant pour caractères : coquille allongée, turriculée, très-pointue au sommet; ouverture longitudinale, plusieurs fois plus courte que la spire, échancrée à sa base postérieure; base de la columelle torse ou oblique. L'espèce représentée fig. 28 semble appartenir à ce genre; mais il serait difficile de reconnaître l'espèce, dont la grandeur naturelle est représentée au n°. 1′.

Genre PLANAXE, *PLANAXIS*.

Fig. 29.

C'est à M. de Lamarck qu'on doit l'établissement de ce genre; il le place entre les turbos et les phasianelles, en lui assignant pour caractères : coquille ovale-conique, solide; ouverture ovale, un peu plus longue que large; columelle aplatie et tronquée à sa base, séparée du bord droit par un sinus étroit; face intérieure du bord droit sillonnée ou rayée, et une callosité courante sous son sommet. M. de Blainville signale un opercule ovale, mince, corné et subspiral : M. de Lamarck ignorait son existence. L'espèce gravée figure 29. *1, 2*, serait-elle la planaxe sillonnée, *planaxis sulcata* de M. de Lamarck? Je le croirais volontiers, malgré plusieurs différences que j'observe, et que je suppose être individuelles.

PLANCHE 5.

BULLES, NÉRITES, PHASIANELLES, SABOTS, TROQUES.

La coquille représentée fig. 1. *1, 2*, doit constituer un genre nouveau; il a de l'analogie avec les cadrans, *solarium*, et offre extérieurement quelque ressemblance avec la coquille des Argonautes. Nous donnerons à ce joli genre le nom d'anatole, *anatola*[1], et nous dédierons l'espèce à M. le baron de Humboldt, *anatola Humboldtii*.

Genre BULLE, *BULLA.*

Fig. 2, 3, 4, 5, 6, 7.

Ce genre de Linné renferme des coquilles qui ont été caractérisées par M. de Lamarck de la manière

[1] L'une des heures, dont le nom signifie *le lever*.

suivante : coquille univalve, ovale-globuleuse, enroulée, n'ayant point de columelle, ni de saillie à spire; ouverture dans toute sa longueur à bord droit tranchant. Toutes les espèces qu'on voit ici sont excessivement petites, et ne paraissent avoir été observées par aucun conchyliologiste : leur grandeur naturelle est représentée en $1'$. Nous n'assignons pas de nom à la figure 2, que M. Risso nous a dit avoir décrite dans l'ouvrage qu'il va publier incessamment. La figure 3 sera la bulle de Girard, *bulla Girardi*; la figure 4[1] sera la bulle de Villiers, *bulla Villersii*; la figure 5 portera le nom de M. Fourier, *bulla Fourierii*; la figure 6, celui de M. Desgenettes, *bulla Desgenettii*; enfin, la figure 7 sera dédiée à Monge, *bulla Mongii* : tous collaborateurs de cet ouvrage.

Genre STOMATELLE, *STOMATELLA*.

Fig. 8, 9, 10.

M. de Lamarck, auteur de ce petit genre, le caractérise ainsi : coquille orbiculaire ou oblongue, auriforme, imperforée; ouverture entière, ample, plus longue que large; bord droit, évasé, dilaté, ouvert. Les espèces représentées ici sont de petite dimension et grossies; les figures $1'$ placées à côté de chacune d'elles indiquent leur grandeur naturelle. La figure 8. 1, 2, 3, est assez voisine de la stomatelle sulcifère, *stomatella sulcifera* de M. de Lamarck; la figure 10. 1, 2, 3,

---

[1] M. Risso doit fonder, sous le nom de *bullina*, un genre nouveau, qui comprendra, nous a-t-il dit, les espèces représentées sous les n°s. 4,

paraît être la stomatelle auricule, *stomatella auricula* de M. de Lamarck ; la figure 9. *1, 2*, est peut-être nouvelle.

Genre NÉRITINE, *NERITINA*.

Fig. 11.

M. de Lamarck distingue ce genre de celui des nérites par les caractères suivans : coquille mince, demi-globuleuse ou ovale, aplatie en dessous, non ombiliquée ; ouverture demi-ronde ; le bord gauche aplati et tranchant ; aucune dent ni crénelure à la face interne du bord droit ; opercule muni d'une apophyse ou d'une pointe latérale. Cette distinction générique est quelquefois très-difficile à saisir, et les néritines ne diffèrent des nérites que parce que le test est beaucoup plus mince, et qu'elles sont fluviatiles. L'espèce figurée ici, quoique denticulée, semble appartenir au genre néritine ; elle est très-petite : *1'* donne sa taille naturelle, et 11. *1, 2*, la représente très-grossie. Bien que nous ne connaissions pas ses couleurs, nous croyons pouvoir assurer qu'elle est nouvelle : nous proposons de la nommer néritine de Feuillet, *neritina Feuilletii* [1].

5 et 6 ; leur forme est réellement très-différente des bulles proprement dites.

[1] On m'approuvera sans doute de donner ce témoignage d'estime à mon excellent ami M. Feuillet, bibliothécaire de l'Institut, l'un des hommes les plus distingués de notre époque par l'étendue de ses connaissances.

Genre NÉRITE, *NERITA.*

Fig. 12, 13, 14, 15, 16.

Ce genre, tel qu'il a été fondé par Linné, embrassait un très-grand nombre d'espèces. M. de Lamarck l'a restreint en lui donnant pour caractères : coquille solide, demi-globuleuse, aplatie en dessous, non ombiliquée; ouverture entière, demi-ronde; le bord gauche aplati, septiforme, tranchant, souvent denté; des dents ou des crénelures à la face interne du bord droit; opercule muni d'une apophyse.

La figure 12. *1*, *2*, est la nérite polie, *nerita polita* de Linné, suivant la détermination du cabinet de M. de Lamarck[1] : la figure 13. *1*, *2*, paraît être la nérite albicille, *nerita albicilla* de Linné, et les figures 14. *1*, *2*, 15 et 16, pourraient bien être des variétés de celle-ci.

Genre NATICE, *NATICA.*

Fig. 17.

C'est Bruguières qui, le premier, a distingué les natices des nérites, auxquelles Linné les associait. M. de Lamarck leur donne pour caractères : coquille subglobuleuse, ombiliquée; ouverture entière, demi-ronde; bord gauche oblique, non denté, calleux, la callosité modifiant l'ombilic, et quelquefois le couvrant; bord droit tranchant, toujours lisse à l'intérieur; un opercule.

[1] Aujourd'hui le cabinet du duc de Rivoli.

La figure 17. 1, 2, a quelque ressemblance de forme avec la natice flammulée, *natica canrena* de M. de Lamarck : toutefois, nous la croyons distincte.

Genre PHASIANELLE, *PHASIANELLA*.

Fig. 18-24.

Les phasianelles constituent un genre assez distinct, et que son auteur, M. de Lamarck, a caractérisé ainsi : coquille ovale ou conique, solide; ouverture entière, ovale, plus longue que large, à bords désunis supérieurement; le droit tranchant, non réfléchi; columelle lisse, comprimée, atténuée à sa base; un opercule calcaire ou corné. Les espèces représentées ici, fig. 18, 19, 20, 21, 22, 23 et 24, sont grossies : la plupart sont nouvelles. M. Risso pense qu'elles rentrent toutes dans son genre *tricolia*, qu'il doit incessamment décrire. L'espèce 21 lui est connue, c'est la *tricolia punctata*; le n°. 20 n'en diffère peut-être pas essentiellement. La figure 22 est son *tricolia nicensis*. Nous nommerons la figure 18 tricolie de Risso, *tricolia Rissoi*; la figure 19, tricolie de Draparnaud, *tricolia Draparnaudii*; la figure 23, tricolie de Brongniart, *tricolia Brongnartii*; et la figure 24, tricolie de Guérin, *tricolia Guerini*.

Genre SABOT, *TURBO*.

Fig. 25, 26, 27, 28, 31, 32, 33.

Les sabots ou turbos constituent un genre très-anciennement établi et fort nombreux en espèces. M. de

Lamarck le caractérise de la manière suivante : coquille conoïde ou subturriculée, à pourtour jamais comprimé; ouverture entière, arrondie, non modifiée par l'avant-dernier tour, à bords désunis dans leur partie supérieure; columelle arquée, aplatie, sans troncature à sa base ; un opercule.

La détermination des espèces de ce genre est très-difficile et fort peu avancée : plusieurs de celles qui sont figurées ici sont probablement nouvelles. Les figures 25 et 26 sont de grandeur naturelle. Les coquilles représentées sous les n°. 27 et 28 sont grossies. La figure 31 est encore un sabot, peut-être très-jeune : les figures 32 et 33, qui sont très-grossies, s'éloignent des sabots proprement dits par la forme de la bouche, et font le passage aux troques, en constituant sans doute un genre nouveau.

Genre SCISSURELLE, *SCISSURELLA*.

Fig. 29, 30.

M. d'Orbigny a fondé sous ce nom [1] un genre très-curieux de la famille des trochoïdes; il le caractérise ainsi : coquille univalve, libre, ombiliquée, à spire surbaissée; bouche subarrondie, sans canal, à lèvres sans péristome et désunies, dont le bord droit est entaillé par une scissure profonde, qui a suivi l'accroissement des tours de spire, s'est oblitérée jusqu'à une petite distance du bord de l'ouverture, et a tracé sur

---

[1] *Mémoires de la Société d'histoire naturelle de Paris*, t. 1ᵉʳ, p. 340.

le dos de la coquille une espèce de carène. M. Defrance avait établi dans sa collection, sous le nom de *pleurotomaire*, un genre auquel il a rapporté trois espèces fossiles, et qui offre une très-grande analogie avec celui de M. d'Orbigny, surtout à cause de la fente du bord droit de la coquille. Cependant M. d'Orbigny, qui, le premier, a fait connaître les caractères de ce nouveau genre, doute encore que les espèces de M. Defrance lui appartiennent. Celles qu'a décrites M. d'Orbigny sont vivantes; il a eu occasion de les observer dans les sables de la Méditerranée.

La figure 29. 1, 2, 3, est la scissurelle treillissée, *scissurella decussata* de M. d'Orbigny : 1' indique sa grandeur naturelle. La figure 30. 1, 2, 3, est une espèce voisine de la scissurelle lisse, *scissurella lævigata* de M. d'Orbigny : sa taille naturelle est représentée en 1'. Nous la croyons nouvelle, et nous la dédierons à M. d'Orbigny, sous le nom de *scissurella Dorbignii*.

Genre TROQUE, *TROCHUS*.

Fig. 34-40.

Les troques, qu'on désigne aussi sous le nom de *toupies*, sont des coquilles marines formant un genre très-nombreux en espèces, et que M. de Lamarck a caractérisé ainsi : coquille conique, à spire élevée, quelquefois surbaissée, à pourtour plus ou moins anguleux, souvent mince et tranchant; ouverture déprimée transversalement, à bords désunis dans leur partie supérieure; columelle arquée, plus ou moins saillante à sa base; un opercule.

La distinction des espèces n'est pas moins difficile que parmi les sabots : elle est presque toujours incertaine lorsqu'on manque des objets en nature, et lorsqu'on se voit réduit à comparer les descriptions des auteurs à des figures en noir.

La figure 34. 2 est le troque pyramidal, *trochus pyramidalis* de M. de Lamarck : son opercule est représenté au-dessous sous le n°. 34. 2. Quelques-unes des espèces qui suivent sont de grandeur naturelle : ce sont les figures 37, 38 et 39. D'autres sont grossies, et se voient aux n°'. 35, 36 et o.

PLANCHE 6.

POURPRES, NASSES, CASQUES, CONES, MITRES, OLIVES, PORCELAINES.

Genre POURPRE, *PURPURA*.

Fig. 1, 2.

Le genre pourpre, que Linné réunissait aux murex et aux buccins, a pour caractères distinctifs, suivant M. de Lamarck : coquille ovale, soit mutique, soit tuberculeuse ou anguleuse; ouverture dilatée, se terminant inférieurement en une échancrure oblique subcanaliculée; columelle aplatie, finissant en pointe à sa base. Ce genre est fort nombreux : nous avons cru reconnaître les deux espèces représentées ici : l'une, fig. 1. 1, 2, est la pourpre marron d'Inde, *purpura hippocastanum* de M. de Lamarck; l'autre, figure 2, paraît très-voisine de la pourpre hémastome, *purpura hæmastoma* de M. de Lamarck.

Genre NASSE, *NASSA*.

FIG. 3, 4, 5.

Les nasses ont d'abord été distinguées des buccins par M. de Lamarck, qui les a réunies ensuite à ce dernier genre, en les rangeant dans une section particulière qui comprend les espèces assez nombreuses dont la columelle est calleuse : ce caractère, qui est plus ou moins sensible, se combine avec quelques différences de formes. La figure 3. 1, 2, paraît être une nasse à columelle non calleuse; elle est très-grossie; 1' est sa taille naturelle. La figure 4. 1, 2, est plutôt un buccin également grossi, et dont on voit en 1' la grandeur. La figure 5. 1, 2, semble être le buccin renflé, *buccinum inflatum* de M. de Lamarck; il appartient peut-être à la division des nasses.

Genre CASQUE, *CASSIS*.

FIG. 6, 7.

Le genre casque, distingué des buccins par Bruguières, a pour caractères, suivant M. de Lamarck : coquille bombée; ouverture longitudinale étroite, terminée à sa base par un canal court, brusquement recourbé vers le dos de la coquille; columelle plissée ou ridée transversalement; bord droit presque toujours denté. On reconnaît manifestement ces caractères dans la figure 6. *1, 2*, qui est le casque-baudrier, *cassis vibex*. La figure 7 reste indéterminée.

Genre COLOMBELLE, *COLUMBELLA*.

Fig. 8, 9, 10, 11.

C'est à M. de Lamarck qu'on doit la distinction de ce genre, que Linné confondait avec les volutes; il est établi sur les caractères qui suivent : coquille ovale, à spire courte, à base de l'ouverture plus ou moins échancrée et sans canal; des plis sur la columelle; un renflement à la paroi interne du bord droit, rétrécissant l'ouverture. Ces caractères se voient dans les espèces représentées ici. Les figures 8 et 9 sont extrêmement petites; leur grandeur naturelle est représentée en $1'$; elles semblent nouvelles : le n°. 9 pourrait être un jeune individu. La figure 10. *1, 2*, est la colombelle étoilée, *columbella rustica* de M. de Lamarck, ou bien la colombelle réticulée, *columbella reticulata* du même auteur; l'inspection des dessins qui ont servi à la gravure ne laisserait aucun doute à cet égard. La figure 11 n'est peut-être qu'une variété.

Genre CONE, *CONUS*.

Fig. 12, 13, 14, 15, 16.

Les cônes, nommés aussi *cornets*, constituent un genre fort nombreux en espèces, et qui a été fondé par Linné. M. de Lamarck le caractérise ainsi : coquille turbinée ou en cône renversé, roulée sur elle-même; ouverture longitudinale, étroite, non dentée, versante à sa base.

La figure 12. *1*, *2*, est le cône piqûre-de-mouches, *conus arenatus*; le n°. 12. *1* montre de face la spire de cette espèce. La figure 13. *1*, *2*, représente une espèce assez voisine du cône vierge, *conus virgo* de Linné, mais constituant peut-être une espèce distincte. La figure 14. *1*, *2*, pourrait n'être qu'une variété de l'espèce précédente, dont elle se rapproche beaucoup. La figure 15. *1*, *2*, est un cône assez voisin de l'anémone, *conus anemone* de M. de Lamarck. La fig. 16. *1*, *2*, montre une espèce très-voisine du cône méditerranéen, *conus mediterraneus* de Bruguières, mais plus grande que celles que nous avons vues dans les collections.

Genre MARGINELLE, *MARGINELLA*.

Fig. 17, 18, 25, 26.

M. de Lamarck a établi, aux dépens des volutes, deux genres, les volvaires et les marginelles, qu'on peut très-bien réunir en un seul, auquel on imposera le dernier de ces noms : en effet, les caractères distinctifs que M. de Lamarck leur assigne sont assez peu tranchés. Les marginelles sont des coquilles ovales-oblongues, lisses, à spire courte et à bord droit, garni d'un bourrelet en dehors; la base de l'ouverture est à peine échancrée, et les plis de la columelle sont presque égaux. Les volvaires sont des coquilles cylindracées, roulées sur elles-mêmes, à spire presque sans saillie; l'ouverture est étroite, aussi longue que la coquille : il existe un ou plusieurs plis sur la partie inférieure de la columelle.

Les espèces figurées ici sont excessivement petites. La figure 17 paraît être la volvaire grain-de-mil, *volvaria miliacea* de M. de Lamarck ; elle est excessivement grossie, et la grandeur naturelle se voit en $1'$: la fig. 18 est une espèce un peu plus grande. La figure 25 pourrait être prise pour une petite tornatelle; mais le bourrelet du bord droit la rapproche des marginelles. La figure 26 a de grandes analogies avec les marginelles, à cause de son bord garni d'un bourrelet; mais on ne voit aucune trace d'échancrure à la base de l'ouverture : cette espèce est excessivement petite; $1'$ donne la grandeur naturelle.

Genre MITRE, *MITRA*.

Fig. 19, 20, 21.

M. de Lamarck, qui a fondé ce genre aux dépens des volutes, l'a caractérisé de la manière suivante : coquille turriculée ou subfusiforme, à spire pointue au sommet, à base échancrée et sans canal; columelle chargée de plis parallèles entre eux, transverses, et dont les inférieurs sont les plus petits; bord columellaire mince et appliqué.

Les espèces connues sont très-nombreuses. Les figures 19. *1*, 2, et 20, demanderaient de longues recherches pour être déterminées : le temps nous presse, et nous ne pouvons les entreprendre. La figure 21. *1*, 2, a des rapports de forme avec la mitre pontificale, *mitra pontificalis* de M. de Lamarck; mais elle en est évidemment distincte.

Genre OLIVE, *OLIVA*.

Fig. 22, 23 et 24.

Les olives constituent un des genres les plus nombreux et les plus riches en belles coquilles. M. de Lamarck lui assigne pour caractères : coquille subcylindrique, enroulée, lisse, à spire courte, dont les sutures sont canaliculées; ouverture longitudinale, échancrée à sa base; columelle située obliquement. On reconnaît ces caractères dans la figure 23. *1*, 2, qui ressemble sous plusieurs rapports à l'olive mustéline, *oliva mustelina* de M. de Lamarck. On les retrouve aussi dans la figure 24. *1*, 2 : cette espèce appartient, ou à l'olive ondée, *oliva undata*, ou à l'olive enflée, *oliva inflata*, de M. de Lamarck. Quant à la figure 22. *1*, 2, l'espèce qu'elle représente n'a pu être déterminée; elle a plusieurs des caractères propres aux ancillaires.

Genre PORCELAINE, *CYPRÆA*.

Fig. 27, 28, 29, 30, 31, 32.

Les coquilles comprises dans ce genre ont la plus grande analogie entre elles, et sont désignées par ces caractères : coquille ovale, ou ovale-oblongue convexe, à bords roulés en dedans; ouverture étroite, dentée des deux côtés, versante aux deux bouts; spire très-petite, à peine apparente.

La figure 27. *1, 2, 3*, est une fort jolie espèce, qui paraît nouvelle : nous lui assignerons le nom de Kunth, *cyprœa Kunthii*. La figure 28 est la porcelaine arabique, *cyprœa arabica* de Linné. La figure 29. *1, 2*, si j'en juge d'après des individus étiquetés dans la collection du Muséum par M. de Lamarck, est la porcelaine rougeole, *cyprœa variolaria*. La figure 30. *1, 2*, reste indéterminée. La figure 31. *1, 2*, a quelques rapports avec la porcelaine ocellée, *cyprœa ocellata* de Linné. La figure 32 offre quelque ressemblance avec celle-ci ; mais l'échancrure inférieure est beaucoup plus prononcée.

PLANCHE 7.

ANODONTES, MULETTES, ANATINES, SOLENS.

Genre ANODONTE, *ANODONTA*.

Fig. 1.

Le genre anodonte, distingué par Bruguières, comprend un grand nombre d'espèces, qui toutes vivent dans les eaux douces des lacs et des étangs. M. de Lamarck caractérise ces coquilles bivalves de la manière suivante : coquille équivalve, inéquilatérale, transverse; charnière linéaire sans dent; une lame cardinale, glabre, adnée, tronquée ou formant un sinus à son extrémité antérieure, termine la base de la coquille; deux impressions musculaires écartées, latérales, subgéminées; ligament linéaire, extérieur, s'enfonçant, à son extrémité antérieure, dans le sinus de la lame cardinale. L'espèce représentée figure 1. *1*, *2* et *3*, paraît être l'anodonte rougeâtre, *anodonta rubens* de M. de Lamarck.

Genre IRIDINE, *IRIDINA*.

Fig. 2.

M. de Lamarck a établi sous le nom d'*iridine* un genre de coquille très-voisin des anodontes, et qui ne devrait tout au plus en être distingué que comme un sous-genre. Il le caractérise ainsi : coquille équivalve, inéquilatérale, transverse, à crochets petits, recourbés, presque droits; impressions musculaires comme dans les anodontes; charnière longue, linéaire, atténuée vers le milieu, tuberculeuse dans sa longueur, presque crénelée, à tubercules inégaux, fréquens : ligament extérieur marginal. La figure 2. *1*, *2*, et *3*, a été nommée par M. de Férussac, iridine du Nil, *iridina Nilotica*. Selon nous, cette espèce est plutôt une anodonte qu'une iridine : en effet, nous ne voyons aucun tubercule à la charnière.

Genre MULETTE, *UNIO*.

Fig. 3, 4, 5, 6.

On doit à Bruguières la distinction de ce genre, qui est très-voisin des anodontes, et qui n'en diffère essentiellement que par une charnière plus compliquée. M. de Lamarck le caractérise ainsi : coquille équivalve, inéquilatérale, libre, à crochets écorchés, presque rongés; impression musculaire postérieure composée; charnière à deux dents sur chaque valve, l'une cardinale, courte, irrégulière, simple ou divisée en deux, substriée; l'autre allongée, comprimée, latérale, se prolongeant sous le corselet : ligament extérieur. Les espèces représentées ici sont nouvelles : elles ont été rapportées dernièrement d'Égypte par M. Caillaud; et M. de Férussac, qui les a examinées, leur a déjà imposé des noms, et doit les décrire dans l'ouvrage de ce voyageur. Nous y renvoyons pour ne pas faire de double emploi.

Genre CYRÈNE, *CYRENA*.

Fig. 7.

Les cyrènes sont des coquilles fluviatiles. M. de Lamarck en a fait le premier un genre ayant pour caractères : coquille arrondie-trigone, enflée ou ventrue, solide, inéquilatérale, épidermifère, à crochets écorchés; charnière ayant trois dents sur chaque valve; les dents latérales presque toujours au nombre de deux, dont une souvent est rapprochée des cardinales; ligament extérieur sur le côté le plus grand. L'espèce qu'on voit ici a été dernièrement recueillie en Égypte par M. Cailliaud : c'est la *cyrena consobrina* de M. de Férussac.

Genre ANATINE, *ANATINA*.

Fig. 8.

Ce genre a été institué par M. de Lamarck, qui l'a distingué des myes et des solens par ces caractères : coquille transverse subéquivalve, bâillante aux deux côtés ou à un seul; une dent cardinale nue, élargie, en cuilleron, saillante intérieurement, insérée sur chaque valve, et recevant le ligament; une lame ou une côte en faux, adnée, obliquement courante sous les dents cardinales dans la plupart. On voit ces caractères dans la figure 8. *1, 2, 3,* qui paraît être, sinon l'anatine subrostrée, *anatina subrostrata* de M. de Lamarck, au moins une espèce voisine. La figure 8. *4* est une portion de la coquille prise vers son bord; elle est très-grossie pour montrer les petites épines qui le garnissent.

Genre SOLEN, *SOLEN.*

Fig. 9.

Les solens, vulgairement nommés *manches de couteau*, sont des coquilles bivalves qui constituent un genre assez ancien, et que M. de Lamarck caractérise ainsi : coquille bivalve, équivalve, allongée transversalement, bâillante aux deux bouts, à crochets très-petits, non saillans; dents cardinales petites, en nombre variable, quelquefois nulles, rarement divergentes, plus rarement s'insérant dans des fossettes; ligament extérieur. La figure 9. 1, 2, 3, est le solen coutelet, *solen cultellus* de Linné.

PLANCHE 8.

PSAMMOBIES, ÉRYCINES, VÉNUS, LUCINES, TELLINES, DONACES.

Genre PSAMMOBIE, *PSAMMOBIA.*

Fig. 1 et 2.

Les psammobies avaient été confondues avec les tellines et les solens; M. de Lamarck les en a distinguées, en les caractérisant ainsi : coquille transverse, elliptique ou ovale-oblongue, planiuscule, un peu bâillante de chaque côté, à crochets saillans; charnière ayant deux dents sur la valve gauche, et une seule dent intrante sur la valve opposée. Ces caractères sont assez tranchés, et se reconnaissent très-bien dans les deux espèces représentées ici. La figure 1. *1*, *2*, *3*, est la psammobie maculée, *psammobia maculosa* de M. de Lamarck; la figure 2. *1*, *2*, *3*, paraît être la psammobie allongée, *psammobia elongata* de M. de Lamarck.

Genre VÉNUS, *VENUS.*

Fig. 3, 16.

Très-nombreux en espèces, ce genre est quelquefois fort difficile à distinguer de ceux qui l'avoisinent. M. de Lamarck le caractérise ainsi : coquille équivalve, inéquilatérale, transverse ou suborbiculaire; trois dents cardinales rapprochées sur chaque valve, les latérales divergentes au sommet; ligament extérieur recouvrant l'écusson. La figure 3. *1*, *2*, *3*, *4*, paraît être une Vénus : 3. *1* est un très-petit individu grossi, et dont la taille naturelle est indiquée par *1'* : *2'* donne la grandeur naturelle d'un autre individu plus grand, et qu'on voit très-grossi sous les n°ˢ. 3. *2*, *3*, *4*. La figure 16. *1*, *2*, *3*, est la Vénus géographique, *Venus geographica* de Gmelin.

Genre MACTRE, *MACTRA.*

Fig. 4 et 5.

M. de Lamarck a fait subir des changemens importans au genre mactre de Linné, en le réduisant aux espèces, encore fort nombreuses, qui offrent pour caractères : coquille transverse, inéquilatérale, subtrigone, un peu bâillante sur les côtés, à crochets protubérans ; une dent cardinale comprimée, pliée en gouttière sur chaque valve, et auprès une fossette en saillie ; deux dents latérales rapprochées de la charnière, comprimées, intrantes ; ligament intérieur inséré dans la fossette cardinale. Les deux espèces représentées fig. 4. *1*, *2*, *3*, et 5. *1*, *2*, *3*, paraissent être des mactres ; mais leur détermination reste incertaine : la première, autant qu'on peut en juger d'après la gravure et sans l'assistance des dessins coloriés, a de l'analogie avec la mactre lisor, *mactra stultorum* de Gmelin.

Genre ÉRYCINE, *ERYCINA.*

Fig. 6.

Les érycines ont de grands rapports avec les mactres. M. de Lamarck les a distinguées par ces caractères : coquille transverse, subinéquilatérale, équivalve, rarement bâillante ; deux dents cardinales inégales, divergentes, ayant une fossette interposée ; deux dents latérales oblongues comprimées, courtes, intrantes ; ligament intérieur fixé dans les fossettes. La coquille représentée figure 6. *1*, *2*, *3*, paraît être une érycine, différente de l'érycine cardioïde de M. de Lamarck.

Genre LUCINE, *LUCINA.*

Fig. 7, 8, 9.

Ce genre, établi par Bruguières, a été réformé par M. de Lamarck, qui le caractérise ainsi : coquille suborbiculaire, inéquilatérale, à crochets petits, pointus, obliques; deux dents cardinales divergentes, dont une bifide, et qui sont variables ou qui disparaissent avec l'âge; deux dents latérales, la postérieure plus rapprochée des cardinales; deux impressions musculaires très-séparées, dont la postérieure forme un prolongement en fascie quelquefois fort long. La figure 7. 1, 2, 3, a quelque ressemblance avec la Lucine édentée, *Lucina edentula* de M. de Lamarck; l'ignorance où nous sommes de sa couleur laisse un grand doute sur cette détermination. La figure 7. 4 et 5 semble être la même coquille très-jeune. La figure 8. 2 et 3 est une espèce difficile à reconnaître, qui est peut-être grossie, à moins que le n°. 8. 1 n'indique la taille d'un jeune individu, et non la grandeur naturelle. La figure 9. 1, 2, 3, est une autre espèce à côtes très-distinctes, qui sont divisées par des lignes courbes; chaque côte est ensuite subdivisée près du bord de la coquille : la figure 9. 4 indique cette disposition.

Genre TELLINE, *TELLINA.*

Fig. 10, 11, 12 et 13.

Linné a établi ce genre, et M. de Lamarck l'a modifié en le caractérisant de la manière suivante : coquille transverse ou orbiculaire, en général aplatie, à côté antérieur anguleux, offrant sur le bord un pli flexueux et irrégulier ; une seule ou deux dents cardinales sur la même valve ; deux dents latérales souvent écartées. La figure 10. *1*, 2, 3, représente une espèce ayant quelque ressemblance avec la telline staurelle, *tellina staurella* de M. de Lamarck : elle offre des stries transversales dont la disposition est très-bien rendue par la fig. 10. *4*. La figure 11. *1*, 2, 3, paraît être la telline ostracée, *tellina ostracea* de M. de Lamarck ; la figure 12. *1*, 2, est une jolie espèce grossie et se rapprochant des Vénus par sa forme générale ; la figure 13. *1*, 2, 3, est la telline rostrée, *tellina rostrata* de M. de Lamarck, ou du moins elle s'en rapproche beaucoup.

Genre DONACE, *DONAX*.

Fig. 14 et 15.

Les donas de Linné constituent un genre nombreux en espèces, que M. de Lamarck a circonscrit par ces caractères : coquille transverse équivalve, inéquilatérale, à côté antérieur très-court, très-obtus ; deux dents cardinales, soit sur chaque valve, soit sur une seule ; une ou deux dents latérales, plus ou moins écartées ; ligament extérieur, court, à la place de la lunule. La figure 14. *1*, 2, 3, représente la donace tronquée, *donax trunculus* de Linné. La figure 15. *1*, 2, est une autre espèce de forme assez différente.

MOLLUSQUES. – COQUILLES. PL. 9.

Genre CYTHÉRÉE, *CYTHEREA*.

Fig. 17.

Les cythérées, confondues avec les Vénus par Linné, en ont été distinguées par M. de Lamarck, qui les caractérise ainsi : coquille équivalve, inéquilatérale, suborbiculaire, trigone ou transverse; quatre dents cardinales sur la valve droite, dont trois divergentes, rapprochées à leur base, et une tout-à-fait isolée, située sous la lunule; trois dents cardinales divergentes sur l'autre valve, et une fossette un peu écartée, parallèle au bord; dents latérales nulles. La figure 17. 1, 2, 3, est la cythérée pectinée, *cytherea pectinata* de M. de Lamarck.

PLANCHE 9.

CYTHÉRÉES, BUCARDES.

Suite du Genre CYTHÉRÉE, *CYTHEREA*.

Fig. 1-7.

La figure 1. 1, 2, 3, offre beaucoup de ressemblance avec la cythérée cedo-nulli, *cytherea erycina* de M. de Lamarck, et se rapproche aussi de la cythérée sans pareille, *cytherea impar* du même auteur; en sorte qu'il n'est guère possible de décider, d'après une simple gravure, à laquelle des deux espèces elle appartient réellement. La figure 2. *1, 2, 3*, est la cythérée rugifère, *cytherea rugifera* de M. de Lamarck. La figure 3. *1, 2, 3, 4, 5,* s'en rapproche, ainsi que la figure 5. *1, 2, 3.* La figure 4. *1, 2,* est assez voisine de la figure 6. *1, 2, 3, 4,* qui est la cythérée arabique, *cytherea arabica* de M. de Lamarck : ses variétés sont nombreuses. La figure 7. *1, 2, 3,* appartient peut-être encore à la même espèce.

Genre BUCARDE, *CARDIUM*.

Fig. 8-14.

Ce genre de Linné renferme un grand nombre d'espèces qui, suivant M. de Lamarck, ont toujours ces caractères : coquille équivalve, subcordiforme, à crochets protubérans, à valves dentées ou plissées en leur bord interne; charnière ayant quatre dents sur chaque valve, dont deux cardinales rapprochées et obliques, s'articulant en croix avec leurs correspondantes, et deux latérales écartées, intrantes. La fig. 8. *1, 2, 3,* paraît être le bucarde marbré, *cardium marmoreum* de M. de Lamarck. Il serait hasardeux de se prononcer sur la figure 9. *1, 2, 3, 4.* La figure 10 est une espèce voisine du bucarde crénulé, *cardium crenulatum* de M. de Lamarck; la figure 11 représente peut-être le bucarde sourdon, *cardium edule* de Linné; et la figure 12. *1, 2, 3,* semble être une variété de la même espèce : les n°^{os}. 12. *4* et 12. *5* offrent deux groupes de cette même espèce à l'état fossile. La figure 13. *1, 2, 3, 4,* est le bucarde cœur-de-Diane, *cardium retusum* de Linné; cette espèce fait partie de la division des hémicardes de M. Cuvier. La figure 14. *1, 2, 3,* est un fort joli bucarde, dont la grandeur naturelle est représentée en *1'*. Le n°. 15. *4* montre la disposition particulière des côtes : nous la croyons nouvelle, et nous la dédions à M. Achille Richard, *cardium Richardi.*

PLANCHE 10.

TRIDACNES, PÉTONCLES, ARCHES.

Genre TRIDACNE, *TRIDACNA.*

Fig. 1.

C'est Bruguières qui, le premier, a distingué ce genre de celui des chames, auquel Linné le réunissait. M. de Lamarck, en adoptant cette distinction, a caractérisé ce genre de la manière suivante : coquille régulière, équivalve, inéquilatérale, transverse, à lunule bâillante; charnière à deux dents comprimées, inégales, anticales et intrantes; ligament marginal extérieur. La figure 1. *1, 2, 3, 4,* paraît être la tridacne faîtière, *tridacna squamosa* de M. de Lamarck[1] : la figure 1. *4* paraît être un jeune individu de la même espèce.

[1] M. de Lamarck paraît avoir fait quelque confusion dans la citation des figures; celles de Gualtieri qu'il cite, ne représentent certainement pas la même espèce que la figure de l'Encyclopédie (pl. 235, fig. 4), à laquelle il renvoie. Notre espèce doit être rapportée à cette dernière.

Genre PÉTONCLE, *PECTUNCULUS.*

Fig. 2, 3 et 4.

M. de Lamarck, qui a fondé ce genre aux dépens des arches de Linné, lui impose pour caractères : coquille orbiculaire, presque lenticulaire, équivalve, subéquilatétale, close; charnière arquée, garnie de dents nombreuses, sériales, obliques, intrantes; celles du milieu étant obsolètes, presque nulles; ligament extérieur.

La figure 2. *1, 2,* offre quelque ressemblance avec le pétoncle pectiniforme, *pectunculus pectiniformis* de M. de Lamarck. La figure 3. *1, 2, 3, 4,* est une espèce curieuse par la disposition de ses côtes, rendue sensible dans les figures 3. *4* et 3. *5.* La figure 4. *1, 2, 3, 4,* est une petite espèce, offrant quelque analogie avec le pétoncle petites-côtes, *pectunculus pectinatus* de M. de Lamarck, dont il serait un jeune individu. Il est possible qu'il constitue une espèce distincte; la disposition des côtes se voit dans la figure 4. *4.*

Genre ARCHE, *ARCA.*

Fig. 5-12.

Le genre arche de Linné a été restreint par M. de Lamarck aux espèces qui offrent pour caractères : coquille transverse, subéquivalve, inéquilatérale, à crochets écartés, séparés par la facette du ligament; charnière en ligne droite, sans côtes aux extrémités, et garnie de dents nombreuses, sériales et intrantes; ligament tout-à-fait extérieur.

La figure 5. *1, 2, 3,* est l'arche barbue, *arca barbata* de Linné. La figure 6. *1, 2, 3, 4, 5,* est une espèce fort distincte et grossie; les n°ˢ. *1, 2,* paraissent donner sa grandeur naturelle sur l'une et l'autre face. La figure 7. *1, 2,* est une petite arche qui pourrait être un jeune individu. La figure 8. *1, 2, 3,* est l'arche auriculée, *arca auriculata* de M. de Lamarck. La fig. 9. *1, 2, 3,* est l'arche anadara, *arca antiquata* de Linné : les figures 10. *1* et 10. *2* appartiennent peut-être à la même espèce, et représentent des individus non adultes. La figure 11. *1, 2, 3, 4,* est l'arche tétragone, *arca tetragona* de Poli. La figure 12. *1, 2, 3, 4,* pourrait bien appartenir à la même espèce, et représenter un individu non adulte : le n°. 2 est la grandeur naturelle; le n°. *1* est le même grossi et dépourvu d'épiderme; les n°ˢ. *3* et *4* font voir la coquille par le bord dorsal et par le bord inférieur.

PLANCHE II.

MOULES, AVICULES.

Genre LITHODOME, *LITHODOMUS.*

Fig. 1.

M. Cuvier a établi ce sous-genre aux dépens de celui des modioles, qui lui-même a été extrait du grand genre moule de Linné. Les caractères des lithodomes ne sont pas fort tranchés; ce sont des coquilles oblongues, presque également arrondies aux deux bouts, avec les sommets tout près du bout antérieur; elles se creusent dans les roches des cavités qu'elles habitent. La figure 1. *1*, *2*, représente une petite espèce, dont la grandeur naturelle se voit en *1'*.

Genre MODIOLE, *MODIOLA.*

Fig. 2, 3 et 4.

Ce genre, qui a été fondé par M. de Lamarck aux dépens de celui des moules, en diffère, suivant lui, par ces caractères : coquille subtransverse, équivalve, régulière, à côté postérieur très-court; crochets presque latéraux, abaissés sur le côté court; charnière sans dent, latérale, linéaire; ligament cardinal presque intérieur, reçu dans une gouttière marginale; une impression musculaire sublatérale allongée et en hache.

La figure 2. *1*, *2*, *3*, paraît être la modiole courbée, *modiola cinnamomea* de M. de Lamarck. La figure 3. *1*, *2*, *3*, offre les caractères de la modiole discordante, *modiola discors* de M. de Lamarck : l'individu observé était très-petit; *1'* indique sa taille naturelle. La fig. 4 est peut-être la modiole adriatique, *modiola adriatica* de M. de Lamarck.

Genre MOULE, *MYTILUS.*

Fig. 5.

Ce genre de Linné était d'abord fort étendu; M. de Lamarck a de beaucoup restreint ses limites, en lui assignant des caractères plus précis, et qu'il énonce de la manière suivante : coquille longitudinale, équivalve, régulière, pointue à sa base, se fixant par un byssus; les crochets presque droits, terminaux, pointus; charnière latérale, le plus souvent édentée; ligament marginal, subintérieur; une impression musculaire allongée, en massue, sublatérale. La seule espèce représentée fig. 5 ne semble pas différer de la moule rôtie, *mytilus exustus* de Linné.

Genre AVICULE, *AVICULA*.

Fig. 6.

Les avicules ou arondes constituent un genre trèsbeau, peu nombreux en espèces, et que M. de Lamarck a cru devoir restreindre, en créant à ses dépens le genre des pintadines, *meleagrina*. Ce groupe peut être considéré comme une simple division des avicules, ou tout au plus comme un sous-genre.

Quoi qu'il en soit, M. de Lamarck caractérise ainsi le genre avicule : coquille inéquivalve, fragile, submutique, à base transversale, droite, ayant les extrémités avancées et l'antérieure caudiforme; une échancrure à la valve gauche; charnière linéaire unidentée, à dent cardinale de chaque valve sous les crochets; facette du ligament marginale, étroite en canal, non traversée par le byssus. Le même auteur distingue les pintadines par les caractères suivans : coquille subéquivalve, arrondie presque carrément, écailleuse en dehors, à bord cardinal inférieur, droit antérieurement, sans queue; un sinus à la base postérieure des valves pour le passage du byssus, la valve gauche étant ici étroite et échancrée; charnière linéaire, sans dent; facette du ligament marginale, allongée, presque exrieure, dilatée dans sa partie moyenne.

Les espèces qu'on voit sur cette planche, depuis le n°. 6 jusqu'au n°. 13, sont, ou des avicules proprement dites, ou des pintadines. La figure 6. *1, 2, 3, 4,* est une avicule que nous n'avons pu déterminer avec certitude; la figure 7. *1, 2, 3,* est la pintadine mère-perle, *meleagrina margaritifera* de M. de Lamarck; la fig. 8. *1, 2, 3,* est une autre espèce du même genre; la fig. 9. *1, 2, 3,* est une avicule qui paraît avoir été distinguée par les auteurs anglais : les espèces qu'on voit sous les n°*. 10, 11, 12 et 13, offrent les caractères essentiels des avicules; l'espèce de la figure 13 fait le passage au genre marteau, *malleus*.

PLANCHE 12.

Genre CRENATULE, *CRENATULA.*

Fig. 1-11.

Ce genre curieux a été distingué par M. de Lamarck [1], qui le caractérise ainsi : coquille subéquivalve, aplatie, feuilletée, un peu irrégulière; aucune ouverture ou fossette particulière pour le byssus; charnière latérale, linéaire, marginale, crénelée; crénelures sériales, cal-

---

[1] *Annales du Muséum d'histoire naturelle*, tome III, page 25.

leuses, creusées en fossette, et qui reçoivent le ligament. Les crenatules sont des coquilles minces, un peu difformes, et qui sont assez difficiles à distinguer entre elles. M. de Lamarck n'avait d'abord connu que deux espèces; il en a décrit depuis cinq autres. La figure 1. *1*, *2*, *3*, paraît être la crenatule mytiloïde, *crenatula mytiloïda* de M. de Lamarck. Les figures 2, 3, 4, 5, 6, ont toutes de l'analogie avec cette espèce; mais elles semblent différentes, et M. Savigny a fait sentir les caractères distinctifs, en représentant de profil ces diverses espèces. La figure 7. *1*, *2*, *3*, *4*, offre de la ressemblance, surtout les n°s. 1 et 3, avec la crenatule aviculaire, *crenatula avicularis* de M. de Lamarck. Il serait difficile de donner la détermination précise des figures 8, 9, 10 et 11, qui sont peut-être des espèces nouvelles; cependant la figure 10. *1*, *2*, *3*, est voisine de la crenatule modiolaire, *crenatula modiolaris* de M. de Lamarck.

PLANCHE 13.

MARTEAUX, PEIGNES, VULSELLES.

Genre MARTEAU, *MALLEUS.*

Fig. 1, 2, 3, 4.

Les marteaux, confondus pendant long-temps avec les huîtres, en ont été distingués par M. de Lamarck, qui les caractérise ainsi : coquille subéquivalve, raboteuse, difforme, le plus souvent allongée, sublobée à sa base, à crochets petits, divergens; charnière sans dent; une fossette allongée, conique, située sous les crochets, traversant obliquement la facette du ligament; celui-ci presque extérieur, s'insérant sur la facette courte et en talus de chaque valve.

Les espèces de ce genre sont encore peu nombreuses, et assez difficiles à bien caractériser; nous avons dû nous borner à distinguer les espèces par des chiffres.

Genre PEIGNE, *PECTEN*.

Fig. 5, 6, 7, 8, 9.

Le genre peigne, que Linné confondait avec les huîtres et que Bruguières en a nettement distingué, se trouve adopté par tous les naturalistes. M. de Lamarck lui assigne ces caractères : coquille libre, régulière, inéquivalve, auriculée, à bord inférieur transverse, droit, à crochets contigus; charnière sans dent, à fossette cardinale tout-à-fait intérieure, trigone, recevant le ligament.

Les espèces sont très-nombreuses, de couleurs très-variées et très-variables; ce qui rend fort difficile la distinction des espèces. Le temps et les moyens nous manquent pour entreprendre la détermination des cinq espèces représentées ici.

Genre VULSELLE, *VULSELLA*.

Fig. 10 et 11.

Ce genre, assez voisin des huîtres, a été institué par M. de Lamarck, qui le caractérise de la manière sui-

MOLLUSQUES. − COQUILLES. PL. 14.

vante : coquille longitudinale, subéquivalve, irrégulière, libre, à crochets égaux; charnière ayant sur chaque valve une callosité saillante, déprimée en dessus, et offrant l'impression d'une fossette conique et obliquement arquée pour le ligament.

Ces caractères se voient dans les espèces représentées ici. La figure 10. *1*, *2*, pourrait bien être un très-jeune individu de la vulselle ridée, *vulsella rugosa* de M. de Lamarck. La figure 11. *1*, *2*, *3*, *4*, *5*, a aussi quelque rapport avec la vulselle ridée : le n°. 11. *1* semble être une variété de la même espèce; cette vulselle est représentée sur une de ses faces, ouverte par le dos ou du côté de la charnière et de profil.

PLANCHE 14.

VULSELLES, HUITRES, CAMES, ARROSOIRS.

Suite du Genre VULSELLE, *VULSELLA*.

FIG. 1, 2, 3.

La figure 1. *1*, *2*, *3*, représente une vulselle vue sur une de ses faces, sur le dos et de profil. La figure 2. *1*, *2*, *3*, *4*, *5*, est la vulselle des éponges, *vulsella spongiarum* de M. de Lamarck; le n°. 2. *1* montre un groupe fixé et engagé sur une éponge. La figure 3. *1*, *2*, *3*, *4*, *5*, est la vulselle bâillante, *vulsella hians* de M. de Lamarck; le n°. 3. *1* représente un individu qui n'est peut-être pas arrivé à l'état adulte.

Genre PLICATULE, *PLICATULA*.

Fig. 4, 5, 6, 7.

Le nom général d'huîtres, qu'on voit en bas de la planche, et qui s'applique à ses diverses espèces, ne saurait tout au plus convenir qu'au n°. 4. 1, 2; les autres figures représentent des coquilles ayant les caractères que M. de Lamarck assigne à son genre plicatule, et qu'il énonce de la manière suivante : coquille inéquivalve, inauriculée, rétrécie vers sa base, à bord supérieur arrondi, subplissé; à crochets inégaux et sans facettes externes ; charnière ayant deux fortes dents sur chaque valve; une fossette entre les dents cardinales, recevant le ligament, qui est tout-à-fait intérieur. M. de Lamarck mentionne cinq espèces vivantes : les figures 5, 6 et 7, qu'on voit ici, pourraient bien être des espèces nouvelles.

Genre CAME, *CHAMA*.

Fig. 8.

Le genre came de Linné a été reconstruit par Bruguières; et M. de Lamarck, en adoptant cette nouvelle circonscription, a caractérisé ces coquilles de la manière suivante : coquille irrégulière, inéquivalve, fixée, à crochets recourbés, inégaux; charnière à une seule dent épaisse, oblique, subcrénelée, s'articulant dans une fossette de la valve opposée; deux impressions musculaires distantes, latérales; ligament extérieur, enfoncé. L'espèce représentée figure 8. *1, 2, 3*, paraît être la came gryphoïde, *chama gryphoïdes* de Linné.

Genre ARROSOIR, *ASPERGILLUM.*

Fig. 9.

C'est Bruguières qui le premier a distingué ce genre curieux, et lui a donné le nom d'arrosoir, *penicillus*. La plupart des naturalistes ont adopté cette distinction, et M. de Lamarck, en particulier, a caractérisé ce genre de la manière suivante : fourreau tubuleux, testacé, se rétrécissant insensiblement vers sa partie antérieure, où il est ouvert, et grossissant en massue vers l'autre extrémité; la massue ayant d'un côté deux valves incrustées dans sa paroi; disque terminal de la massue convexe, percé de trous épars, subtubuleux, ayant une fissure au centre. Animal inconnu.

L'espèce représentée ici est l'arrosoir à manchettes, *aspergillum vaginiferum* de M. de Lamarck. La fig. 9. *1* est l'arrosoir vu de face et du côté des valves. La fig. 9. *2* est une coupe longitudinale, le côté qui ne supporte pas les valves étant enlevé; on remarque supérieurement l'impression de ces valves, et au-dessous la moitié d'une cloison septiforme, criblée de trous. La fig. 9. *3* représente le disque terminal vu de face, et percé par des trous tubuleux. La figure 9. *4* montre la cloison intérieure du tube; elle est percée de trous assez grands et irréguliers. La figure 9. *5* fait voir, en dedans et de face, une des lames en manchette. La figure 9. *6* offre l'extrémité antérieure de l'arrosoir vue de profil; la paroi est comme criblée d'anfractuosités. La fig. 9. 7, qui est vue de face, offre aussi cette particularité, qui, si elle n'est pas naturelle, et si elle ne constitue pas une variété, pourrait résulter de l'enlèvement successif de toute la lame extérieure du tube, qui est lisse et mince. La figure 9. *8* met sous les yeux plusieurs des lames foliacées et plissées qui garnissent une des extrémités du tube; elles sont comme emboîtées l'une dans l'autre, et vont en augmentant de diamètre. La figure 9. 9 montre une portion du tube terminé par une seule lame foliacée.

M. Savigny se proposait sans doute de faire connaître cette espèce dans tous ses détails; et l'on aura encore à regretter ici qu'aucune note ne nous ait été fournie pour le travail dont nous nous sommes chargés.

EXPLICATION SOMMAIRE

DES PLANCHES

D'ANNELIDES

DE L'ÉGYPTE ET DE LA SYRIE,

Publiées par Jules-César SAVIGNY,

Membre de l'Institut;

offrant

un exposé des caractères naturels des genres avec la distinction et quelquefois le nom des espèces,

PAR VICTOR AUDOUIN.

OBSERVATIONS PRÉLIMINAIRES.

La classe des annelides, établie par M. Cuvier et adoptée par M. de Lamarck, qui lui a imposé le nom sous lequel on la désigne généralement aujourd'hui, renferme un grand nombre d'êtres fort singuliers, qui, à cause de leurs formes, avaient été rangés long-temps parmi les vers. Un examen plus attentif de l'organisation intérieure de ces animaux, a montré qu'ils étaient beaucoup plus composés qu'on ne l'avait cru d'abord, et l'étude approfondie qu'a faite M. Savigny de leurs parties extérieures, a pleinement confirmé cet aperçu lumineux. Des organes, dont on connaissait mal la nature, ont été analysés par lui dans les moindres détails; il a dévoilé leurs formes, et il a trouvé, dans les modifications nombreuses qu'elles subissent, d'excellens caractères pour distinguer la classe en ordres, en familles, en genres, et pour reconnaître avec certitude les espèces. De cette étude comparative, faite à l'occasion des annelides recueillies en Égypte, est né un système général de classification, que l'auteur a présenté à l'Académie royale des sciences [1], et sur lequel MM. Cuvier et Latreille ont fait un rapport [2] : cette classification, qui a déjà paru dans la Description de l'Égypte [3], nous dispense d'entrer dans de plus longs détails. M. Savigny a décrit toutes les espèces qui sont venues à sa connaissance, mais il n'a figuré que celles propres à l'Égypte; nous n'aurons donc à nous occuper que de ces dernières dans l'explication succincte qui va suivre.

Les planches sont au nombre de cinq, et renferment différens genres; savoir :

Clymènes..........⎫
Térébelles..........⎬ Planche 1.
Amphictènes........⎭

---

[1] Cette classification a été précédée d'un premier mémoire, qui a été présenté à l'Académie, dans la séance du 19 mai 1817, sous le titre de *Recherches pour servir à la classification des annelides.*

[2] Ce rapport est imprimé textuellement dans les *Mémoires du Muséum d'histoire naturelle*, t. VI, page 93.

[3] *Système des annelides*, H. N., tome XXI, page 325.

Euphrosines........ ⎫
Pléiones.......... ⎬ PLANCHE 2.
Aristénies......... ⎭

Polynoés.......... ⎫
Hésiones.......... ⎬ PLANCHE 3.

Lycoris........... ⎫
Syllis............ ⎬ PLANCHE 4.

Léodices.......... ⎫
Aglaures.......... ⎪
Œnones........... ⎬ PLANCHE 5.
Planaires.......... ⎭

EXPLICATION SOMMAIRE
DES PLANCHES.

PLANCHE I[*].

CLYMÈNES, TÉRÉBELLES, AMPHICTÈNES.

Genre CLYMÈNE, *CLYMENE*[1].

Fig. 1.

Ce genre, qui appartient à l'ordre des serpulées et à la famille des maldanies, a été fondé par M. Savigny, qui lui a donné pour caractères distinctifs : point de branchies, bouche inférieure, point de tentacules, rames ventrales portant toutes des soies à crochets, premier segment dépourvu de soies, mais terminé par une surface operculaire. Ce genre comprend trois espèces distinctes, dont une est indigène de la mer Rouge.

I. 1. Clymene amphistoma, *Clymène amphistome.* Sav.

Cette espèce, dont la couleur générale est rougeâtre avec quelques reflets, habite des tubes très-fragiles, composés de grains de sable et de coquilles.

[*] On remarquera qu'il n'existe pas dans cette planche de figure 2.

[1] *Syst. des annelides*, par M. Savigny, *H. N.*, tome xxi, page 395.

ANNELIDES. PL. 1.

1. *1.* Individu du golfe de Soueys, très-grossi et dépouillé en grande partie, et surtout antérieurement, de son tube. *1'* le même de grandeur naturelle.

1. 2. Autre individu très-grossi, et dépourvu antérieurement, vers le milieu de son corps et postérieurement, du tube qui l'enveloppe. Cet individu est renversé de manière que l'anus est placé en haut : on voit que le corps est singulièrement divisé vers cette partie par des espèces d'étranglemens très-serrés. 2' le même dans une position également renversée et de grandeur naturelle.

1. 3. Les deux premiers segmens antérieurs du corps excessivement grossis et vus de profil; on remarque dans cette figure et dans les suivantes, que le premier segment est dépourvu de pieds, et qu'il est entouré de crénelures charnues, qui rejoignent deux prolongemens membraneux, ayant la forme d'un voile. Ce même segment présente une bouche à deux lèvres saillantes et cannelées; le second segment supporte la première paire de pieds ambulatoires.

1. 4. Le premier, le second et le troisième segment du corps très-grossis, vus de face et en dessous; on remarque le voile, les lèvres de la bouche et les deux premières paires de pieds ambulatoires.

1. 5. Le premier segment vu par la face supérieure.

1. 6. Les trois premiers segmens du corps vus de face et en dessus : les pieds ont une rame dorsale,

munie d'un faisceau de soies subulées; mais ils manquent de rame ventrale et de soies à crochets.

1. *7.* Plusieurs des derniers anneaux du corps grossis; on distingue les trois dernières paires de pieds, qui n'ont point de rame dorsale.

1. *8.* Une portion de la même partie excessivement grossie, montrant le dernier segment infundibuliforme et muni de rayons découpés en lanière; l'anus est situé au centre.

1. *9.* Ce dernier segment vu de face; les rayons sont épanouis, et l'anus paraît au milieu.

1. *10* et *11.* Deux des pieds ambulatoires à rame dorsale pourvus d'un faisceau de soies subulées, et à rame ventrale figurant un mamelon transversé garni d'une rangée de soies à crochets.

Genre TÉRÉBELLE, *TEREBELLA*[1].

Fig. 3.

Le genre térébelle de M. Cuvier fait partie de l'ordre des serpulées, et appartient à la troisième section de la famille des amphitrites (les AMPHITRITES TÉRÉBELLIENNES de M. Savigny); les caractères distinctifs de ce genre sont : bouche semi-inférieure, tentacules très-longs, entièrement découverts; six, quatre ou deux branchies complètement libres, supérieures, arbusculiformes, à subdivisions nombreuses; premier segment dépourvu de soies et sans disque operculaire. M. Sa-

[1] Savigny, *loco citato*, H. N., tome XXI, page 419.

vigny a décrit sept espèces, et n'en a figuré qu'une seule trouvée dans la mer Rouge.

I. 3. TEREBELLA MEDUSA, *Térébelle méduse.*

Cette espèce assez semblable sous plusieurs rapports à la térébelle coquillière, habite des tubes flexueux faits de cailloux et de gros fragmens de coquille; on la trouve dans la mer Rouge.

3. *1.* Individu du golfe de Soueys, de grandeur naturelle et sorti de son tube; il est vu en dessus.

3. *2.* Le même vu en dessous; on peut compter les dix-sept paires de pieds thoraciques, et les soixante-dix paires de pieds caudaux.

3. *3.* Le même individu renfermé dans son tube et vu de profil.

3. *4.* Partie antérieure du corps vue en dessus, et à laquelle on a enlevé à dessein les tentacules et les branchies. On remarque dans cette figure la lèvre supérieure qui est avancée et n'a point de division, les quatre lobes ou prolongement des premier et troisième segmens, les insertions des branchies au nombre de six, enfin les deux premières paires de pieds thoraciques.

3. *5.* Bouche vue inférieurement et très-grossie : la lèvre supérieure est large et avancée, la lèvre inférieure est étroite et plissée en travers.

3. *6.* Un des tentacules préhensile très-grossi vu en dessous, pour montrer le sillon qui le parcourt dans le sens de sa longueur; ce sillon est frisé sur ses bords.

3. *7, 8* et *9.* Pieds thoraciques vus sous différentes faces, et qu'on peut reconnaître en place dans la fig. 3. 2.

3. 10. Anneaux de la queue munis de leurs pieds et vus de profil.
3. 11. Portion de la queue vue en dessous et montrant deux paires de pieds : ces pieds sont dépourvus de rame dorsale; la rame ventrale est garnie d'une double rangée de soies à crochets.
3. 12. Faisceau de soies à crochets détaché du pied.
3. 13. Une des soies excessivement grossie, laissant voir la disposition des crochets.
3. 14. Les quatre derniers segmens de l'abdomen vus en dessous; on distingue l'anus qui est circulaire et plissé.

Genre AMPHICTÈNE, *AMPHICTENE*[1].

Fig. 4.

M. Savigny place ce genre dans l'ordre des serpulées; il appartient, ainsi que le précédent, à la troisième section de la famille des amphitrites (les AMPHITRITES TÉRÉBELLIENNES); et il a pour caractères distinctifs : bouche exactement inférieure; tentacules recouverts à leur base par un voile membraneux dentelé; quatre branchies incomplètement libres, inférieures, pectiniformes, à divisions minces et simples; premier segment pourvu de soies rangées, comme les dents d'un peigne, sur une surface plane et operculaire.

M. Savigny a décrit trois espèces; celle qui est figurée ici est nouvelle, les deux autres sont des amphitrites pour M. Cuvier.

[1] Savigny, *loco citato*, H. N., tome xxi, page 424.

I. 4. AMPHICTENE ÆGYPTIA, *Amphictène égyptienne.*

Cette espèce, des côtes de la mer Rouge, habite un tube membraneux, revêtu de grains de sable et de petites coquilles régulièrement disposées.

4. 1. Individu du golfe de Soueys de grandeur naturelle, vu en dessus et sorti de son fourreau.

4. 2. Le même grossi et vu en dessous : on distingue, en allant d'avant en arrière, le voile oral; les tentacules; les quatre premiers segmens anomaux dissemblables, avec des appendices anomaux; les branchies courbées en faux et au nombre de deux paires; la première, la deuxième et la troisième paire de pieds à rame dorsale, sans rame ventrale; la quatrième paire de pieds, et ensuite toutes celles qui sont visibles, à rame dorsale et à rame ventrale lunulée; enfin l'anus.

4. 3. Le même individu de grandeur naturelle, vu de profil et renfermé dans son fourreau.

4. 4. Voile oral vu en dessus et excessivement grossi; le bord, est dentelé et est surmonté en arrière par les deux peignes antérieurs, formés chacun de dix-sept soies presque droites.

4. 5 et 6. Deux des tentacules préhensiles isolés, très-grossis et dans un état un peu différent de contraction; ils sont striés circulairement, et parcourus en dessous par un sillon.

4. 7. Partie postérieure du corps vue en dessous et grossie; on distingue la manière dont les segmens se comportent pour constituer une queue courte, terminée inférieurement par l'anus.

4. 8. Anus très-grossi vu de face; il est ovale et entouré de plis.

4. 9. Quatrième paire de pieds très-grossie, dans laquelle on reconnaît la rame dorsale, munie d'un faisceau de soies subulées, qui se dirige en avant et en dehors, et la rame ventrale lunulée. Toutes les autres paires de pieds, jusqu'à la seizième inclusivement, présentent une conformation analogue.

4. 10. Paraît être un détail microscopique, peut-être de quelque membrane ou de la ligne granuleuse, qu'on distingue à la partie inférieure du corps dans la figure 4. 2.

PLANCHE 2.

EUPHROSYNES, PLÉIONES, ARISTÉNIES.

Genre EUPHROSYNE, *EUPHROSYNE*[1].

FIG. 1 ET 2.

Ce genre, de l'ordre des néréidées et de la famille des amphinomes, a été distingué par M. Savigny, qui lui donne pour caractères distinctifs : trompe sans palais saillant ni stries dentelées ; antennes extérieures et mitoyennes nulles, l'impaire subulée ; branchies subdivisées en sept arbuscules rameux, situés derrière les pieds, et s'étendant d'une rame à l'autre[2] ; un cirre surnuméraire à toutes les rames supérieures. Ces caractères

[1] Savigny, *loco citato*, H. N., tome XXI, page 395.
[2] C'est-à-dire, de la base des rames dorsales à celle des rames ventrales.

sont très-reconnaissables dans les deux espèces nouvelles décrites et figurées par M. Savigny.

II. 1. Euphrosyne laureata, *Euphrosyne laurifère.*

Cette espèce se trouve assez communément sur les côtes de la mer Rouge; les branchies sont d'une belle couleur rouge; le corps est d'un gris-rougeâtre tirant au violet.

1. 1. Individu grossi vu en dessus; le nombre des anneaux du corps est de quarante-un. 1' le même de grandeur naturelle.
1. 2. Individu grossi et vu en dessous.
1. 3. Partie antérieure du corps très grossie, vue en dessus, et montrant la tête munie d'une caroncule qui supporte les yeux; on distingue au devant d'eux, et sur la ligne moyenne du corps, une petite antenne subulée; les pieds sont très-visibles; on reconnaît facilement le cirre surnuméraire, le rang de soies supérieur et les branchies, qui dépassent toutes ces parties et cachent un peu le cirre supérieur.
1. 4. La même partie antérieure du corps en dessous; on voit les deux lobes qui appartiennent à la tête, et en arrière la bouche, dont la trompe est rentrée; les pieds sont très-distincts; on reconnaît le cirre inférieur, le rang inférieur de soies et les extrémités rameuses des branchies.
1. 5. La même partie antérieure et inférieure du corps, avec la trompe saillante.
1. 6. Trompe détachée du corps et laissant voir son ouverture circulaire.
1. 7. Un des pieds vu par devant : toutes les parties

qui le composent sont rendues très-distinctes par l'excessif grossissement qu'on lui a donné; on aperçoit les branchies qui représentent des espèces d'arbrisseaux alignés transversalement, et étendus de la base des rames dorsales à celle des rames ventrales : ces parties sont encore plus visibles dans la figure 1. 8.

1.   8. Le même pied vu par derrière : on reconnaît facilement les diverses parties qui le constituent. En examinant cette figure de dehors en dedans ou de droite à gauche, on voit d'abord le cirre inférieur et le faisceau inférieur de soies; puis les branchies, entre lesquelles on distingue, vers le quart interne du pied, le cirre supérieur, qui est droit, et plus loin le cirre surnuméraire, qui est légèrement flexueux et oblique. Vers le quart interne du pied, les deux cirres et les arbuscules de branchies masquent le faisceau supérieur de soies; elles sont roides et aiguës, et alignées transversalement comme les dents d'un peigne.

1.   9. Partie postérieure du corps vue en dessous et très-grossie : on remarque la dernière paire de pieds réduite à deux petits appendices globuleux, que M. Savigny considère comme des cirres rudimentaires.

II.   2. EUPHROSYNE MYRTOSA, *Euphrosyne myrtifère.*

Cette espèce, beaucoup plus petite que la précédente, habite comme elle les côtes de la mer Rouge; elle est d'une couleur violet foncé avec quelques reflets.

2.   1. Individu du golfe de Soueys, très-grossi et vu en dessus; on compte trente-six anneaux au

corps. Du reste, l'organisation extérieure est très-analogue à ce qu'on remarque dans l'euphrosyne laurifère; ce qui nous permettra d'abréger l'explication des détails. z′ indique la grandeur naturelle.

2. 3. Partie antérieure du corps très-grossie et vue en dessus; la caroncule offre un double sillon.

2. 4. La même partie vue en dessous.

2. 5. Un des pieds excessivement grossi, vu en devant; on remarquera que les soies supérieures dépassent les branchies, ce qui est le contraire de ce qu'on voit dans l'espèce précédente : le cirre surnuméraire, le cirre supérieur et le cirre inférieur sont visibles.

2. 6. Le même pied vu par derrière; toutes les parties en sont parfaitement reconnaissables : l'insertion des branchies et de la rangée de soies, tant supérieures qu'inférieures, est fort distincte. On voit aussi les trois cirres, c'est-à-dire en allant de dedans en dehors de la figure : le cirre surnuméraire, le cirre supérieur et le cirre inférieur.

Genre PLÉIONE, *PLEIONE*[1].

Fig. 3.

M. Savigny, qui a établi ce genre, le place dans l'ordre nombreux des néréidées et dans la famille des amphinomes, entre les cloés et les euphrosynes, dont il le distingue par ces caractères : trompe pourvue d'un double palais et de stries dentelées; antennes extérieures

[1] Savigny, *loco citato*, H. N., tome XXI, page 390.

et mitoyennes subulées, l'impaire de même; branchies en forme de houppes ou de buissons touffus, recouvrant la base des rames supérieures; point de cirres surnuméraires.

M. Savigny a décrit six espèces : une seule est propre à la mer Rouge; il la représente ici avec détails.

II. 3. Pleione alcyonia, *Pléione alcyonienne.*

Cette petite espèce est commune sur les côtes de la mer Rouge ; elle est d'une couleur bleu-violet à reflets légers.

3. *1.* Individu du golfe de Soueys, grossi et vu en dessus; on compte soixante-sept anneaux. *1'* grandeur naturelle.

3. 2. Le même vu en dessous.

3. *3.* Partie antérieure du corps vue en dessus et très-grossie : on distingue parfaitement, sur la ligne moyenne, la caroncule, qui est ovale et ondulée sur ses bords; au devant d'elle on voit l'antenne impaire beaucoup plus petite que les quatre autres; celles-ci sont d'abord les deux antennes mitoyennes, et, plus en dehors, les deux antennes extérieures; viennent ensuite les pieds, auxquels on reconnaît distinctement des cirres supérieurs, des cirres inférieurs, des soies et des branchies : ces dernières ne commencent qu'à la seconde paire.

3. *4.* La même partie, c'est-à-dire la tête et les quatre premiers anneaux du corps vus en dessous.

3. *5.* Un des pieds excessivement grossi et vu en dehors et en dessus : la rame ventrale et la rame dorsale se ressemblent beaucoup; celle-ci est pourvue postérieurement de branchies très-

courtes, consistant en des rameaux cylindriques à peu près égaux : les soies sont très-nombreuses et capillaires ; on remarque au milieu d'elles le cirre supérieur, qui est plus long que l'inférieur ; la rame ventrale est pourvue d'une touffe de soies plus courte et d'un petit cirre ; elle n'a point de branchies.

3. 6. Le même pied vu en dedans et en dessous : dans ce sens, la branchie de la rame supérieure se trouve cachée.

Genre ARISTÉNIE, *ARISTENIA*[1].

Fig. 4.

M. Savigny, dans son Système des annelides, a parlé très-succinctement de ce nouveau genre, de l'ordre des néréidées : il pense qu'on doit le rapporter à la famille des amphinomes ; et comme il avait à son égard plusieurs points à éclaircir, il se réservait d'en parler en détail dans l'Explication sommaire des planches ; il serait donc possible que la figure qu'on a sous les yeux ne fût pas définitivement achevée, et qu'elle eût dû subir quelques changemens. Quoi qu'il en soit, on remarque que ce genre diffère essentiellement de tous ceux de la famille des amphinomes, par le nombre des cirres, qui n'est pas moins de sept pour chaque pied. On ne connaît encore qu'une espèce.

II. 4. ARISTENIA conspurcata, *Aristénie boueuse.*

Cette espèce a été recueillie sur les côtes de la mer Rouge.

[1] Savigny, *loco citato*, H. N., tome XXI, page 396.

4. *1.* Individu grossi et vu en dessus; l'extrémité la plus grêle paraît incomplète. *1'* le même de grandeur naturelle.

4. *2.* La grosse extrémité du corps très-grossie et vue en dessous.

4. *3.* La même partie vue en dessus; on distingue très-bien l'insertion des branchies.

4. *4.* Un des segmens du corps vu en dessous et grossi excessivement. L'absence de tout renseignement ne nous permet pas d'entrer dans de plus longs détails.

PLANCHE 3.

POLYNOÉS, HÉSIONES.

Genre POLYNOÉ, *POLYNOE*[1].

FIG. 1 ET 2.

Le genre polynoé a été distingué des aphrodites par M. Savigny, qui le classe dans l'ordre des néréidées, et le rapporte à la famille des aphrodites, en lui assignant pour caractères distinctifs : trompe pourvue de mâchoires cornées, couronnée à son orifice de tentacules simples; branchies cessant d'alterner avec la vingt-troisième paire de pieds; des élytres. M. Savigny a décrit avec soin sept espèces qu'il a eu occasion d'observer, et il en a mentionné sept autres, qu'il n'a pu voir : il a représenté deux espèces de la mer Rouge.

[1] Savigny, *loco citato*, H. N., tome XXI, page 345.

III. 1. POLYNOE muricata, *Polynoé épineuse*.

Cette espèce est commune dans le golfe de Soueys; elle rampe au fond de l'eau, sur les pierres. On l'a confondue avec les oscabrions.

1. 1. Individu très-grossi vu en dessus; on peut compter facilement les élytres qui recouvrent tout le corps, en s'imbriquant très-exactement avec celles du côté opposé. 1' est la grandeur naturelle de cette espèce.

1. 2. Le même individu très-grossi et vu en dessous; on distingue la série des pieds qui sont trop courts pour dépasser les élytres, et sont cachés par elles.

1. 3. Partie antérieure du corps excessivement grossie et vue en dessous; on a détaché les deux premières paires d'élytres. Il est facile de reconnaître la nature des appendices nombreux qu'on aperçoit. En procédant de dedans en dehors, on voit que l'antenne impaire manque; mais il existe deux antennes mitoyennes, menues, de deux articles, et, en dehors, deux autres antennes beaucoup plus fortes et plus longues, sans articulations distinctes. Plus extérieurement encore, on voit les cirres tentaculaires, qui sont un peu moins avancés que les antennes extérieures; enfin, on distingue les premières paires de pieds. Les yeux sont au nombre de quatre; deux sont très-visibles, et les deux autres cachés.

1. 4. La même partie antérieure du corps en dessous, laissant voir plus distinctement les pieds et les cirres tentaculaires.

1.	5.	Trompe excessivement grossie, montrant, dans leur position naturelle, les mâchoires au nombre de quatre et tridentées.
1'.	6.	Mâchoires vues de profil, en dedans et en dehors.
1.	7.	Une des élytres excessivement grossie et représentée au trait pour montrer son contour.
1.	8.	Un des pieds de la partie moyenne du corps, vu en arrière et très-grossi : on reconnaît que les deux rames sont très-rapprochées et réunies en une seule; on distingue supérieurement un long appendice, c'est le cirre supérieur; on voit au-dessous le cirre inférieur, qui est conique et très-court, et, entre eux, le faisceau de soies inférieur, qui, dans cette position, masque un faisceau supérieur, composé de soies plus fines et rayonnantes.
1.	9.	Le même pied vu en devant et montrant le faisceau supérieur, dont les soies sont fines, flexibles, touffues et très-divergentes.
2.	10.	Un des pieds grossi et manquant de cirre supérieur.
2.	11.	Un des pieds de la partie postérieure du corps; il est pourvu d'un cirre supérieur et d'un cirre inférieur, à peu près également développés.

III. 2. POLYNOE impatiens, *Polynoé vésiculeuse.*

Cette espèce, dit M. Savigny, chemine sur le sable, en se balançant avec assez de vivacité.

2.	1.	Individu très-grossi vu en dessus; on n'a laissé subsister que trois élytres, mais il est aisé de reconnaître de chaque côté leur point d'insertion, ou les pédoncules qui leur donnaient atta-

che; on en compte douze paires, 2′ indique la grandeur naturelle.

2. 2. Le même vu en dessous.

2. 3. Partie antérieure du corps vue en dessus et très-grossie.

2. 4. La même partie vue en dessous, avec la trompe peu saillante.

2. 5. Trompe saillante, montrant à l'extérieur ses tentacules, et intérieurement quatre mâchoires simples.

2. 6. Partie postérieure du corps très-grossie et vue en dessus.

2. 7. Une des élytres (la seconde qu'on voit à gauche dans la figure) extrêmement grossie, et semblant remplacer le cirre supérieur.

2. 8, 9, 10. Trois sortes de pieds pris à divers points du corps, et dans lesquels on distingue les différentes parties qui ont été énumérées dans l'espèce précédente.

Genre HÉSIONE, *HESIONE*[1].

FIG. 3.

C'est à M. Savigny que l'on doit l'établissement de ce nouveau genre, de l'ordre des néréidées et de la famille des néréides, section des NÉRÉIDES GLYCÉRIENNES; il a pour caractères distinctifs, suivant lui : trompe sans tentacules à son orifice; antennes égales; première, deuxième, troisième et quatrième paires de pieds converties en huit paires de cirres tentaculaires; tous les

[1] Savigny, *loco citato*, H. N., tome XXI, page 367.

cirres très-longs, filiformes et rétractiles; point de branchies distinctes.

M. Savigny ne décrit que deux espèces; celle qu'il figure est très-remarquable.

III. 3. Hesione splendida, *Hésione éclatante*.

Cette espèce, qui habite la mer Rouge, se trouve aussi sur les côtes de l'Ile-de-France; sa couleur est le gris de perle avec de très-beaux reflets; une bandelette plus éclatante occupe le ventre, et est étendue de la trompe à l'anus.

3.   1. Individu du golfe de Soueys, grossi et vu en dessus; on compte dix-huit anneaux au corps et dix-sept paires de pieds, dont la dernière paire est excessivement petite, et située sur un anneau arrondi qui porte l'anus. Antérieurement on voit huit paires de cirres tentaculaires, rétractiles[1], et comme groupés entre eux. 1' est la grandeur naturelle.

3.   2. Le même individu grossi et vu en dessous.

3.   3. Partie antérieure du corps vue en dessus et très-grossie : on distingue parfaitement les huit paires de tentacules; deux d'entre elles sont rétractées. En arrière on remarque la première paire de pieds.

3.   4. La même partie antérieure du corps vue en dessous, laissant voir la trompe.

3.   5. Partie postérieure du corps vue en dessus, et montrant les deux derniers anneaux avec leurs deux paires d'appendices.

3. 6 et 7. Deux paires de pieds ambulatoires, vues de trois

[1] Il y en a deux paires rétractées.

quarts en dessous; ils sont composés d'une seule rame, et n'ont qu'un faisceau de soies; les cirres sont rétractiles, les supérieurs sont plus longs que les inférieurs, et ressemblent beaucoup aux cirres tentaculaires.

PLANCHE 4.

LYCORIS, SYLLIS.

Genre LYCORIS, *LYCORIS*[1].

FIG. 1 ET 2.

Ce nouveau genre, dont l'établissement appartient à M. Savigny, prend place dans l'ordre des néréidées et dans la famille des néréides, section des LYCORIENNES. Ses caractères distinctifs sont : trompe sans tentacules à son orifice; antennes extérieures plus grosses que les mitoyennes; première et seconde paires de pieds converties en quatre paires de cirres tentaculaires; des branchies distinctes des cirres.

Ce genre, dont les espèces sont nombreuses, en renferme deux assez remarquables, que M. Savigny a représentées dans les moindres détails.

IV. 1. Lycoris ægyptia, *Lycoris égyptienne.*

Cette espèce est ordinairement logée dans un fourreau membraneux; elle est commune dans les interstices des roches et sous les fucus.

[1] Savigny, *loco citato*, H. N., tome XXI, page 355.

234   EXPLICATION DES PLANCHES.

1. 1. Individu du golfe de Soueys, grossi et vu en dessus; sa couleur, dit M. Savigny, est gris-rougeâtre, tirant au vineux, plus intense sur le dos, près de la tête, et sans beaucoup de reflets ; les rames dorsales sont marquées d'une tache brune, et entourées d'un petit cercle brun à la base de la branchie; la ligne médiane paraît rouge dans l'animal vivant; le corps est généralement composé de cent seize segmens. 1′ portion de cet individu de grandeur naturelle.

1. 2. Portion antérieure du même grossie et vue en dessous

1. 3. Partie antérieure du corps très-grossie et vue en dessus : on distingue la tête, qui est libre et rétrécie en devant; elle supporte quatre yeux et quatre antennes : deux mitoyennes, courtes, filiformes, insérées devant le front, et deux extérieures, placées sur les côtés, et beaucoup plus grosses, comme urcéolées; de chaque côté, les cirres tentaculaires allongés, détachés et inégaux; postérieurement on voit la première paire de pieds ambulatoires, et l'anneau du corps qui la supporte.

1. 4. La même partie, en dessous; on voit l'ouverture de la trompe qui est rentrée.

1. 5. Partie antérieure du corps vue en dessus, avec la trompe allongée et les mâchoires saillantes.

1. 6. Une des mâchoires excessivement grossie; elle est dentelée, pointue et courbée en faux.

1. 7. Partie postérieure du corps très-grossie et vue en dessus; on remarque quatre anneaux suppor-

tant chacun une paire de pieds ambulatoires, et le dernier segment donnant insertion à deux longs appendices, que M. Savigny désigne sous le nom de *pieds stylaires*.

1. 8. Coupe transversale d'un anneau pris vers la partie moyenne du corps, et muni de ses pieds ambulatoires.

1. 9. Un des pieds ambulatoires excessivement grossi, et pris à la partie antérieure du corps. En procédant de haut en bas, on voit le cirre supérieur plus long que l'inférieur, et dépassant les branchies, ce qui n'a lieu qu'à la partie antérieure et postérieure du corps; au-dessous sont les branchies au nombre de trois, et figurant trois appendices cylindriques égaux entre eux; plus bas est le cirre inférieur; près du bord de la branchie moyenne, on voit l'extrémité de quelques-unes des soies du pied.

1, 10. Un des pieds ambulatoires excessivement grossi, et pris à la partie moyenne du corps; on peut le partager en rame dorsale et en rame ventrale : il existe trois branchies inégalement développées; la première se voit sous le cirre supérieur, qui ne la dépasse pas; la seconde, sous la rame dorsale, elle fixe en quelque sorte sa limite; la troisième est placée sous la rame ventrale, au-dessus du cirre inférieur. Indépendamment de ces diverses parties, on aperçoit à la rame dorsale un faisceau unique de soies, et à la rame ventrale deux faisceaux de soies.

1. 11. Un des pieds ambulatoires excessivement grossi,

et pris en arrière du corps : on reconnaît les diverses parties constituantes du pied; le cirre supérieur dépasse la première branchie, les autres branchies vont en décroissant.

IV. 2.* LYCORIS nuntia, *Lycoris messagère.*

Cette espèce, qui est très-agile, ne paraît pas avoir de fourreau.

2.   *1.* Individu du golfe de Soueys, grossi et vu en dessus; sa couleur est d'un gris de perle avec de beaux reflets; le corps est formé de cent dix-huit segmens et plus. Cette espèce offre, quant aux parties essentielles, beaucoup d'analogie avec la précédente; ce qui nous dispensera d'entrer dans de longs détails pour la détermination des divers organes extérieurs. *z'* grandeur naturelle.

2.   2. Portion antérieure du corps grossie et vue en dessous.

2.   *3.* Partie antérieure très-grossie et vue en dessus : on distingue nettement la tête, les yeux, les deux sortes d'antennes, la trompe saillante, les mâchoires, les cirres tentaculaires et la première paire de pieds ambulatoires.

2.   *4.* La même partie vue en dessous.

2.   *5.* La même partie antérieure très-grossie et vue de profil; la trompe est rentrée.

2.   *6.* Extrémité postérieure du corps très-grossie : on

---

* On trouve dans le *Système des annelides*, H. N., t. xxi, page 360, la figure 3 citée pour cette espèce. Il y a évidemment erreur typographique; il faut lire, dans le texte de M. Savigny, 2 au lieu de 3 : en effet, on retrouve la même citation de la figure 3 à la page 373, même volume, pour une espèce du genre syllis.

distingue les pieds ambulatoires et les deux pieds terminaux ou stylaires.

2. 7. Coupe transversale d'un anneau moyen du corps, pourvue de sa paire de pieds ambulatoires : ces pieds se distinguent essentiellement de ceux de l'espèce précédente, par la longueur presque toujours excessive du cirre supérieur.
2. 8. Une des premières paires de pieds ambulatoires.
2. 9. Pied ambulatoire pris à la partie moyenne du corps.
2. 10. Pied de la partie postérieure du corps.

Genre SYLLIS, *SYLLIS*[1].

Fig. 3.

Ce genre, fondé par M. Savigny, appartient à son ordre des néréidées et à sa famille des néréides, section des SYLLIÈNES; il a pour caractères distinctifs : trompe sans tentacules, mais armée d'une petite corne à son orifice; antennes extérieures et impaires moniliformes, les mitoyennes nulles; première paire de pieds convertie en deux paires de cirres tentaculaires moniliformes; les cirres supérieurs de tous les pieds suivans également moniliformes; point de branchies.

Ce nouveau genre ne renferme encore qu'une espèce.

IV. 3. SYLLIS monilaris, *Syllis monillaire*.

Cette espèce est commune sur les côtes de la mer Rouge; elle agite continuellement ses cirres lorsqu'elle se déplace, et se meut en serpentant.

[1] Savigny, *loco citato*, H. N., tome XXI, page 372.

3. *1*. Individu du golfe de Soueys, grossi et vu en dessus; sa couleur est d'un gris-rougeâtre avec quelques reflets : on a compté jusqu'à trois cent quarante-un segmens dans un individu complet. *1'* grandeur naturelle.

3. *2*. Portion antérieure du corps grossie et vue en dessous : on remarque le profond sillon qui parcourt le ventre.

3. *3*. Partie antérieure du corps très-grossie et vue en dessus : on distingue la tête dont le front est échancré; elle supporte quatre yeux et deux espèces d'antennes moniliformes; une impaire, située sur la ligne moyenne du corps, et deux extérieures. On voit un des cirres tentaculaires moniliformes, et deux paires de pieds ambulatoires, dont le cirre supérieur est également moniliforme, et peu différent des antennes et des cirres tentaculaires.

3. *4*. La même partie vue en dessous, montrant l'ouverture de la trompe; cette trompe n'a point de mâchoires.

3. *5*. Extrémité postérieure du corps très-grossie et vue en dessus : on distingue plusieurs segmens pourvus chacun de leurs pieds ambulatoires, et le dernier muni de deux pieds stylaires, qui sont encore moniliformes.

3. *6*. Section transversale d'un des anneaux du corps, muni de sa paire de pieds.

3. *7*. Un des pieds ambulatoires excessivement grossi : ce pied est très-simple, il n'a qu'une seule rame; on voit le cirre supérieur moniliforme et très-développé, le faisceau de soie qui est

unique, et le cirre inférieur inarticulé et conique.

3.   8. Un des pieds ambulatoires vu supérieurement,
et peut-être détaché de la partie postérieure
du corps.

PLANCHE 5.

LÉODICES, AGLAURES, OENONES, BDELLES,
PLANAIRES.

Genre LÉODICE, *LEODICE*[1].

FIG. I.

. Ce genre, créé par M. Savigny aux dépens de celui des eunices, appartient à l'ordre des néréidées et à la famille des eunices; il avoisine les œnones, les aglaures et surtout les lysidices; mais il est distingué de tous par ces caractères : trompe armée de sept mâchoires, trois du côté droit, quatre du côté gauche; les deux mâchoires internes et inférieures très-simples; antennes découvertes, les extérieures longues, filiformes, les mitoyennes et l'impaire de même; branchies pectinées; front à deux ou à quatre lobes.

M. Savigny a décrit huit espèces, et en a figuré une.

V. 1. LEODICE antennata, *Léodice antennée.*

Cette espèce nage en agitant ses branchies; on la trouve communément sur les côtes de la mer Rouge, entre les

[1] Savigny, *loco citato*, H. N., tome XXI, page 377.

EXPLICATION DES PLANCHES.

interstices des roches et dans les cavités des madrépores ou des coquilles.

1. *1.* Individu du golfe de Soueys, grossi et vu en dessus : il est de couleur cendré-rougeâtre clair avec les beaux reflets du cuivre de Rosette; le corps plus ou moins long, suivant qu'il est formé de quatre-vingt-treize, quatre-vingt-dix-neuf, cent trois, cent neuf et cent dix-neuf anneaux. *1′* grandeur naturelle d'un individu; *1″* grandeur naturelle d'un second individu.

1. 2. Portion antérieure du corps d'un individu grossi et vu en dessous.

1. 3. Partie antérieure du corps très-grossie : on voit les deux lobes arrondis de la tête, et au-dessus l'antenne impaire plus longue que les autres, et située sur la ligne moyenne du corps; en dehors sont les deux antennes mitoyennes, et plus extérieurement les antennes extérieures; en arrière on voit le premier segment qui supporte deux cirres tentaculaires plus courts que lui et non articulés; vient ensuite le premier segment à pieds ambulatoires.

1. 4. La même partie vue en dessous, avec la trompe cachée.

1. 5. Partie antérieure grossie et vue en dessous, avec la bouche saillante : on distingue les mâchoires, dont on va voir le nombre et la structure.

1. 6. La même partie vue de profil : les mâchoires sont très-distinctes; en n'examinant qu'un côté, et en allant de gauche à droite, on remarque

une première mâchoire étroite, non dentée, pointue; puis une seconde large, aplatie, profondément crénelée, articulée sur le dos de la première; vient la troisième mâchoire, qui est demi-circulaire, concave et crénelée; on voit, enfin, la troisième mâchoire également circulaire, également crénelée et voûtée: cette mâchoire, suivant M. Savigny, n'a point de correspondante du côté opposé. La figure laisse voir en outre les insertions des antennes, du cirre tentaculaire et du pied du côté gauche.

1. 7. Tête vue en avant avec les mâchoires saillantes.
1. 8. Bouche vue en dessous avec les mâchoires écartées: on en compte quatre au côté gauche de l'animal et trois à droite.
1. 9. Toutes les mâchoires détachées de la bouche et vues en dessus: on peut en distinguer quatre à gauche et trois à droite.
1. 10. Troisième et quatrième mâchoires isolées et grossies.
1. 11. Première et seconde mâchoires détachées et montrant la manière dont elles sont unies entre elles.
1. 12. Deux appendices qui paraissent être la lèvre inférieure.
1. 13. Partie postérieure du corps grossie et vue en dessous: on distingue plusieurs paires de pieds ambulatoires, et la dernière qui est changée en deux filets terminaux; ce sont les pieds stylaires.
1. 14. Section transversale d'un anneau pris à la partie

242 EXPLICATION DES PLANCHES.

moyenne du corps. Il est pourvu de branchies.

1. 25. Un des pieds ayant le cirre supérieur, le cirre inférieur et les soies fort distincts.

1. 26. Un des pieds de la partie moyenne du corps, pourvu d'un beau rameau branchial, qui s'élève au-dessus du cirre supérieur.

1. 27. Autre pied pris à la partie postérieure du corps, et offrant les mêmes parties moins développées; le cirre inférieur est moins conique et plus allongé.

Genre AGLAURE, *AGLAURA*[1].

Fig. 2.

Ce nouveau genre, qui appartient à l'ordre des néréidées et à la famille des eunices, a été fondé par M. Savigny, qui lui a donné pour caractères distinctifs : trompe armée de neuf mâchoires, quatre du côté droit, cinq du côté gauche; les deux mâchoires intérieures et inférieures fortement dentées en scie; antennes couvertes, les extérieures nulles, les mitoyennes et l'impaire très-courtes; branchies indistinctes; front caché sous la saillie antérieure du premier segment, qui est divisé en deux lobes.

V. 2. AGLAURA fulgida, *Aglaure éclatante.*

Cette espèce, la seule que l'on connaisse, a été recueillie sur les côtes de la mer Rouge.

2. 1. Individu grossi et vu en dessus; il est de couleur cendré-bleuâtre, imitant celle de l'opale, avec

[1] Savigny, *loco citato*, H. N., tome XXI, page 385.

des reflets très-éclatans ; le corps est long de dix pouces, on lui compte deux cent cinquante-trois segmens. 2' est une portion antérieure du corps de grandeur naturelle.

2. 2. Portion antérieure du même individu, vue en dessous et grossie.

2. 3. Les trois segmens les plus antérieurs du corps, vus en dessus : le premier segment est très-grand et bilobé, on aperçoit entre les deux lobes l'antenne impaire ; le troisième segment supporte la première paire de pieds ambulatoires.

2. 4. La même partie vue en dessous : on distingue la tête, qui était cachée par le prolongement du premier segment ; entre elle et celui-ci apparaissent les trois antennes, l'antenne impaire et les deux antennes mitoyennes ; elles sont très-courtes et coniques.

2. 5. La même partie de profil et montrant distinctement les mêmes organes.

2. 6. Les mâchoires très-grossies, vues en dessus. Il en existerait, suivant M. Savigny, cinq à gauche et seulement quatre à droite ; si on observe la mâchoire postérieure du côté droit, on s'aperçoit qu'elle est profondément échancrée et terminée par un double crochet, comme si elle résultait de deux dents soudées entre elles. En adoptant cette manière de voir, on trouverait à droite le même nombre de dents qu'à gauche. Les deux dents postérieures sont fixées sur une tige commune beaucoup plus longue qu'elles.

2. 7. Mâchoires du côté gauche, vues de profil et en dedans.
2. 8. Lèvre inférieure formée par deux pièces distinctes.
2. 9. Coupe transversale d'un segment de la partie moyenne du corps.
2. 10. Un des pieds voisins de la tête : on distingue très-bien les soies et les deux cirres, l'un supérieur et l'autre inférieur; ils sont ovales-oblongs, et moins saillans qu'aux paires de pieds plus éloignées de la tête.
2. 11. Un des pieds pris à une grande distance de la tête : on reconnaît les mêmes parties que dans le pied précédent; les deux cirres sont proportionnellement très-longs.

Genre OENONE, *OENONE*[1].

Fig. 3.

M. Savigny est l'auteur de ce nouveau genre; il le place dans l'ordre des néréidées, et le rapporte à la famille des eunices, en lui assignant pour caractères distinctifs : trompe armée de neuf mâchoires, quatre du côté droit, cinq du côté gauche; les deux mâchoires intérieures et inférieures fortement dentées en scie; antennes comme nulles; branchies indistinctes; front caché sous le premier segment, dont la saillie antérieure est arrondie.

On ne connaît encore qu'une espèce.

V. 3. OEnone lucida, *OEnone brillante.*

Cette espèce a été recueillie sur les côtes de la mer Rouge.

[1] Savigny, *loco citato*, H. N., tome XXI, page 386.

3.   1. Individu grossi et vu en dessus : le corps est de couleur cendré-bleuâtre avec de riches reflets; sa longueur totale est d'un pouce, et il est formé de cent quarante-deux segmens. 1′ indique la grandeur naturelle.
3.   2. Extrémité antérieure du corps très-grossie : la tête est bilobée, et se trouve ordinairement cachée par le premier segment, qui est arrondi en avant et fort grand; le second segment est plus long que le troisième, celui-ci supporte la première paire de pieds; les yeux sont peu distincts, mais cependant visibles.
3.   3. La même partie vue en dessous avec la trompe assez saillante.
3.   4. La même partie vue de profil.
3.   5. Les mâchoires très-grossies et vues en dessus et en avant : on en compte cinq à gauche et quatre à droite; la mâchoire intérieure, ou la plus grosse du côté droit, offre deux crochets comme dans le genre précédent; on pourrait la considérer comme double.
3.   6. Les mêmes mâchoires vues en dessous : on distingue la lèvre inférieure représentée au trait dans sa position naturelle.
3.   7. Partie postérieure du corps grossie : chaque segment est pourvu d'une paire de pieds ambulatoires.
3.   8. Coupe transversale d'un segment du corps.
3.   9. Un des pieds du segment précédent très-grossi : on reconnaît les deux rames ayant chacune leur cirre; le faisceau inférieur de soies est très-visible.

Genre BDELLE, *BDELLA*[1].

Fig. 4.

Ce genre, de l'ordre des hirudinées et de la famille des sangsues, a été fondé par M. Savigny, qui lui a donné pour caractères distinctifs : ventouse orale assez concave, à lèvre supérieure demi-circulaire, creusée par-dessous d'un canal en triangle; mâchoires grandes, ovales, sans denticules; huit yeux disposés sur une ligne courbe, les deux postérieurs un peu isolés; ventouse anale, obliquement terminale. Ces caractères, mis en opposition avec ceux des genres sangsue, hæmopis, nephelis et clepsine, rendent la distinction facile. On ne connaît encore qu'une seule espèce de bdelle.

V. 4. BDELLA Nilotica, *Bdelle du Nil.*
Elle habite les eaux douces de l'Égypte.

4. 1. Individu de grandeur naturelle, figuré dans un état d'extension; il est de couleur brun-marron en dessus, et d'un roux vif en dessous.

4. 2. Le même individu contracté et vu du côté gauche.

4. 3. Le même également contracté et vu en dessous : on remarque, vers la partie antérieure, deux orifices pour les organes, générateurs; le premier livre passage à la verge, et le second est l'ouverture de la vulve.

4. 4. Partie antérieure du corps vue en dessus et très-

[1] Savigny, *loco citato*, H. N., tome XXI, page 454.

grossie : on distingue les huit yeux ; six sont placés transversalement sur le premier anneau, les deux autres sont situés plus en arrière, sur le troisième segment du corps; on les distingue moins facilement.

4. 5. Ventouse orale grossie et représentée de face : on voit que la lèvre supérieure est interrompue inférieurement par un canal triangulaire; on aperçoit nettement les trois mâchoires.

4. 6. Ventouse orale très-grossie, semblant appartenir au même individu : on a fendu la bouche pour montrer la forme des mâchoires latérales et l'entrée de l'œsophage.

M. Savigny, voulant sans doute faire ressortir les caractères des parties de la bouche du genre bdelle, a représenté, à côté, la ventouse orale d'une espèce du genre hæmopis.

5. 1. Ventouse orale d'une espèce du genre hæmopis[1] : la lèvre supérieure est très-avancée ; les mâchoires sont armées de deux rangs de denticules.

5. 2. La mâchoire impaire excessivement grossie : on lui compte neuf doubles denticules noirâtres.

Nota. M. Savigny a fait ajouter, dans les planches des annelides et à la suite des sangsues, deux figures de planaires. On sait qu'il existe des doutes sur la place qu'il convient d'assigner à ce genre curieux; les uns le rapportent à la classe des vers, les autres pensent qu'il avoisine les sangsues : M. Savigny semble avoir adopté cette dernière opinion lors de la confection des planches de cet ouvrage; mais il l'a sans doute abandonnée plus

[1] C'est probablement la sangsue de cheval, *hæmopis sanguisorba*.

tard, puisque le genre planaire ne se trouve pas mentionné dans son *Système des annelides*[1]. Quoi qu'il en soit de cette question, qu'il n'est pas nécessaire de décider ici, M. Savigny a fait représenter deux espèces très-différentes de planaires sous les n°s. 6 et 7. Elles paraissent nouvelles : nous proposons de donner à l'espèce figure 6 le nom de M. Müller, *planaria Mulleri;* l'espèce figure 7 sera dédiée à Pallas, *planaria Pallasii*. Nous ne possédons aucun renseignement sur ces deux espèces.

[1] Savigny, *loco citato*, H. N., tome xxi, page 325.

EXPLICATION SOMMAIRE

DES PLANCHES

DE CRUSTACÉS

DE L'ÉGYPTE ET DE LA SYRIE,

Publiées par Jules-César SAVIGNY,

Membre de l'Institut;

offrant un exposé des caractères naturels des genres avec la distinction des espèces,

PAR VICTOR AUDOUIN[*].

OBSERVATIONS PRÉLIMINAIRES.

Cette grande classe du règne animal comprend tous les animaux articulés, à pieds articulés et respirant par des branchies. Leur circulation a lieu de la manière suivante : le sang, qui a respiré, se rend des branchies dans le cœur, qui le distribue à tout le corps, d'où il revient aux branchies[1]. Ces branchies sont des pyra-

---

[*] *Voyez* ci-dessus, page III, la *Note concernant l'Explication sommaire des planches dont les dessins ont été fournis par M. J.-C. Savi-gny, pour l'*histoire naturelle de l'ouvrage.*

[1] Ce mode de circulation a été démontré par les recherches que

mides composées de lames ou hérissées de filets, de panaches ou de lames simples, et qui tiennent en général aux bases d'une partie des pieds. Ceux-ci ne sont jamais en nombre moindre de cinq paires, et prennent des formes variées selon le genre de mouvement des animaux : il y a généralement quatre antennes, des mâchoires proprement dites et des pieds-mâchoires. Tels sont les caractères essentiels de la classe des crustacés. Nous n'entrerons ici dans aucun détail qui allongerait l'explication très-sommaire que nous devons donner des planches. Les lieux d'habitation des crustacés sont très-variés; les uns, et c'est le plus grand nombre, habitent la mer, et vivent sur la plage, entre des rochers ou bien à de grandes profondeurs; les autres se rencontrent dans les eaux douces; plusieurs sont terrestres, recherchent l'humidité, se cachent sous les pierres, et se creusent quelquefois des terriers assez profonds. Les espèces propres à cette classe sont très-nombreuses : M. Savigny a eu occasion d'en observer plusieurs qui se rapportent à des ordres, à des familles et à des genres différens.

MM. V. Audouin et Milne Edwards ont présentées dernièrement à l'Institut, et qui, par décision de l'Académie, paraîtront bientôt dans le *Recueil des Savans étrangers.*

CRUSTACÉS.

EXPLICATION GÉNÉRALE

DES LETTRES ET AUTRES SIGNES AFFECTÉS A CHAQUE ORGANE,

ET QUI ONT ÉTÉ EMPLOYÉS

DANS LES PLANCHES DES CRUSTACÉS.

Lettres et signes.

a ou ā, la lèvre supérieure isolée ou réunie au chaperon (celui-ci n'ayant pas alors de lettre qui le désigne spécialement). — a′, chaperon.

e, la langue.

i, les mandibules, qui correspondent aux mandibules des insectes. — i′, les mêmes au simple trait; o, palpe des mandibules; o′, détails de cette partie.

o, les premières mâchoires ou mâchoires proprement dites des insectes; — *i*, leur lame intérieure; ∂-∂, leur palpe.

u, les secondes mâchoires ou la lèvre inférieure des insectes.

y, le pharynx.

æ, les yeux.

œ, les organes de l'ouïe.

---

j, les antennes extérieures ou inférieures.

v, les antennes intérieures ou supérieures. — v′, les mêmes au simple trait, ou bien un détail grossi d'une ou de plusieurs de leurs parties.

b, premières mâchoires auxiliaires des crabes (elles correspondent à la première paire de pattes des insectes).

OBSERVATIONS PRÉLIMINAIRES.

Lettres et signes.

c, secondes mâchoires auxiliaires (dans plusieurs crustacés ces deux mâchoires sont encore converties en véritables pattes; dans les arachnides, elles constituent les forcipules).
d, troisièmes mâchoires auxiliaires.
f, premières pattes des crabes, ou quatrièmes de la série, à partir de la bouche proprement dite.
g, secondes pattes, ou cinquièmes de la série.
h, troisièmes pattes, ou sixièmes de la série.
k, quatrièmes pattes, ou septièmes de la série.
l, cinquièmes pattes, ou huitièmes de la série.
m, premières pattes abdominales dans tous les crustacés, ou neuvièmes de la série.
n, deuxièmes pattes abdominales.
p, troisièmes.
q, quatrièmes.
r, cinquièmes.
s, sixièmes, converties ordinairement en larges appendices.
t, dernier anneau ou plaque de l'abdomen.

Les pièces qui composent les appendices articulés, à quelque partie du corps que ceux-ci appartiennent, sont désignées par des lettres italiques propres à chacune d'elles :

Lettres et signes.

b, hanche (un article seulement, ou bien deux, en y comprenant le premier article de la cuisse, quand celle-ci en a trois).
c, cuisse. — *c,*, division extérieure de la cuisse, lorsqu'elle est bifide. — *ç*, article terminal de cet appendice extérieur.
d, jambe. — *d'*, son second article.
f, tarse (dans certaines parties ce tarse concourt à former la pince).
D, abdomen.
H, anus.

Lettres et signes.

♂, est le signe du mâle.
♀, est le signe de la femelle.

Il n'a pas toujours été facile de distinguer les sexes, lorsque les figures n'étaient vues que sur le dos.

Lettres et signes.

⁓, ce signe indique qu'un organe déjà figuré se trouve représenté sous une autre face, soit de profil, soit en dedans.

≈, ces deux traits signifient qu'un organe déjà représenté sous deux aspects, est figuré une troisième fois sous une autre face.

1, 2, 3, 4, 5, 6, etc., etc. Ces chiffres servent à distinguer les espèces entre elles.

1, 2, 3, 4, 5, 6, etc., etc. Ces chiffres italiques sont appliqués aux différentes figures d'une même espèce, soit que ces figures représentent l'animal en entier, ou seulement certaines parties de son corps.

1', 2', etc., indiquent la grandeur naturelle de l'animal, représenté en entier, ou seulement dans une de ses parties.

EXPLICATION SOMMAIRE
DES PLANCHES.

PLANCHE I.

CRABES CAVALIERS[1].

Genre OCYPODE, *OCYPODE.* Fabr.

Fig. 1 et 2.

Ce genre de crustacés décapodes, fondé par Fabricius et placé par M. Latreille[2] dans la famille des brachyures, section des quadrilatères, a été caractérisé par ce dernier savant de la manière suivante : test presque carré; front infléchi, n'occupant que le milieu du test; pédicules oculaires étendus, presque cylindriques, pouvant se loger chacun dans une cavité ovalaire et profonde du bord antérieur de la carapace; pattes longues, propres à la course.

On ne connaît encore que six à sept espèces qui appartiennent évidemment au genre ocypode.

La figure 1. *t* montre l'ocypode chevalier, *ocypode*

---

[1] Cette dénomination générale peut être appliquée à ces espèces qui sont très-habiles à la course.
[2] *Règne animal* de Cuvier, tome III, page 16.

ippeus d'Olivier : il a été assez bien figuré par ce savant zoologiste[1]. La figure 1. 2 fait voir ce même individu en dessous : les pattes ont été tronquées. La figure 1. 3 représente au trait et dans la même position, le thorax et l'abdomen de la femelle : la partie antérieure du corps est indiquée par un simple contour. Le n°. 1. 4 offre l'abdomen de la femelle, isolé et vu par sa face inférieure. Le n°. 1. 5 est celui du mâle. Les autres figures portent toutes des lettres qui en donnent naturellement l'explication, et dont la valeur a été indiquée à la page 251.

La figure 2. 1 paraît être l'OCYPODE rhombe, *ocypode rhombea*, Fabr. Cette espèce est caractérisée par les angles antérieurs de la carapace; elle a été rapportée de l'Ile-de-France par Mathieu, et de Pondichéry par Leschenault. M. Labillardière la possède dans sa collection : il dit l'avoir trouvée sur les côtes de Syrie. La figure 2. 2 représente l'abdomen du mâle appliqué contre la face inférieure du thorax.

Genre MICTYRE, *MICTYRIS*.

FIG. 3.

M. Latreille, qui a établi ce genre, le range aujourd'hui à côté des ocypodes, et lui assigne pour caractères propres : corps presque ovoïde, un peu plus large et tronqué postérieurement, renflé, mou, avec le milieu de l'extrémité antérieure du test rabattu; yeux situés sur les côtés de cette partie terminale, saillans,

---

[1] *Voyage dans l'empire othoman*, Atlas, pl. xxx, fig. 2.

portés sur un petit pédicule et globuleux ; les quatre antennes très-petites ; dernière paire de pieds-mâchoires ayant les articles inférieurs très-larges, foliacés et très-velus ; première paire de pattes grandes, avancées, formant vers leur milieu un coude très-prononcé ; les autres pattes longues, à tarses pointus, comprimés et sillonnés.

La figure 3. 2 est une espèce évidemment différente du *mictyris longicarpus* de M. Latreille. Les sillons de la carapace sont très-prononcés : on pourrait donner à cette espèce le nom de MICTYRE sillonné, *mictyris sulcatus;* le doigt supérieur des pinces est dépourvu de l'espèce de dent qu'on voit dans le *mictyris longicarpus;* la taille naturelle est donnée par le n°. 3. 2', qui montre la carapace en dessus. La figure 3. 2 montre cet individu de profil et privé de ses pattes, qui ont été tronquées à leur base. La figure 3. 3 représente en dessous la partie antérieure du corps de ce crustacé : on remarque que les pieds-mâchoires extérieurs, élargis outre mesure, ferment entièrement la cavité buccale, et se confondent sur les côtés avec la carapace. La figure 3. 4 fait voir la face inférieure du thorax, sur laquelle est appliqué l'abdomen.

PLANCHE 2.

CRABES ALÉSIDES[1], POTAMONS ou CRABES FLUVIATILES.

Genre MACROPHTHALME, *MACROPHTHALMUS*.

Fig. 1 et 2.

Ce genre, récemment établi par M. Latreille, comprend plusieurs espèces qui ont la *facies* des grapses, mais dont le test est manifestement transversal; elles diffèrent surtout par les yeux portés sur de longs pédicules naissant près du front, et par des pieds-mâchoires contigus au bord interne, et ne laissent pas de vide entre eux.

La figure 1. 1 et 2 représente une espèce de macrophthalme qui semble nouvelle, et qui, à part la couleur que nous ne connaissons pas, se fait remarquer par des pattes dépourvues de poils et par une carapace glabre sans échancrure à ses bords latéraux; elle est petite, sa grandeur naturelle est indiquée sous le n°. 1. 1' : nous lui donnerons le nom du savant docteur Leach, *macrophthalmus Leachii*. La figure 1. 3 offre la partie antérieure de ce crustacé, vue en dessous; la figure 1. 4 montre l'abdomen du mâle recourbé sur la face inférieure du thorax : on voit la même partie dans la femelle, sous le n°. 1. 5.

[1] Ou crabes de mer.

La figure 2. *1* et *2* offre une autre espèce, de même taille à peu près que la précédente, et qui s'en distingue essentiellement par les poils qui garnissent les pattes et le test, ainsi que par la carapace profondément échancrée à chaque bord latéral, vers leur quart antérieur. Nous dédierons cette espèce à notre savant ami M. Bosc[1], *macrophthalmus Boscii*.

Genre GRAPSE, *GRAPSUS*.

Fig. 3 et 4.

Ce genre, démembré comme tant d'autres du grand genre *cancer* de Linné, a été institué par M. de Lamarck et adopté ensuite par les entomologistes. M. Latreille l'a placé dans la famille des brachyures, tribu des quadrilatères, en lui assignant pour caractères : test presque carré, aplati, portant les yeux aux angles de devant; son bord antérieur incliné; pieds-mâchoires extérieurs écartés l'un de l'autre, et laissant à découvert une partie de la bouche; leur troisième article inséré près de l'extrémité extérieure et supérieure du précédent; les quatre antennes situées au-dessous du chaperon.

L'espèce que l'on voit représentée figure 3. *1* paraît nouvelle; nous la nommerons GRAPSE de Gaimard[2], *grapsus Gaimardi;* la carapace, qui n'offre aucune dent ni aucune échancrure sur ses bords latéraux, la caractérise assez nettement; nous ne pouvons rien dire de

---

[1] Membre de l'Institut.
[2] Médecin de la marine et naturaliste distingué.

CRUSTACÉS. PL. 2.

ses couleurs : la figure 3. 2 est la partie antérieure de ce crustacé, grossie et vue en dessous; les n°ˢ. 3. 2 et 3. 4 offrent l'abdomen de l'un et de l'autre sexe recourbé sur le plastron du thorax; la figure 3. 5 est l'abdomen du mâle vu en dessous.

L'espèce figurée n°. 4. 2 a des rapports avec le *grapsus varius*, Latr. : ne connaissant pas ses couleurs, nous l'y rapportons provisoirement.

Genre THELPHUSE, *THELPHUSA*.

FIG. 5 ET 6.

On doit l'établissement de ce genre à M. Latreille, qui l'avait d'abord désigné sous le nom de *potamophile*, en le caractérisant ainsi : test en cœur tronqué postérieurement; pieds-mâchoires extérieurs recouvrant bien toute la bouche; antennes externes très-courtes et insérées près de l'origine des pédicules oculaires, sous lesquels elles sont couchées.

M. Savigny[1] a désigné sous le nom de *potamon fluviatile*, l'espèce qui est représentée figure 5. 1 : c'est la thelphuse fluviatile, *thelphusa fluviatilis* de M. Latreille, ou le crabe de rivière d'Olivier[2]. La figure 5. 2 montre en dessous la partie antérieure de cette espèce : les n°ˢ. 5. 3, 4, 5 et 6, font voir l'abdomen dans les deux sexes.

La figure 6. 1 est encore une thelphuse qu'on doit distinguer de la précédente, bien qu'elle s'en rapproche

---

[1] *Mémoires sur les animaux sans vertèbres*, 1ʳᵉ part., 1ʳᵉ fasc., p. 107.

[2] *Voyage dans l'empire othoman*, planche XXX, figure 2.

beaucoup par la forme des serres : nous la désignerons sous le nom de THELPHUSE de Berard [1], *thelphusa Berardii* : 6. 2 est l'abdomen de la femelle recourbé contre la face inférieure du thorax.

PLANCHE 3.

CRABES NAGEURS[2].

Genre PORTUNE, *PORTUNUS.*

FIG. 1.

Fabricius a institué ce grand genre aux dépens de celui des *cancers* de Linné, et tous les naturalistes ont adopté cette distinction ; il appartient, dans la méthode de M. Latreille, à l'ordre des décapodes et à la famille des brachyures, tribu des nageurs ; les caractères suivans lui ont été assignés par l'entomologiste français : test en segment de cercle plus large que long, dilaté en devant, rétréci en arrière ; abdomen de cinq anneaux distincts dans les mâles et de sept dans les femelles ; cavité buccale carrée ; second article des pieds-mâchoires extérieurs presque carré, avec les angles arrondis, échancré près de l'extrémité de son bord interne ; les pédicules oculaires et les antennes insérés de file sur une même ligne transverse ; les antennes latérales ter-

---

[1] M. Berard, chimiste distingué, correspondant de l'Institut.

[2] Le nom général de *crabes nageurs*, s'applique aux espèces dont la dernière paire de pattes est terminée par un article aplati en nageoire.

minées par un filet sétacé, beaucoup plus long que leur tige; les deux pieds postérieurs propres à la natation, finissant par deux articles aplatis en forme de lames ciliées; le dernier plus ou moins ovale; pédicules oculaires courts, insérés de chaque côté du front, dans des cavités ovales et formées par des échancrures du test; deux fissures au bord supérieur de chaque orbite.

Ce genre est très-nombreux en espèces; celle qu'on voit représentée ici 1. 1, est le PORTUNE pélagique, *portunus pelagicus* de M. Latreille : elle a été figurée par Herbst. La figure 1. 2 est la partie antérieure du corps vue en dessous; les figures 1. 3 et 1. 4 représentent la face inférieure du thorax, sur laquelle est recourbé l'abdomen.

PLANCHE 4.

CRABES NAGEURS, CRABES PROPREMENT DITS [1].

Suite du Genre PORTUNE, *PORTUNUS.*

FIG. 1, 2, 3, 4, 5.

La figure 1. 1 représente de grandeur naturelle une espèce qui paraît nouvelle, et pour laquelle nous pro-

---

[1] Le nom générique de crabe, *cancer*, avait, dans la classification de Linné, une acception très-générale; depuis, il a été successivement restreint, et il ne comprend plus aujourd'hui, dans la méthode de M. Latreille, que des espèces fort semblables par l'ensemble des caractères. M. Leach, prenant en considération des caractères d'une valeur moindre, a établi, aux dépens des crabes de M. Latreille, plusieurs petits genres qu'on pourrait admettre comme des sous-divisions : tels sont

posons le nom du célèbre chimiste Chaptal[1], *portunus Chaptalii*; elle se distingue essentiellement du n°. 3. *z*, par la troncature des cinq dents qui bordent les côtés de la carapace.

La figure 2. *z*, autant qu'il est permis d'en juger d'après le seul examen d'une gravure, est le PORTUNE de Rondelet, *portunus Rondeleti* de M. Risso[2]; peut-être reconnaîtra-t-on plus tard qu'elle doit constituer une espèce distincte.

La figure 3. *z* représente une espèce voisine du *portunus admete* de M. Latreille; la forme de la carapace est proportionnellement moins large, les pinces n'offrent pas de tubercules à leur surface, et le doigt mobile ne présente pas de petites dents en scie sur son dos; la couleur offre peut-être d'autres différences qui nous semblent autoriser une distinction : cette espèce sera dédiée à M. le baron Poisson[3], *portunus Poissonii*.

La figure 4. *z* paraît être, bien certainement, le POR-TUNE admete, *portunus admete* de M. Latreille, ou le *cancer admete* de Herbst : le n°. 4. *z* présente, en dessous, la partie antérieure du corps de cette même espèce.

La figure 5. *z* représente un individu qui a la plus grande analogie avec la figure 3. *z*, et qui pourrait bien n'être qu'un jeune individu de cette espèce; au reste elle a quelque ressemblance avec le *cancer prymna*

ceux qu'il nomme *pilumne, carcin, xanthe*. Cependant plusieurs genres ont été extraits avec juste raison, du grand genre crabe, ainsi qu'on le verra dans les planches suivantes.

[1] Membre de l'Institut.
[2] *Histoire naturelle des crustacés de Nice*, planche 1, figure 3.
[3] Membre de l'Institut.

de Herbst, à cette différence près que le front n'est pas crénelé.

Genre CARCIN, *CARCINUS*.

Fig. 6.

M. Leach a fondé ce genre aux dépens de celui des crabes proprement dits; il n'en diffère essentiellement que par la forme allongée, étroite et très-comprimée des tarses des quatre paires de pattes postérieures.

La figure 6. *1* représente le CARCIN ménade, *carcinus mœnas* ou le *cancer mœnas*, Linn.; c'est le *crabe vulgaire* de nos côtes, il est répandu sur le littoral des mers de l'Europe et de l'Inde : la figure 6. *2* montre la partie inférieure du devant de la carapace; la fig. 6. *3* représente un individu vu en dessus, et dont on a enlevé la carapace pour laisser voir les pieds-mâchoires et les lames branchiales; le n°. 6. *4* fait voir en dessous le thorax avec l'abdomen appliqué exactement contre lui; le n°. 6. *5* représente les appendices du mâle détachés de la face inférieure de son abdomen; le n°. 6. *6* est le thorax et l'abdomen d'un individu femelle.

Genre ÉRIPHIE, *ERIPHIA*.

Fig. 7.

Le genre ériphie de M. Latreille est caractérisé par ce naturaliste de la manière suivante : test presque en forme de cœur tronqué postérieurement; yeux écartés; pieds-mâchoires extérieurs fermant la bouche, sans vide entre eux; antennes extérieures assez longues, distantes de l'origine des pédicules oculaires, et insérées près du bord antérieur du test; les intermédiaires entièrement découvertes. Ces crustacés, qui ressemblent aux potamophiles par la forme de leur carapace et par leurs pieds-mâchoires extérieurs, s'en distinguent essentiellement par l'insertion des antennes : ils sont peu nombreux en espèces; celle qui en est le type, et qui est représentée ici fig. 7. 2, est l'ériphie front épineux, *eriphia spinifrons* ou le *cancer spinifrons* de Fabricius. Le n°. 7. 2 fait voir en dessous la bouche et la partie antérieure de la carapace; le n°. 7. 3 montre le dessous du thorax dans le mâle; le n°. 7. 4 représente les appendices de l'abdomen du mâle; le n°. 7. 5 est l'abdomen de la femelle, qui recouvre presque en entier la face inférieure du thorax.

PLANCHE 5.

CRABES.

—

Suite du Genre ÉRIPHIE, *ERIPHIA*.

FIG. 1.

L'espèce représentée dans la figure 1, 2 a de grands rapports avec l'ériphie front épineux; peut-être n'en est-elle qu'un jeune individu ou une variété.

Genre TRAPEZIE, *TRAPEZIA*.

FIG. 2.

Le genre trapezie, institué par M. Latreille, ressemble beaucoup aux ériphies et aux pilumnes; il s'en distingue toutefois par les antennes latérales insérées hors des cavités oculaires, entre leur cantus et les antennes intermédiaires; par la forme du test sensiblement rétréci en arrière, et par les pédicules des yeux insérés aux angles antérieurs de la carapace. Si l'on prend en considération la forme des pattes, on trouvera encore plusieurs autres différences sensibles. M. Latreille rapporte à ce genre les *cancers rufopunctatus, glaberrimus* et *cymodoce* de Herbst.

La figure 2. *1* est la TRAPEZIE cymodoce, *trapezia cymodoce* de M. Latreille, ou le *cancer cymodoce* de Herbst : la figure 2. *2* montre la partie antérieure du corps excessivement grossie et vue en dessous; le n°. 2. *3* est l'extrémité d'une des pattes; les n°^{os}. 2. *4* et 2. *5* offrent la face inférieure du thorax et l'abdomen dans les deux sexes.

Genre PILUMNE, *PILUMNUS*.

FIG. 3, 4, 5?

Ce genre, fondé par M. Leach, appartient à la tribu des décapodes arqués de M. Latreille, et se distingue essentiellement des autres genres qui y sont compris, par l'existence de sept anneaux très-distincts à l'abdomen dans l'un et l'autre sexe; on admet aussi comme caractères distinctifs, la disproportion qui existe ordinairement entre les deux serres, la manière dont les pieds se terminent et la forme du troisième article des pieds-mâchoires, qui est presque carré et échancré antérieurement en dedans. L'espèce représentée fig. 3. *1* paraît bien être un pilumne d'une espèce nouvelle; nous proposons de la nommer PILUMNE de Vauquelin [1], *pilumnus Vauquelini.*

Nous rapportons la fig. 4. *1* au *pilumnus hirtellus* de M. Leach : 4. *2* montre en dessous la partie antérieure du corps; la figure 4. *3* fait voir l'abdomen de la femelle replié sur la face inférieure du thorax, et la figure 4. *4* montre dans la même position l'abdomen du mâle.

Le crustacé de la figure 5. *1* offre plusieurs traits de ressemblance avec les pilumnes; mais ce qui l'en distingue au premier abord, c'est le nombre des anneaux de l'abdomen différent entre les deux sexes, et qui ne paraît pas s'élever au-delà de six : les serres ont une disproportion très-curieuse, celle du côté gauche est très-amincie, les lettres ff montrent cette différence; les autres traits d'organisation de ce crustacé, qui devra peut-être constituer un nouveau genre, sont parfaitement exprimés par les figures : cette espèce nouvelle sera dédiée à M. le comte Andréossy [2], *pilumnus? Andreossyi.* Les n°s. 5. *3* et *4* font voir l'abdomen du mâle de face et de profil; le n°. 5. *5* montre celui de la femelle; la figure 5. *6* offre l'extrémité d'une des pattes thoraciques.

[1] Membre de l'Institut.   [2] Membre associé de l'Institut.

Genre **CRABE** spécialement dit, *CANCER.*

Fig. 6, 7, 8.

Les espèces qui suivent semblent appartenir plus particulièrement au genre crabe.

La figure 6. *z* se rapproche beaucoup, par la forme et les inégalités du test, de plusieurs espèces figurées par Herbst; mais celles-ci n'ont pas les pinces terminées en cuiller, tandis que ce caractère est ici très-sensible : on le retrouve dans l'individu représenté sous le n°. 7. *z*, qui nous paraît être le crabe inégal, *cancer inæqualis* d'Olivier. Cette espèce se trouve dans la collection de M. Latreille, auquel M. Geoffroy de Villeneuve l'a remise à son retour du Sénégal.

La fig. 8. *z* paraît être le *cancer rivulosus* de M. Risso: je lui trouve beaucoup de ressemblance avec une espèce figurée par Herbst[1], et que les auteurs désignent sous le nom de *cancer clymene.*

PLANCHE 6.

CRABES.

———

Suite du Genre **CRABE** spécialement dit.

Fig. 1, 2, 3.

La figure 1. *z* représente une espèce de crabe que nous croyons pouvoir rapporter au *cancer hydrophilus*

[1] *Loco citato*, tome III, tab. LII, fig. 6.

d'Herbst[1]; il est aussi très-voisin du *cancer poressa* et du *cancer rivulosus* de M. Risso. La figure 2. *1* est une espèce très-remarquable par ses granulations; elle est désignée, dans la collection du Muséum d'histoire naturelle, sous le nom de *granulatus*; ce n'est pas le *cancer granulatus* de Fabricius, qui est très-différent et n'appartient même pas à ce genre.

La figure 3. *1* a été représentée par Herbst[2] sous le nom de *cancer exsculptus*; la figure 3. *2* est la partie antérieure grossie et vue en dessous; les figures 3. *3* et *4* montrent l'abdomen dans les deux sexes.

Genre MAIA, *MAIA.*

Fig. 4 et 5.

Ce genre, que M. de Lamarck a établi en réunissant les parthénopes et les inachus de Fabricius, a été adopté par quelques naturalistes; M. Latreille, qui l'a un peu restreint, l'a caractérisé en dernier lieu de la manière suivante : test triangulaire ou ovoïde, rétréci en devant et pointu ou tronqué; espace compris entre l'origine des antennes et l'extrémité supérieure de la cavité buccale, transversal ou n'étant pas plus long que large; yeux logés dans des fossettes latérales ou inférieures; second article des pieds-mâchoires extérieur presque carré, transversal, échancré ou tronqué à l'angle supérieur de son côté interne, pour l'insertion de l'article suivant; serres de grandeur moyenne ou petites.

[1] *Loco citato*, tome 1er, planche XXI, fig. 124.
[2] *Cancer*, tome 1er, tab. XXI, fig. 121.

La figure 4. *1* paraît être le maïa squinado, *maia squinado* de MM. de Lamarck et Latreille; 4. *2* offre une femelle vue en dessous, et dont les pattes sont tronquées. La figure 4. *3* est vue dans la même position, et montre la forme de l'abdomen du mâle. Les autres détails s'expliquent d'eux-mêmes par les lettres qu'ils portent.

On voit représentée sous le n°. 5. *1* une très-petite espèce de maïa, qui diffère de toutes celles que nous avons pu voir : nous la dédierons à M. de Rossel[1], *maja Rosselii*.

Genre STÉNORYNQUE, *STENORYNCHUS*.

Fig. 6.

M. Latreille avait établi ce genre sous le nom de macrope, *macropus;* M. de Lamarck lui a imposé celui de sténorynque, *stenorynchus*, et l'a caractérisé ainsi : quatre antennes, les deux extérieures plus longues; les yeux globuleux, éloignés de la bouche, insérés sur le rostre et rapprochés dans leur opposition; corps petit; test subtriangulaire, se terminant antérieurement par un rostre long, entier ou bifide; dix pattes onguiculées, les deux antérieures plus courtes, chelifères, les autres longues, très-grêles, filiformes, la deuxième paire étant plus longue.

L'espèce figurée ici est le *stenorynchus phalangium*, Lam., grossi : la figure 6. *2* montre en dessous la partie antérieure du corps; le n°. 6. *3* représente l'abdomen du mâle recourbé sur la face inférieure du thorax.

[1] Membre de l'Institut.

PLANCHE 7.

CRABES.

Genre PINNOTHÈRE, *PINNOTHERES.*

Fig. 1.

Le genre pinnothère de M. Latreille appartient à la section des décapodes orbiculaires, et se distingue essentiellement par le test circulaire, mousse tout autour et quelquefois membraneux; les antennes extérieures et les pédicules des yeux sont remarquables par leur excessive brièveté.

On connaît plusieurs espèces; celle qu'on voit représentée figure 1. 1 est très-grossie, et paraît être le pinnothère des anciens, *pinnotheres veterum* de Bosc : il a été figuré par M. Leach[1]. La figure 1. 2 fait voir une portion du même individu en devant et en dessous; la figure 1. 3 et 4 montre l'abdomen dans les deux sexes; la figure 1. 5 représente l'abdomen de la femelle vu en dessous et garni d'œufs.

Genre PORCELLANE, *PORCELLANA.*

Fig. 2.

Ce petit genre, qui a été très-bien distingué par M. Latreille, établit le passage entre la famille des macroures et celle des brachyures; son organisation est fort singulière, et il peut être caractérisé de la manière

---

[1] *Malac. podoph. Brit.* tab. xv, fig. 1-5.

suivante : corps presque carré, aplati; abdomen plus court que le tronc, replié en dessous du thorax; pattes antérieures aplaties et en forme de serres, les deux dernières très-petites, repliées, presque dorsales; antennes extérieures situées au côté externe des yeux, longues, sétacées, les intermédiaires cachées dans une fossette.

Les auteurs n'ont encore décrit qu'un petit nombre d'espèces; celle qui est représentée ici, fig. 2. 1, se rapproche par les dentelures de la patte antérieure, de la *porcellana galathina* de M. Bosc : elle s'en éloigne cependant par d'autres caractères, qui nous semblent suffisans pour la distinguer spécifiquement : nous dédierons cette espèce à notre ami M. Bosc, *porcellana Boscii*. La figure 2. 1′ donne la grandeur naturelle; la figure 2. 2 montre la partie inférieure du corps; les pattes et les antennes sont tronquées : le n°. 2. 3 offre la partie antérieure du test, vue de face; 2. 4 représente l'abdomen du mâle étendu et vu en dessous; 5, celui de la femelle dans la même position.

PLANCHE 8.

HOMARDS.

Genre SCYLLARE, *SCYLLARUS*.

Fig. 1.

Les scyllares, connus vulgairement sous le nom de *cygales de mer*, sont caractérisés essentiellement par l'élargissement excessif des articles des antennes extérieures, qui ne sont terminées par aucun filet ou soie. Les espèces connues sont peu nombreuses; celle qu'on voit figurée ici avec de nombreux détails est le SCYLLARE large, *scyllarus latus* de M. Latreille. Cette figure, de grandeur naturelle, est accompagnée de nombreux détails, pour lesquels nous renvoyons au tableau qui est en tête de la classe des crustacés : la figure 1. 2 représente au trait et en dessous la partie antérieure du corps; la figure 1. 3 offre l'abdomen vu en dessous.

PLANCHE 9.

HERMITES[1], ÉCREVISSES[2].

Genre PAGURE, *PAGURUS*.

FIG. 1 ET 2.

Les pagures, que l'on désigne aussi sous le nom d'*hermites*, de *Bernard l'hermite*, constituent un genre fort distinct, tant par leurs mœurs curieuses que par leur organisation. Les descriptions que l'on trouve dans les ouvrages, et les figures qu'on a sous les yeux, sup-

[1] On nomme ainsi les crustacés du genre pagure, à cause de l'habitude constante qu'ils ont de s'emparer d'une coquille, et de s'y loger comme dans une cellule.

[2] Ce nom général s'applique ici à un grand nombre de genres qui se rapprochent plus ou moins par la forme de leur corps, de l'écrevisse fluviatile ; ils composent, dans la méthode de M. Latreille, la grande famille des crustacés décapodes *macroures*.

pléeront aux développemens que nous nous abstenons de donner touchant les nombreux caractères qui sont propres à ces crustacés. Les espèces du genre pagure sont très-nombreuses, mais il n'en a été encore signalé qu'un petit nombre, qu'il est assez difficile de reconnaître.

La figure 1. *z* offre plusieurs traits de ressemblance avec le *pagurus incisus* d'Olivier et de M. de Lamarck; la figure 2. *z* est sans doute une espèce nouvelle d'une très-petite taille, à laquelle nous donnerons le nom de M. de Labillardière¹, *pagurus Labillardieri :* sa grandeur naturelle est représentée au n°. 2. *z'*.

Genre GEBIE, *GEBIA*.

Fig. 3.

C'est le docteur Leach qui a fondé ce genre; M. Latreille l'a placé dans la famille des macroures, section des homards, et il l'a caractérisé ainsi : les quatre antennes insérées sur la même ligne, avancées; les latérales à pédoncule nu, les intermédiaires terminées par deux filets allongés; pieds antérieurs en forme de serres, avec l'index notablement plus court que le pouce; les autres pieds simples, velus à leur extrémité; queue en nageoire; feuillets crustacés, les latéraux triangulaires, celui du milieu presque carré. On connaît déjà plusieurs espèces qui se rapportent à ce nouveau genre; celle qu'on voit représentée ici, figure 3. *z* et *2*, ressemble, sous plusieurs rapports, à la *gebia stellata* de

---
[1] Membre de l'Institut.

M. Leach; elle pourrait cependant constituer une espèce distincte, mais nous hésitons à l'établir.

Genre ATHANAS, *ATHANAS*.

FIG. 4.

Ce petit genre, établi par le docteur Leach, appartient à la famille des macroures, section des salicoques; il avoisine les palémons, et ne s'en distingue essentiellement que par les deux pieds antérieurs plus développés que les suivans, par la division en plusieurs petites pièces du pénultième article de la seconde paire de pieds; enfin, par le dernier article des pieds-mâchoires extérieurs plus grand que le pénultième. On ne connaît encore qu'une espèce, l'*athanas nitescens* de Leach. Celle qu'on voit fig. 4. *z* présente avec elle des points de ressemblance qui ne nous permettent pas de la distinguer spécifiquement.

PLANCHE 10.

ÉCREVISSES.

Suite du Genre ATHANAS, *ATHANAS*.

FIG. 1.

La fig. 1. *z* représente une espèce nouvelle, que nous dédierons au docteur Edwards, *athanas Edwardsii* : 1. *z'* indique la grandeur naturelle; la fig. 1. 2 représente le même individu vu de profil et grossi : les autres détails s'expliquent d'eux-mêmes par les lettres qui les accompagnent.

Genre PALÉMON, *PALÆMON.*

Fig. 2, 3, 4 ?

Ce genre, établi par Fabricius, a été adopté par tous les entomologistes, qui, en lui assignant des caractères plus précis, l'ont un peu restreint; il se distingue essentiellement des autres genres de la section des salicoques, par des antennes intermédiaires terminées par trois filets, par les deux paires de pattes antérieures terminées en pince, la seconde paire étant plus longue que la première, et la pièce qui précède la main, entière, c'est-à-dire non subdivisée en plusieurs petits articles, comme dans le genre athanas. Les palémons sont vulgairement connus sous les noms de *salicoques, crevettes, chevrettes, bouquets* et *squilles*; ils sont très-abondans sur nos côtes, à l'embouchure des rivières.

La figure 2. *z* représente une espèce qui, à en juger par la forme générale du corps et par le nombre des dents du bord supérieur et du bord inférieur du rostre (fig. 2. 2), paraît être le *palæmon squilla* des auteurs [1], ou le *cancer squilla* de Linné. L'individu représenté était petit; le n°. 2. *z'* indique sa taille naturelle.

La figure 3. *z* est encore un palémon, mais beaucoup plus petit que le précédent : c'est une espèce nou-

---

[1] On a évidemment confondu sous ce nom des espèces distinctes.

velle₂ très-remarquable par la forme de son corps, par le développement de ses yeux et par l'organisation de la main, qui termine la seconde paire de pattes; nous dédierons cette espèce à M. du Petitthouars, *palæmon Petitthouarsii*[1] : le n°. 3. 2 fait voir le rostre.

La figure 4. z est une espèce très-curieuse, qui a beaucoup de ressemblance avec les palémons, qui se rapproche même de l'espèce précédente, mais dont la première paire de pattes offre une organisation toute spéciale; elle paraît terminée par un article simple, aiguilloné et pointu; elle devra constituer un genre nouveau, très-remarquable par ce dernier caractère; nous lui donnerons le nom de M. de Beaupré[2], *palæmon Beaupresii* : le n°. 4. z′ indique la grandeur naturelle, et la figure 4. 2 représente le rostre vu de profil.

PLANCHE II.

CREVETTES, CYMOTHOÉS.

L'ordre des amphipodes renferme une infinité de très-petits crustacés, dont l'étude n'a encore été qu'ébauchée : des naturalistes habiles ont cependant tenté l'établissement de plusieurs genres; mais l'observation n'a pas encore précisé d'une manière bien rigoureuse leurs caractères distinctifs; aussi rencontre-t-on les plus grandes difficultés pour arriver à la détermination des genres et à celle des espèces.

[1] Membre de l'Institut.
[2] M. Beautemps-Beaupré, membre de l'Institut.

Dans cet état de choses, il était avantageux de réunir entre elles plusieurs coupes qui n'avaient pu encore être fondées sur un examen comparatif et assez approfondi des organes; c'est ce que M. Latreille a tâché de faire, en groupant, dans un petit nombre de genres bien tranchés, les sous-genres nombreux de quelques auteurs, particulièrement ceux de M. Leach. Le savant entomologiste français admet[1] quatre grands genres dans l'ordre des amphipodes : les PHRONIMES, les CHEVRETTES OU CREVETTES, les TALITRES et les COROPHIES; les espèces représentées par M. Savigny appartiennent seulement aux genres chevrette et talitre.

Le genre cymothoé qui termine cette planche fait partie de l'ordre isopode : les planches 12 et 13 sont dans le même cas.

Genre CREVETTE ou CHEVRETTE, *GAMMARUS.*

FIG. 1, 2, 3, 4, 5, 6.

Les espèces qu'on réunit ici sous le nom générique de CHEVRETTE, *gammarus*, ont toutes quatre antennes, dont les supérieures sont plus longues que les inférieures. La figure 1. 2 est une espèce très-grossie, et dont le n°. 1. 2' donne la taille naturelle; elle constitue bien certainement un nouveau genre, très-remarquable par la longueur égale des antennes et les poils qui les terminent : le palpe des mandibules est excessivement petit; la première paire de pattes est terminée

[1] *Règne animal de Cuvier*, tome III, pag. 46 et suiv.

en pince didactyle, etc. : nous dédierons cette espèce à M. Dulong[1], *gammarus Dulongii*.

La figure 1. 2 montre en dessous l'abdomen uni aux deux derniers anneaux du thorax; la figure 1. 3 offre l'extrémité de l'abdomen vu en arrière et supérieurement; la figure 1. 4 représente un des appendices de l'abdomen.

La figure 2. 2 est une très-petite crevette, dont M. Savigny[2] a représenté quelques parties, et qu'il a désignée sous le nom de *lycesta furina*; les figures 2. 2 et 2. 3 semblent représenter deux lamelles contenues dans les pièces latérales du corps.

Ce crustacé a beaucoup d'analogie avec la *leucothoë articulata* de Leach, et appartient certainement au même genre.

La figure 3. 2 représente une espèce fort curieuse, qui doit constituer un petit sous-genre voisin des *mœra* et des *melita* de M. Leach, et qui se distingue facilement de celui qui précède par la seconde paire de pieds développée outre mesure et en forme de pince (seulement du côté gauche); nous lui assignerons le nom de M. Fresnel[3], *gammarus Fresnelii* : ce crustacé singulier est très-petit, ainsi qu'on peut le voir à la fig. 3. 2′.

La figure 4. 2 est encore une crevette que l'on doit rapporter au sous-genre amphithoé, *amphithoë* de M. Leach, et qui est très-voisine de deux espèces décrites par Montagu sous le nom de *cancer gammarus*

---

[1] Membre de l'Institut.
[2] Savigny, *Mémoires sur les animaux sans vertèbres*, première partie, premier fascicule, planche IV, figure 2.
[3] Membre de l'Institut.

rubricus¹ : et par Pallas sous celui d'*oniscus cancellus*²; M. Savigny l'a mentionné³ sous le nom de *cymadusa filosa*.

La figure 4. 2 représente, de profil et au trait, une portion de ce crustacé : on a découvert les flancs pour montrer les espèces de lamelles qu'ils renferment; la figure 4. *3* est une de ces lamelles isolée.

La figure 5. *z* appartient au même genre, et représente peut-être la même espèce, ou bien une variété de sexe; on pourrait croire aussi que la partie postérieure de son corps, qui est tronquée brusquement en dessus, est un caractère spécifique : on retrouve ce caractère dans le *cancer rubricatus* de Montagu.

La figure 6. *z* appartient au même genre : cette espèce paraît distincte; elle est plus petite que les deux précédentes : nous proposerons de lui donner le nom de M. Ramond⁴, *amphithoë* (*gammarus*) *Ramondi*.

Genre TALITRE, *TALITRUS*.

Fig. 7, 8, 9.

Suivant M. Latreille, les talitres sont caractérisés par quatre antennes, dont les inférieures sont plus longues que les supérieures, avec leur dernière pièce composée d'un grand nombre de petits articles. On recon-

---

¹ Montagu, *loco citato*, tome IX, page 99, pl. v, fig. 1, et *Encyclop. méthod.*, pl. cccxxxvi, fig. 33.

² Pallas, *Spicil. zool.*, fascic. IX, page 52, tab. III, fig. 18.

³ *Mémoires sur les animaux sans vertèbres*, première partie, premier fascicule, page 109, pl. IV, fig. 1.

⁴ Membre de l'Institut.

naît facilement ces caractères dans les espèces figurées sous les n°°. 7, 8 et 9.

La figure 7. *z* est une espèce d'assez petite taille (7. *z′*), et qui offre les caractères du sous-genre orchestie, *orchestia* de M. Leach; mais on doit là distinguer de l'*orchestia littorea* de cet auteur, ou le *cancer littoreus* de Montagu[1] : nous lui donnerons le nom de Montagu, *orchestia Montagui*. Les figures 8. *z* et 9. *z* sont des talitres qu'on peut rapporter aussi au sous-genre orchestie, à cause de la dissemblance des pieds et du développement de la seconde paire. Ces espèces nous ont paru nouvelles : la première sera dédiée à M. Deshayes[2], *orchestia Deshayesii*, et la seconde à notre ami le docteur Jules Cloquet, *orchestia Cloquetii*.

Genre CYMOTHOÉ, *CIMOTHOA*.

Fig. 10 et 11.

Le genre cymothoé de Fabricius a été divisé en plusieurs genres par M. Leach; ces nouveaux genres n'ont pas été généralement adoptés, et M. Latreille a cru pouvoir de nouveau en réunir plusieurs dans son genre cymothoé, qu'il caractérise ainsi : abdomen composé de six segmens; les pieds insérés aux bords latéraux du tronc, terminés par un crochet très-fort. Les deux espèces qu'on voit ici offrent ces caractères, et elles semblent appartenir plus spécialement au sous-genre anilocre, *anilocra* de M. Leach.

La figure 10. *z* est une espèce assez voisine de l'ani-

---

[1] *Loco citato*, tome IX, tab. IV, fig. 4.

[2] Membre de la Société d'hist. nat. de Paris.

locra Capensis de M. Leach ; mais elle en diffère par la forme du dernier anneau, qui est graduellement acuminé, comme dans l'*anilocra Cuvieri* de M. Leach. Il nous est difficile, dans l'ignorance où nous sommes de la couleur, de décider s'il y a identité avec cette dernière espèce.

La figure 10. 2 montre cette espèce en dessous ; 10. *3* fait voir en dessous la tête excessivement grossie, et le n°. 10. *4* montre l'abdomen vu inférieurement, et adhérant au dernier anneau du thorax : les appendices branchiaux, placés en recouvrement, cachent entièrement la face inférieure de cette partie.

La figure 11. *2* représente une espèce assez différente de la précédente ; le dernier anneau de l'abdomen est caréné et arrondi, comme dans l'*anilocra Mediterranea* de Leach ; peut-être l'espèce qu'on voit ici ne doit-elle pas en être distinguée.

PLANCHE 12.

ASELLES-CLOPORTES [1].

Genre SPHÉROME, *SPHÆROMA*.

Fig. 1, 2, 3, 4, 5.

M. Latreille a donné ce nom à un genre très-distinct de crustacés isopodes, qui était rangé, par Linné et

---

[1] Les espèces qu'on voit figurées ici, appartenaient, dans la méthode de Linné et d'Olivier, soit au genre aselle, soit au genre cloporte ; de là le nom général que M. Savigny a fait graver en bas de cette planche.

d'autres naturalistes, avec les *oniscus;* depuis, M. Leach a subdivisé les sphéromes en plusieurs sous-genres, auxquels il a donné des caractères assez vagues, et qui peuvent tout au plus former des sections dans le genre principal; M. Latreille caractérise celui-ci de la manière suivante : quatre antennes insérées et rapprochées par paires sur le front, composées d'un pédoncule et d'une tige sétacée, multiarticulée, les deux supérieures plus courtes, leur pédoncule formé de trois articles, dont les deux premiers beaucoup plus épais; pédoncule des inférieures de quatre articles; pieds-mâchoires extérieurs en forme de palpes sétacés, rapprochés à leur base, divergens ensuite, ciliés au côté interne, et de cinq articles distincts; corps ovale, convexe en dessus, se contractant en boule, composé d'une tête et de neuf segmens tous transversaux, à l'exception au plus du dernier, les sept antérieurs composant le tronc et portant chacun une paire de pattes terminée par un petit onglet; le dernier segment du corps très-voûté, et renfermant dans sa cavité des appendices branchiaux; un appendice en forme de nageoire de chaque côté du dernier segment, et composé de trois articles.

La figure 1. *z* représente une espèce très-grossie, dont la grandeur naturelle est exprimée par le n°. *z'*, et qui paraît être le *sphœroma cinerea,* Latr. Plusieurs détails accompagnent cette figure : le n°. 1. 2 fait voir en dessous la tête, et le n°. 1. 3 montre l'abdomen uni au dernier segment du thorax, avec les lames branchiales qui garnissent sa face inférieure.

La figure 2. *z* est une espèce très-petite, dont la grandeur naturelle est représentée sous le n°. 2. *z'* : nous la dédierons au savant médecin et entomologiste Jurine, *sphæroma Jurinii*.

La figure 3. *z* est une très-petite espèce, qui, à l'inspection des caractères, paraît appartenir au sous-genre dynamène de M. Leach : j'en dirai autant de l'espèce qu'on voit à la figure 4. *z'*, et qui est fort grossie dans la figure 4. *z*. Ces espèces nous paraissent nouvelles ; nous proposons de dédier la première à M. Walckenaër[1], *sphæroma Walckenaerii*, et la seconde à M. Duméril, *sphæroma Dumerilii*.

La figure 5. *z*, dont la taille naturelle est assez grande, a quelque ressemblance avec le *sphæroma spinosa* de Risso ; elle offre aussi des rapports avec la *cymodocea Lamarkii*, Leach.

Genre IDOTÉE, *IDOTEA*.

Fig. 6.

Olivier ne distinguait pas ce genre de celui des aselles, et Linné le confondait avec les cloportes ; c'est à Fabricius qu'on en doit l'établissement. M. Latreille s'est empressé de l'admettre, en le caractérisant ainsi : quatre antennes apparentes, dont les intermédiaires insérées un peu plus haut que les latérales, beaucoup plus petites, filiformes, de quatre articles, et dont les latérales sétacées et composées d'un grand nombre d'articles ; quatorze pattes, toutes à crochets ; dernier

[1] Membre de l'Institut.

segment de l'abdomen très-grand, sans aucune sorte d'appendice saillant à son extrémité; dessous de l'abdomen offrant deux feuillets longitudinaux, parallèles, fixés aux bords latéraux, s'ouvrant au côté intérieur comme deux battans de porte, et recouvrant les branchies qui sont membraneuses, en forme de sac.

La fig. 6. 1 représente une espèce qui offre quelque analogie pour la forme du dernier segment de l'abdomen, avec l'*idotea acuminata* de Fabricius, ou l'*oniscus balthicus* de Pallas [1]; cependant la forme du corps et la grandeur naturelle, assez différentes, pourraient autoriser à en faire une espèce distincte, à laquelle nous assignerons le nom de Baster, *idotea Basteri*.

Le n°. 6. 2 représente la tête de cette espèce excessivement grossie et vue en dessous; les n°ˢ. 6. 3 et 4 montrent l'abdomen par sa face inférieure, et uni au dernier segment thoracique : dans une des figures on a conservé les parties intactes, et dans l'autre on a écarté les deux appendices qui recouvrent les branchies.

Genre LIGIE, *LIGIA*.

Fig. 7.

Linné confondait les ligies avec les cloportes; Fabricius les en a distinguées avec raison, et M. Latreille, qui a fait une étude spéciale des caractères de ce genre, les a exprimés de la manière suivante : quatorze pattes presque semblables, toutes onguiculées, attachées par paires aux sept premiers segmens du corps; abdomen

---

[1] Pallas, *Spicil. zool.* fasc. 9, page 66, tab. IV, fig. 6. C.

composé de six segmens, garni en dessous de dix lames ou écailles disposées par imbrication, sur deux rangs longitudinaux; quatre antennes, les intermédiaires très-petites, de deux articles; les extérieures sétacées, de six articles, dont le dernier composé lui-même d'un grand nombre d'articulations; deux appendices articulés, styliformes, saillans et fourchus à l'extrémité postérieure du corps. Les espèces connues sont encore peu nombreuses.

La figure 7. *1* offre une espèce que nous rapportons à la *ligia italica*, Fabr. : 7. *1* indique la grandeur naturelle; le n°. 7. *2* fait voir la tête de face; le n°. 7. *3* montre cette même partie en dessous; les n°⁵. 7. *4*, *5*, *6*, *7* et *8* représentent l'abdomen dans les deux sexes, et les différens appendices qui garnissent sa face inférieure : ces appendices ont des lettres qui indiquent leur ordre et les segmens auxquels ils appartiennent; et, comme il y a plusieurs feuillets au même segment, chacun d'eux est distingué par le signe ′ ou ″.

PLANCHE 13.

CLOPORTES.

Genre TYLOS, *TYLOS.*

Fig. 1.

M. Savigny avait sans doute l'intention d'établir un nouveau genre avec cette espèce qui se distingue essentiellement des cloportes, des porcellions et des armadilles, par des caractères fort tranchés. M. Latreille, qui possède un individu identique, avait apprécié à leur juste valeur les divers traits de son organisation, et il s'était décidé depuis long-temps à en faire un genre distinct sous le nom de *tylos,* que nous adoptons, en reconnaissant que M. Savigny a, de son côté, développé avec la plus grande exactitude tous ses caractères, dans les nombreuses figures qu'on a sous les yeux.

Les tylos ont le port des armadilles, et, comme elles, ils peuvent sans doute se contracter en boule ; ils ressemblent beaucoup aussi aux cloportes et aux porcellions ; mais ils diffèrent essentiellement de ces divers genres, par les caractères suivans : il existe une seule paire d'antennes composée de neuf articles ; le cinquième est le plus long de tous, ceux qui viennent après sont à peu près d'égale longueur et vont en diminuant ; le sixième article est remarquable par une échancrure située vers le milieu de son bord interne ; le corps est bordé de chaque côté par les flancs qui font saillie à la partie supérieure, comme on l'aperçoit dans plusieurs genres voisins, entre autres dans les aselles ; chaque anneau du thorax, le premier excepté, offre cette particularité ; on ne voit rien de semblable aux segmens de l'abdomen : le dernier de ceux-ci est assez remarquable, il a une forme demi-circulaire, et remplit à lui seul l'espace compris dans l'échancrure postérieure du segment qui précède, sans qu'aucun stylet ou appendice se remarque en dehors ; ce dernier caractère est une distinction bien tranchée entre les tylos et les genres mentionnés plus haut. Des organes particuliers, et qu'on peut supposer être ceux de la respiration, se remarquent en dessous de l'abdomen; ils sont incomplètement recouverts par des lames fixées aux anneaux du ventre. Ces animaux sont marins.

La figure 1. 2 est une espèce grossie et vue en dessous; le n°. 1. 2' montre sa grandeur naturelle : nous la dédierons à notre savant M. Latreille, qui a bien voulu nous aider constamment de ses conseils dans la détermination des espèces figurées par M. Savigny. Le TYLOS de Latreille, *tylos Latreillii*, est d'une couleur verte d'eau de mer avec des reflets bleuâtres; les pattes et les antennes sont aussi de couleur verte claire, jaunâtre; les parties de la bouche offrent la même teinte.

La figure 1. 2 montre ce crustacé de profil et dans son état de contraction en boule; le n°. 1. 3 est la tête vue de face; 1. 4, la tête en dessous; 1. 5, l'abdomen fixé au dernier anneau du thorax, vu en dessous, et recouvert en partie par des prolongemens lamelleux; le n°. 1. 6 offre la même partie avec ces prolongemens rejetés à droite et à gauche; on voit dans leur entier les organes, que je suppose être respiratoires, et qui servent sans doute aussi à contenir les œufs : ils sont placés de chaque côté sur quatre rangées. Les n°*. 1. 7 et 1. 8 montrent deux de ces organes séparés; le n°. 1. 9 est un stylet très-grossi, et qui règne sur la longueur au côté interne des cloisons.

Genre **CLOPORTE**, *ONISCUS*, *et genre* **PORCELLION**,
PORCELLIO.

Fig. 2, 3, 4, 5, 6, 7.

Le genre cloporte, *oniscus* de Linné, a été divisé, par les entomologistes, en plusieurs coupes, dont on a formé autant de genres distincts sous les noms de *ligie*, *philoscie*, *cloporte* proprement dit, *porcellion* et *armadille* : ils ont tous de grands rapports entre eux; mais les cloportes et les porcellions se ressemblent tellement, qu'à la différence près du nombre d'articles aux antennes, il est assez difficile de les distinguer. L'impossibilité où nous sommes de fixer ici ce nombre, n'ayant à notre disposition aucun des individus figurés, nous oblige de réunir ces deux genres; on ne devra donc pas attacher trop d'importance aux distinctions génériques que nous essayons cependant d'établir.

Le genre cloporte proprement dit est caractérisé par M. Latreille de la manière suivante : quatre antennes, dont les latérales seules, bien apparentes, de huit articles, et recouvertes à leur base par les bords latéraux de la tête; branchies renfermées dans les premières écailles placées sous l'abdomen; appendices du bout de l'abdomen d'inégale longueur, les deux latéraux étant beaucoup plus grands que les intermédiaires : les porcellions ne diffèrent essentiellement des cloportes que par les articles des antennes, au nombre de sept. On n'a encore distingué qu'un petit nombre d'espèces indigènes, celles qu'on voit représentées ici nous ont paru nouvelles.

La figure 2. *z* est un cloporte proprement dit, vu en dessus et très-grossi; nous le nommerons CLOPORTE d'Olivier, *oniscus Olivieri*: 2. *z'* indique sa taille naturelle; 2. *2*, tête vue de face, les antennes extérieures sont tronquées, afin de rendre plus visibles les intermédiaires; 2. *3*, la tête vue en dessous, et munie des antennes extérieures, auxquelles on compte huit articles; 2. *4* et *5*, l'abdomen vu en dessous dans les deux sexes. On a représenté, sous les lettres m, n, p, q, r, les appendices branchiaux, qui, dans l'état naturel, sont cachés par les écailles.

La figure 3. *z* est ou un cloporte ou un porcellion grossi; la base des antennes est cachée sous la tête : la figure 3. *z'* est la grandeur naturelle; nous dédierons cette espèce à Clairville.

La figure 4. *z* paraît être un cloporte grossi : le n°. 4. *2* montre la tête de face; on compte huit articles aux antennes, celui de la base pouvant être considéré comme formé de deux pièces : le n°. 4. *3* offre l'abdomen vu en dessous, et uni au dernier anneau du thorax : nous donnerons à cette espèce le nom de Réaumur.

La figure 5. *z* semble être un porcellion très-grossi, et dont la grandeur naturelle est représentée sous le n°. 3. *z'* : elle portera le nom de Degéer.

La figure 6. *z* est très-certainement un porcellion; on n'en peut douter lorsqu'on compte les articles des antennes au nombre de sept; ils sont très-visibles dans la figure 6. *2* : le n°. 6. *3* est la tête vue en dessous;

nous nommerons cette espèce PORCELLION de Swammerdam, *porcellio Swammerdamii*.

La figure 7. *1* appartient encore au genre porcellion ; le n°. 7. *1'* indique la grandeur naturelle ; 7. *2* représente la tête vue en dessous, avec l'antenne externe du côté gauche entière : cette espèce sera dédiée à Panzer, *porcellio Panzerii*.

Genre ARMADILLE, *ARMADILLO*.

Fig. 8 et 9.

Ce genre, institué par M. Latreille, est assez voisin des cloportes et des porcellions ; mais il s'en distingue nettement par les appendices latéraux de l'abdomen, ne faisant pas saillie en dehors, et terminés par un article triangulaire. Ces petits crustacés contractent leur corps en boule.

La figure 8. *1* est une espèce très-grossie et vue en dessus ; 8. *2*, la même vue de profil et roulée en boule ; 8. *2'*, sa grandeur naturelle ; 8. *3*, tête vue de face, les antennes externes ont sept articles ; 8. *4*, abdomen du mâle vu en dessous, et uni aux deux derniers anneaux du thorax ; 8. *5*, abdomen de la femelle vu en dessous, et uni au dernier segment thoracique.

La figure 9. *1* représente une autre espèce qui est distincte de la précédente, vue en dessus et grossie.

Ne connaissant pas les couleurs de ces deux espèces, nous hésitons à les regarder comme nouvelles, et à leur imposer des noms.

EXPLICATION SOMMAIRE

DES PLANCHES

D'ARACHNIDES

DE L'ÉGYPTE ET DE LA SYRIE,

Publiées par Jules-César SAVIGNY[*],

Membre de l'Institut;

offrant un exposé des caractères naturels des genres avec la distinction des espèces,

par VICTOR AUDOUIN[**].

OBSERVATIONS PRÉLIMINAIRES.

Les arachnides, confondues pendant long-temps avec les crustacés et les insectes, en ont été distinguées à

---

[*] M. Savigny observe que les dessins des ARACHNIDES, exécutés sous ses yeux et dans son cabinet par MM. Meunier, Huet et Prêtre, ont été commencés en 1804, et qu'ils étaient tous terminés et donnés à la

[**] *Voyez* ci-dessus, page 111, la *Note concernant l'Explication sommaire des planches dont les dessins ont été fournis par M. J.-C. Savigny, pour l'*histoire naturelle de l'ouvrage. M. Audouin se fait un devoir de déclarer qu'il a mis à profit la Description des ARACHNIDES, commencée par M. Savigny; mais dont ce savant n'avait pu revoir aucune épreuve. Cette description, qui s'arrête à la planche 4, a été souvent restreinte et modifiée, afin d'être mise en rapport avec l'Explication sommaire des mollusques, annelides, crustacés, etc.

juste titre par M. de Lamarck, qui en a fait une classe distincte, que la plupart des naturalistes se sont empressés d'adopter, à quelques restrictions près, c'est-à-dire qu'ils en ont séparé les arachnides antennées ou les podures, les forbicines, les scolopendres, les jules, etc., qui doivent prendre place dans la classe des insectes. M. Savigny partage cette manière de voir, et réunit sous le nom d'ARACHNIDES les animaux articulés qui offrent les caractères suivans :

Tête confondue avec le premier segment du corps, et dont l'existence se manifeste par la présence des yeux.

Corps divisé en thorax et en abdomen.

Thorax composé du premier segment, dont le dos, toujours très-développé, s'étend beaucoup en arrière; du second segment, dont le dos, très-étroit, semble se résoudre dans celui du troisième; du troisième, qui n'est visible qu'en dessous, et des quatre segmens suivans : il offre en dessus les yeux, en dessous la bouche; et, comme il présente sept segmens apparens, on compte aussi jusqu'à sept paires de membres ou d'appendices articulés, dont les trois premiers sont affectés à la bouche.

---

gravure en 1812. C'est pour ce motif que toutes les planches, même celles qui ont été terminées dans ces derniers temps, porteront cette date. Nous insistons sur cette déclaration, afin qu'on ne suppose pas que les travaux de M. Savigny ont pu être modifiés par des découvertes assez importantes, dont la science s'est enrichie depuis peu, et qui n'avaient pas échappé à la sagacité de notre auteur : telle est, entre autres, l'observation curieuse de M. Treviranus, qui a démontré que les pièces situées à l'extrémité des palpes du mâle, n'étaient autre chose qu'un appareil d'excitation, et que les organes propres à ce sexe existaient au-dessous du premier segment de l'abdomen, c'est-à-dire à la même place que dans la femelle. Notre savant ami M. Savigny avait remarqué ce fait avant l'anatomiste allemand.

ARACHNIDES. 293

Yeux toujours disposés sur le premier segment, simples, au nombre de deux, quatre, six ou huit.

Bouche ouverte vers la jonction du premier et du second segmens, consistant principalement en un pharynx [1], pourvu supérieurement d'un labre, et inférieurement d'une lèvre sternale.

Labre toujours recouvert par la première paire d'appendices articulés.

Lèvre sternale découverte, produite par le troisième segment, et portant souvent une paire d'appendices articulés, qui peuvent prendre le nom de *palpes;* elle est quelquefois très-réduite et comme suppléée par des mâchoires surnuméraires.

Les appendices articulés du premier, du second et du troisième segmens, sont essentiellement manducateurs, et disposés de la manière suivante :

Les premiers appendices manducateurs, insérés en avant du labre, constituent deux mandibules succédanées, ou *forcipules* contiguës, composées de trois articles, que l'absence du premier réduit quelquefois à deux : le premier, huméral; le second, cubital; le troisième, digital.

Les seconds appendices manducateurs, situés immédiatement après le labre, constituent, par le développement de leur article radical, deux *mâchoires,* pourvues chacune d'un *bras palpaire ou palpe maxillaire* de cinq articles : le premier, susaxillaire; le second, huméral; le troisième, cubital, ordinairement coudé sur le précédent; le quatrième, radial; le cinquième et dernier, digital.

Les troisièmes appendices manducateurs, portés en avant des seconds par la conformation particulière de leur segment

---

[1] M. Savigny observe que ce pharynx a non deux, mais trois ouvertures très-visibles dans les théraphoses de M. Walckenaër, les araignées, les scorpions, les faucheurs, etc. Elles sont, dit-il, disposées en triangle; l'ouverture inférieure communique directement avec l'estomac.

sont sujets à manquer; ils n'existent jamais que très-réduits, et constituent les deux *palpes labiaux*, dont les divers articles sont rarement appréciables.

Les appendices articulés des quatrième, cinquième, sixième et septième segmens sont essentiellement locomoteurs, et constituent les pieds proprement dits.

Les *pieds* se divisent, comme ceux des autres insectes, en quatre, parties principales; savoir : la hanche formée d'un article radical, suivi quelquefois d'un à deux articles supplémentaires; la cuisse, composée de deux articles, l'exinguinal et le fémoral; la jambe, également de deux articles, le génual et le tibial; et le tarse, qui se subdivise ordinairement en plusieurs phalanges, la dernière munie d'un, de deux ou de trois ongles portés sur un support commun, ou d'un pédicule vésiculeux sans ongle.

La première et la seconde paires de pieds sont quelquefois dilatées à leur base interne, et donnent ainsi naissance à autant de paires de *mâchoires surnuméraires*.

La première paire de pieds affecte quelquefois la forme de palpe, et se change ainsi en *pieds palpaires*.

L'*abdomen*, qui se compose du septième segment et de tous les suivans, compris le dernier, est tantôt distinctement formé de treize segmens, tantôt seulement de douze, dix ou neuf, par l'oblitération, peut-être même par l'absence réelle de quelques-uns des derniers, et tantôt sans segmens distincts; le pénultième ou dernier segment est pourvu d'un anus.

Les organes de la *respiration*, lorsqu'ils sont visibles à l'extérieur, se manifestent sous la forme d'ouvertures ou de stigmates, distribués en petit nombre sur les côtés du corps.

Les organes de la *génération* ont toujours leur issue pratiquée sous le premier segment de l'abdomen.

Nous ajouterons à cet exposé des caractères propres aux espèces de cette classe, que, dans la jeunesse des araignées, les mâles et les femelles de chaque espèce se ressemblent par la forme et par les couleurs du corps : les mâles ont seulement le dernier article de leurs palpes dépourvu d'ongle. Cet article se renfle peu à peu; enfin, les organes excitateurs, long-temps invisibles, se déclarent subitement; l'animal acquiert, par la dernière mue, tous les organes propres à son sexe, et obtient avec eux d'autres proportions et d'autres couleurs. C'est une métamorphose peut-être moins apparente, mais à coup sûr non moins réelle que celle de beaucoup d'insectes hexapodes.

Les zoologistes considèrent, comme un des caractères distinctifs de la classe des arachnides, la faculté de s'accoupler et de se reproduire plusieurs fois dans le cours de leur vie. M. Savigny dit avoir observé précisément le contraire dans un grand nombre d'espèces, dont les femelles font une ponte, une éducation, et meurent incontinent après.

Quant à ce qui regarde le mode de rangement des arachnides, nous nous bornerons à renvoyer aux méthodes généralement admises de MM. Walckenaër et Latreille. Le système de M. Savigny ne nous est pas suffisamment connu, pour que nous nous hasardions d'en parler; toutefois, nous remarquerons que cet auteur paraît avoir donné une grande importance aux ongles qui garnissent quelquefois les tarses; il les a représentés avec un grand soin, et s'en est servi comme d'un bon caractère dans une sorte de distribution qu'il a placée en tête de la classe des arachnides. Il divise les espèces figurées dans les planches en onze séries, de la manière suivante :

L'espèce comprise seule dans la première série a pour caractères : *les forcipules en pince monodactyle; les mâchoires divergentes, à palpe terminal, sans pince ; les tarses armés de trois ongles; huit yeux.* Elle est représentée pl. 1, fig. 1.

Les espèces réunies dans la seconde série ont pour caractères : *les forcipules en pince monodactyle; les mâchoires à palpe latéral, sans pince ; les tarses armés de trois ongles; six yeux.* Elles sont représentées planche 1, fig. 2 et 3.

Les espèces réunies dans la troisième série ont pour caractères : *les forcipules en pince monodactyle; les mâchoires à palpe latéral, sans pince; les tarses armés de trois ongles; huit yeux.* Elles sont représentées pl. 1, figures 4-9; planche 2, planche 3 et planche 4.

Les espèces comprises dans la quatrième série ont pour caractères : *les forcipules en pince monodactyle; les mâchoires à palpe latéral, sans pince; les tarses armés de deux ongles; six yeux.* Elles sont représentées planche 5, fig. 1-3.

Les espèces réunies dans la cinquième série ont pour caractères : *les forcipules en pince monodactyle; les mâchoires à palpe latéral, sans pince; les tarses armés de deux ongles; huit yeux.* Elles sont représentées planche 5, fig. 4-10; planche 6 et planche 7.

Les espèces de la sixième série ont pour caractères : *les forcipules en pince didactyle; les mâchoires à palpe en pince également didactyle ; la lèvre sternale sans palpes, accompagnée de mâchoires surnuméraires; huit yeux,*

ARACHNIDES.

dont deux rapprochés. Elles sont représentées planche 8, fig. 1-3.

Les espèces de la septième série ont pour caractères : *les forcipules en pince didactyle; les mâchoires à palpe en pince également didactyle; la lèvre sternale munie de palpes; point de mâchoires surnuméraires; quatre ou deux yeux écartés.* Elles sont représentées planche 8, fig. 4-6.

Les espèces réunies dans la huitième série ont pour caractères : *les forcipules en pince didactyle; les mâchoires à palpe filiforme, sans pince; la lèvre sternale munie de palpes; point de mâchoires surnuméraires; deux yeux rapprochés.* Elles sont représentées planche 8, fig. 7-10.

Les espèces de la neuvième série ont pour caractères : *les forcipules en pince didactyle; les mâchoires à palpe filiforme, sans pince; la lèvre sternale privée de palpes; des mâchoires surnuméraires; deux yeux rapprochés.* Elles sont représentées planche 9, figures 1-3.

L'espèce unique de la dixième série a pour caractères : *les forcipules en pince didactyle; les mâchoires à palpe filiforme, sans pince; la lèvre sternale munie de palpes; point de mâchoires surnuméraires; deux yeux écartés.* Elle est représentée planche 9, figure 4.

Les espèces réunies dans la onzième série ont pour caractères : *les forcipules en stylet denté à la pointe; les mâchoires soudées supérieurement entre elles et inférieurement à la lèvre sternale; deux yeux écartés.* Elles sont représentées planche 9, figures 5-13.

Les diverses parties qui viennent d'être énumérées, et quelques autres d'une moindre importance, ont été désignées sur les planches par des lettres ou des signes affectés à chacune d'elles, de manière à rendre facile et prompte leur étude comparative :

B   marque la partie antériéure du thorax, celle qui porte les yeux et la bouche.

C, le thorax entier.

æ, les yeux.

á, le bord facial ou préoculaire du thorax.

á, l'épistôme, petite pièce triangulaire comprise entre le bord facial du thorax et les forcipules ; elle est souvent membraneuse et peu distincte.

E, la bouche complète.

é, l'ouverture de la bouche et ses deux lèvres saillantes. La même lettre indique encore les lèvres détachées de la bouche, mais unies entre elles.

Le diastôme est une sorte de bourrelet membraneux qui traverse la bouche au-dessous des forcipules, et ceint postérieurement le labre, dont il semble recevoir l'insertion.

é, la lèvre supérieure, ou le labre, pourvue ou non du diastôme ou de l'épichile.

L'épichile est une petite languette demi-cartilagineuse, pourvue d'une sorte de palais, et insérée sur le dos du labre dans beaucoup de genres ; elle se lève d'avant en arrière, et laisse voir, sous sa base, une fente transverse, destinée sans doute à l'émission de quelque liqueur.

è, la lèvre inférieure ou lèvre sternale isolée.

Y, le pharynx.

y, deux petits orifices situés entre les forcipules et le diastôme, dans quelques genres.

c, les forcipules, insérées au premier segment du thorax. — *c,* leur article huméral. — *d,* leur article cubital. —*f,* leur article digital.

d, les mâchoires insérées au second segment du thorax.— *b,* la mâchoire elle-même. — *b+,* son lobe manducateur. — *f,* l'article digital de son palpe. Cet article, qui est le dernier, se trouve transformé, dans les mâles adultes de certains genres, en un organe excitateur, pourvu d'un conjoncteur principal, auxquels sont, le plus souvent, associés un à deux conjoncteurs auxiliaires, tous séparément mobiles.

f, les palpes insérés sur le troisième segment, c'est-à-dire sur la lèvre sternale.

g, la première paire de pieds, insérée au quatrième segment du thorax.

h, la seconde paire de pieds, insérée au cinquième segment.

k, la troisième paire de pieds, insérée au sixième segment.

l, la quatrième paire de pieds, insérée au septième segment. — b, la hanche d'un pied. — c, sa cuisse. — d, sa jambe. —f, son tarse.

D, l'abdomen.

m, le premier segment de l'abdomen.

n, le second segment de l'abdomen.

p, le troisième segment de l'abdomen.

q, le quatrième segment de l'abdomen.

r, le cinquième segment de l'abdomen.

s, le sixième segment de l'abdomen, etc.

F, les filières articulées à l'extrémité de l'abdomen, dans certains genres.

H, l'anus.

‥m, l'issue des organes sexuels : nous avons vu qu'elle correspondait toujours au premier segment de l'abdomen.

‥m, l'épigyne, organe prévulvaire, dont la fonction la plus essentielle est de recevoir l'un après l'autre, dans les préludes de l'accouplement, les organes excitateurs mâles ci-dessus mentionnés : elle est tubuleuse et percée de deux principaux orifices, un de chaque côté ; les conjoncteurs que recèlent ses deux cavités intérieures, sont cornés comme ceux du sexe mâle ; mais ils sont moins développés.

‥ derrière toute autre lettre, indique que l'organe désigné par cette lettre a des fonctions relatives à la génération.

1', 2', etc., indiquent la grandeur naturelle.

♂ est le signe du sexe mâle.

♀ est le signe du sexe femelle.

⌒ et ⌒ joint à une lettre quelconque, indique un organe vu de nouveau sous une autre face.

Nota. Quelques lettres mentionnées ici ne se retrouvent point sur les planches d'arachnides; mais comme elles se rattachent au système général de signes adopté par M. Savigny, nous avons cru pouvoir les conserver. Nous remarquerons aussi qu'il existe quelques combinaisons, qui ne sont pas mentionnées ici, mais dont on trouvera l'explication en leurs lieu et place.

M. Walckenaër n'a embrassé dans son ouvrage sur les Araignées, que la famille des aranéides ou le genre *aranea* de Linné. M. Savigny a compris dans ses études, la classe des arachnides tout entière. Cette classe, partagée en deux ordres par M. Latreille[1], les ARACHNIDES PULMONAIRES et les ARACHNIDES TRACHÉENNES, comprend un petit nombre de familles auxquelles peuvent se rapporter les principaux genres figurés par M. Savigny, et dont voici la liste :

Araignées-Mygales.... ⎫
Ségestries......... ⎬ PLANCHE 1.
Tégénaires......... ⎪
Érigones.......... ⎭

Ulobores.......... ⎫
Eugnathes......... ⎬ PLANCHE 2.
Épéires........... ⎭

Épéires........... ⎫
Clothos.......... ⎪
Latrodectes........ ⎬ PLANCHE 3.
Pholques.......... ⎭

[1] *Règne animal de M. le baron Cuvier*, tome III, par M. Latreille.

Sphases............ ⎫
Lycoses............ ⎬ Planche 4.
Dolomèdes.......... ⎪
Érèses............. ⎭

Scytodes........... ⎫
Dysdères........... ⎪
Drasses............ ⎬ Planche 5.
Clubione........... ⎪
Thomises........... ⎭

Thomises............ Planche 6.

Thomises........... ⎫
                   ⎬ Planche 7.
Attes.............. ⎭

Scorpions.......... ⎫
Pinces............. ⎬ Planche 8.
Solpuges........... ⎭

Faucheurs.......... ⎫
                   ⎬ Planche 9.
Acarides ou Mites.. ⎭

Nota. Les planches 1 et 8 sont les seules qui aient été publiées par M. Savigny : toutes les autres n'avaient aucun numéro d'ordre; les espèces n'étaient point non plus numérotées ; il nous a donc fallu distinguer ces dernières, et reconnaître celles que M. Savigny avaient décrites dans son texte, afin de leur appliquer les numéros sous lesquels il les avaient citées. On conçoit que cette tâche n'a pas été une des plus faciles à remplir ; nous espérons cependant n'avoir commis aucune erreur dans la concordance des citations.

EXPLICATION SOMMAIRE
DES PLANCHES.

M. Savigny, dans les recherches détaillées qu'il a faites, a reconnu combien étaient naturels les genres établis par MM. Walckenaër et Latreille; et il s'est empressé de les admettre, sans cependant en conserver toujours la circonscription. Ainsi il a cru devoir créer souvent des genres aux dépens de ceux déjà formés; nous aurons soin de les mentionner, et d'en faire ressortir les caractères les plus importans, en transcrivant presque textuellement les descriptions de M. Savigny[1].

PLANCHE I.

ARAIGNÉES-MYGALES, SÉGESTRIES, TÉGÉNAIRES, ÉRIGONES.

Genre NÉMÉSIE, *NEMESIA.*

Fig. 1.

Les araignées mygales ou plus exactement le genre mygale de Walckenaër, rangé dans la famille des fi-

[1] Nous avons déjà dit que nous avions eu à notre disposition seulement en épreuve le commencement de la Description des arachnides, que l'auteur n'avait même pas corrigée; nous insistons sur cette observation, parce qu'il serait possible que quelqu'erreur se fût glissée dans le texte que nous reproduisons. Nous en avons reconnu un grand nombre, mais plusieurs nous ont sans doute échappé, malgré le soin scrupuleux apporté à la correction des épreuves.

leuses, section des territèles[1], comprend plusieurs espèces assez différentes, par certains points de leur organisation extérieure. M. Savigny l'a judicieusement observé, et il en a séparé les némésies. Ce nouveau genre a le thorax grand elliptique à sternum également elliptique; l'abdomen convexe, ovale, un peu en massue, terminé par quatre filières cylindriques, peu saillantes; les antérieures simplement biarticulées et infiniment plus petites que les postérieures.

Il a, de plus, les yeux disposés sur deux lignes transverses, rapprochées, courbées en devant, l'antérieure un peu plus que la postérieure; ces yeux inégaux, les latéraux antérieurs les plus gros de tous, les intermédiaires antérieurs ronds, les autres elliptiques, les quatre intermédiaires figurant un trapèze rétréci antérieurement, et les quatre latéraux, deux angles obtus parallèles, ouverts en dedans; les *forcipules* très-avancées, à dos arqué, bordé intérieurement de barbes mobiles, avec quelques lamelles alignées vers la base du crochet, à gouttière ciliée de soies très-fines, armée d'un rang de dentelures aiguës sur son bord interne, à crochet long, faiblement denticulé, courbé vers la pointe; les *mâchoires* sans aucune trace de lobe, palpe assez grand, ayant l'article cubital sensiblement plus court que le radial; le palpe mâle comprimé, à bouton excitateur petit, triarticulé, renflé, contourné, prolongé insensiblement en un filet arqué très-fin, sans autre conjoncteur; le

---

[1] *Règne animal de M. le baron Cuvier*, tome III, page 79.

palpe femelle terminé par un ongle simple; le *labre* très-étroit, descendu perpendiculairement sur la lèvre sternale, dont il atteint les bords, sans les dépasser, comprimé en toit, un peu arqué, garni de soies très-longues et très-fournies sur les côtés de son arête dorsale, tronqué et lisse en avant du palais, élevé à sa base supérieure en un mamelon légèrement velouté, muni d'une épichile carrée, un peu en cœur; la *lèvre sternale* très-convexe, demi-circulaire, échancrée au sommet; les *pieds* robustes, les deux antérieurs renflés dans le mâle, qui les a de plus armés, sous l'extrémité de leur article tibial, d'une apophyse aiguë et recourbée; la quatrième paire la plus longue de toutes, la première moins courte que la seconde et la troisième, qui sont égales entre elles, toutes hispides, avec les tarses peu sensiblement veloutés, munis d'ongles supérieurs, pectinés sur deux rangs dans le mâle, bidentés à la base dans la femelle, et d'un ongle inférieur très-simple.

I. 1. Nemesia cellicola, *Némésie cellicole.* Sav.

Cette espèce unique est voisine de la mygale pionière, *mygale fodiens* Walck., ou mygale de Sauvage, *mygale Sauvagesii* Latr.[1]

1.   2. Individu femelle grossi. 2', le même, grandeur naturelle.

Des environs d'Alexandrie. — Il avait le *thorax* gris; l'*abdomen* d'un roux-cendré, avec une bande festonnée, brune,

[1] Elle s'en distingue par la disposition des yeux, la longueur relative des articles des pieds, etc.

ARACHNIDES. PL. 1.

et deux séries de traits obliques, également bruns; les *forcipules* d'un gris obscur; les *pieds* d'un gris clair.

1. C. Le thorax du même individu, vu de profil : — ǽ, les yeux, compris entre les lignes moyennes des deux forcipules; — c, la forcipule, dont le crochet est ouvert : son carpe est presque égal à la moitié du thorax; — d, la mâchoire et son palpe, qui peut excèder le thorax d'un tiers.

1. ǽ. Les yeux du même, avec le bord facial du thorax, qui laisse entre eux et lui un espace étroit.

1. E. La bouche complète du même, vue par sa face postérieure : — c, les forcipules, dont le crochet est replié; — d, les mâchoires; — é, la lèvre sternale surmontée par le labre.

1. c. La forcipule gauche séparée, vue par sa face interne, offrant les quatre lamelles insérées vers la base dorsale du crochet, et les sept dents qui bordent la gouttière.

1. g f. L'extrémité du tarse d'un pied antérieur du même, très-grossie.

1. g-l. Les mesures comparatives des quatre paires de pieds du même, et des trois principales articulations de chaque pied : la hanche et la cuisse comprises dans la première de ces articulations.

Genre SÉGESTRIE, *SEGESTRIA.*

Fig. 2.

Ce genre, fondé par Latreille, appartient à la famille des fileuses, section des tubitèles[1], et offre pour

[1] *Règne animal de Cuvier*, tome III, page 81.

caractères distincts : six yeux, dont quatre en avant et deux en arrière; première paire de pieds, la plus longue de toutes; ensuite la seconde : la troisième paire la plus courte.

On ne connaît encore qu'un très-petit nombre d'espèces; celle figurée par M. Savigny n'est pas nouvelle.

I. 2. SEGESTRIA perfida, *Ségestrie perfide.* Walck.

>Cette espèce est la même que la ségestrie des caves de M. Latreille, *segestria cellaria*[1], ou l'*aranea florentina* de Rossi[2].

2.   *ı.* Individu femelle de grandeur naturelle.

>De l'intérieur des maisons d'Alexandrie. — Il avait le *thorax* brun-noir, soyeux; l'*abdomen* gris foncé, mêlé de brun, avec une bande longitudinale noire, découpée en triangles, dessinés sur un fond gris clair; les *forcipules* vertes; les *pieds* noirâtres, les antérieurs plus obscurs que les postérieurs.

2.   C. Le thorax du même individu grossi, représenté de profil pour montrer la hauteur relative de ses diverses régions et le degré d'inclinaison de ses forcipules et de ses mâchoires : — æ̇, les yeux, compris entre les axes des deux forcipules; — c, les forcipules; — d, les mâchoires, dont le palpe est à peine égal au thorax.

2.   æ̇. Les yeux du même, avec le bord facial du thorax a', très-grossis.

2.   E. La bouche du même, vue par sa face postérieure : — c, les forcipules, dont les crochets sont

---

[1] *Nouveau Dictionnaire d'histoire naturelle*, 2ᵉ édition, tome xxx, page 476.
[2] *Fauna etrusca.*

ARACHNIDES. PL. 1. 307

repliés; — d, les mâchoires, dont on a supprimé les palpes; — é, la lèvre sternale, qui est peu dépassée par le labre.

2. c. La forcipule gauche séparée, vue par sa face postérieure et interne, offrant ainsi les cinq dents qui bordent sa gouttière.

2. d. La mâchoire droite, vue par sa face supérieure.

2. é. La lèvre sternale, vue en dessous, laissant passer un peu le labre, dont elle reçoit le bout dans son échancrure.

2. é‴. Le labre, vu en dessus, garni de trois rangs complexes de poils, débordé des deux côtés par la lèvre sternale.

2. é. Le même labre, avec son diastôme séparé de la lèvre sternale, et très-grossi pour faire mieux distinguer la position des poils.

2. 2. Individu mâle de grandeur naturelle.

Des caves d'Alexandrie. — Il avait l'*abdomen* d'un gris plus clair que dans la femelle, un peu vineux, avec la bande dorsale formée d'une suite de triangles très-noirs.

2. d. Le palpe maxillaire du même individu : — *f*, son organe excitateur, dont le bouton est naturellement écarté de la valve et incliné sur l'article précédent.

2. g*f*. L'extrémité du tarse d'un pied antérieur du même : les ongles supérieurs ont chacun un peigne de douze dents.

2. g-l. Les mesures comparatives des quatre paires de pieds du même.

20.

Genre ARIADNE, *ARIADNA*.

Fig. 3.

Ce nouveau genre, voisin de celui des ségestries, paraît en différer essentiellement par les *yeux* inégaux, les deux intermédiaires plus gros, correspondant aux deux latéraux postérieurs, et représentant avec eux une ligne transverse faiblement courbée en devant, les quatre latéraux figurant deux lignes presque parallèles[1] ; par les *forcipules* très-inclinées, à gouttière courte sans dentelures et à crochet très-court; par les *mâchoires* un peu convergentes, très-rapprochées à leur sommet, à palpe un peu renflé dans la femelle; par le *labre* avancé sur la lèvre, qu'il dépasse très-sensiblement ; enfin, par la *lèvre sternale* beaucoup moins large que haute, mais rétrécie vers le sommet et très-exactement arrondie.

I. 3. ARIADNA insidiatrix, *Ariadne artificieuse.*

Cette espèce unique offre la conformation générale de la ségestrie perfide, et a, suivant M. Savigny, des habitudes semblables à l'*aranea insidiatrix* des Forskal.

3. *1*. Individu femelle grossi. *1'*, grandeur naturelle.

De l'intérieur des maisons d'Alexandrie. — Il avait le *thorax* brun-cendré; l'*abdomen* d'un cendré clair et soyeux, marqué à la base d'une tache oblongue plus obscure; les *pieds* roussâtres ; la paire antérieure plus brune, avec les tarses noirs.

---

[1] La disposition de ces yeux offre quelque conformité avec celle des disdères. (*Voyez* Walkenaër, Tableau des aranéides, page 47, et planche v, figure 5o.)

3.	B.	Le thorax du même individu, vu de face : — ǽ, les yeux, évidemment compris entre les axes des forcipules ; — c, les forcipules ; — d, les palpes maxillaires.
3.	ǽ.	Les yeux, avec le bord facial du thorax.
3.	E.	La bouche du même, vue par sa face postérieure : — c, les forcipules, dont le crochet est replié ; — d, les mâchoires et leur palpe, dont l'article digital est sensiblement renflé ; — é, la lèvre sternale dépassée par le labre.
3.	c.	La forcipule gauche séparée.
3.	g-l.	Les mesures comparatives des quatre paires de pieds du même.

Genre LACHÉSIS, *LACHESIS*.

Fig. 4.

Voisin des tégénaires et très-semblable aux agélènes par la disposition des yeux, ce nouveau genre présente des différences notables dans les *mâchoires,* dans les crochets des *forcipules,* etc. Le *thorax* est grand, rétréci antérieurement, en cœur inverse, avec le sternum presque orbiculaire ; l'*abdomen* est ovale, convexe, terminé par quatre filières cylindriques, saillantes en arrière : les antérieures sont distinctement triarticulées, beaucoup plus grandes que les postérieures.

Il a, de plus, les *yeux* rassemblés sur le bord antérieur du thorax, disposés sur deux lignes transverses, courbées en devant, sensiblement inégaux ; les intermédiaires antérieurs, et, après eux, les latéraux postérieurs, les plus gros de tous, les quatre intermédiaires figurant un trapèze faiblement retréci en arrière, et les quatre latéraux deux lignes très-divergentes; les *forcipules* légèrement avancées, renflées, peu coniques, sans dentelures, à crochets courts, très-aigus, ayant la pointe retournée et saillante en bas, dans le repos; les *mâchoires* convergentes un peu courbées, pointues, fortement carénées à leur face supérieure, à palpe assez grand, le palpe mâle ayant l'article cubital presque égal au radial, celui-ci surmonté d'une apophyse lancéolée; la valve digitale supérieure, semi-ovoïde, épaisse, très-concave, et le bouton excitateur plus court que la valve, fixé dans sa concavité, pourvu de deux conjoncteurs dirigés en avant, le principal naissant de la base, courbé et aminci par degrés, faiblement triarticulé, à dernier article long et délié; l'auxiliaire finissant en pointe terminale; le *labre* avancé parallèlement à la lèvre, beaucoup plus long, médiocrement épais, rétréci antérieurement, terminé en pointe obtuse et comme un peu tronquée, le dessus cilié sur son arête dorsale; muni, vers le bout, d'une épichile élargie de la base au sommet, soyeuse, légèrement échancrée au milieu, avec une petite pointe triangulaire; le dessous caréné en avant du palais et garni de quelques poils; la *lèvre sternale* moins large que haute, exactement arrondie au sommet; les *pieds* robustes, décroissant graduellement, du moins dans le mâle, de la quatrième paire à la première; à tarses munis de deux ongles supérieurs exactement et finement pectinés, et d'un ongle inférieur simple, courbé dès sa base, recourbé en dessus à la pointe.

I. 4. LACHESIS perversa, *Lachésis perverse.*

 Cette espèce est, jusqu'à présent, la seule connue.

4. *z.* Individu mâle grossi. *z'*, grandeur naturelle.

 Des environs du Kaire. — Il avait tout le *corps* roux sans tache, l'*abdomen* d'un roux plus cendré, les *pieds* d'un roux plus pâle.

4. B. Le thorax du même individu, vu de face : — *ǽ*, les yeux, qui dépassent à peine les deux côtés de l'axe des forcipules ; — *c*, les forcipules, avec leur crochet *f* naturellement retourné.

4. *ǽ*. Les yeux du même très-grossis, avec le bord facial du thorax *a'*.

4. *E*. La bouche du même, vue par sa face postérieure : — *c*, les forcipules, dont le crochet est naturellement retourné ; — *d*, les mâchoires, avec leur palpe terminé par le bouton excitateur *f*, qui est appliqué contre sa valve ; — *é*, la lèvre sternale dépassée par le labre.

4. *c*. La forcipule gauche, séparée et vue par sa face postérieure : — *f*, son doigt ou crochet.

4. *d*. La mâchoire droite, vue par sa face antérieure ou supérieure.

4. *é*. La lèvre sternale, vue par sa face inférieure, recouvrant le labre qui la dépasse au sommet.

4. *é͡*. Le labre et les mâchoires découverts, vus par leur face supérieure, dans leur disposition relative : — *d*, les mâchoires, dont on a supprimé les palpes.

4. *gf*. Le bout du tarse d'un pied antérieur du même :

les ongles supérieurs ont chacun un peigne de quinze dents.

4. g-l. Les mesures comparatives des quatre paires de pieds du même.

Genre TÉGÉNAIRE, *TEGENARIA.*

Fig. 5.

Le genre tégénaire ou celui des araignées propres, *aranea* Latr., a été institué par M. Walckenaër, qui l'a restreint à un petit nombre d'espèces, tandis que M. Latreille lui a réuni depuis [1] les agélènes et les nysses. En lui assignant ces limites, ce genre offre pour caractères essentiels : huit *yeux* à la partie antérieure du corselet, placés quatre par quatre sur deux lignes transversales arquées (les latéraux plus rapprochés du bord antérieur du corselet, et les quatre du milieu formant un carré plus reculé); des *forcipules* presque droites, à gouttière oblique, bordée de deux rangées de dents aiguës; *mâchoires* droites et presque terminées en forme de palettes; *lèvre* carrée, tantôt plus haute que large, tantôt aussi large ou presque aussi large que haute, les deux filiaires supérieures très-saillantes; *pattes* allongées, la première et la dernière paires plus longues. L'espèce figurée par M. Savigny est très-commune dans nos maisons.

I. 5. Tegenaria domestica, *Tégénaire domestique.* Walck.

Cette espèce, connue sous le nom d'*araignée domestique*,

[1] *Règne animal de Cuvier*, tome III, page 82.

ARACHNIDES. PL. 1.   313

a été représentée par Clerck, Lister et Degeer ; mais aucune figure n'a été aussi scrupuleusement faite que celle que l'on voit ici.

5.   *z*. Individu femelle de grandeur naturelle.

Des maisons d'Alexandrie. — Il était d'un gris-fauve, tirant au violet, avec le *thorax* marqué de deux bandes brunes et de huit points marginaux bruns ; le milieu de l'*abdomen* orné d'une bande fauve, découpée sur un fond noirâtre, à découpures très-pâles, les antérieures changées en taches blanches ; les côtés traversés par plusieurs rangées obliques de petits traits noirâtres ; les *pieds* plus clairs, annelés de brun.

5.   C. Le thorax du même individu, vu de profil : — *æ*, les yeux.

5.   *æ*. Les yeux du même très-grossis, avec le bord facial du thorax.

5.   E. La bouche du même, vue par sa face postérieure, offrant les forcipules, les mâchoires et la lèvre sternale.

5.   c. La forcipule gauche, détachée et vue par sa face postérieure : elle est armée de huit dents aiguës.

5.   d. La mâchoire gauche.

5.   é. La lèvre sternale, vue en dessous et recouvrant le labre.

5.   é. La même lèvre, retournée et laissant voir le labre, auquel elle est réunie.

5.   *g f*. Le bout du tarse d'un pied antérieur du même : les ongles supérieurs ont chacun un peigne de onze dents.

5.   g-l. Les mesures comparatives des quatre paires de pieds du même.

5.   F. Les six filières du même, vues par leur face postérieure, et l'anus. On n'aperçoit point l'ar-

ticle radical des filières, dont les deux plus longues sont distinctement articulées vers le milieu, pointues; et les quatre plus courtes obscurément articulées vers le bout, obtuses.

Genre ARACHNÉ, *ARACHNE.*

Fig. 6 et 7.

Cette distinction générique, établie par M. Savigny, ne paraît basée que sur des caractères peu différens de ceux des tégénaires; c'est ainsi que le thorax, qui est en cœur inverse, paraît plus allongé, que l'abdomen, en tout semblable, offre seulement des *filières* supérieures, relativement plus saillantes, et que les forcipules, au moins dans la seconde espèce, ont un moins grand nombre de dents sur le bord de la gouttière.

Il a, de plus [1], les *yeux* rassemblés au bord antérieur du thorax, sur deux lignes transverses courbées en devant, l'antérieure beaucoup moins que la postérieure; ces mêmes yeux inégaux, les intermédiaires antérieurs plus grands, les quatre intermédiaires figurant un carré long, et les quatre latéraux deux lignes parallèles; les *forcipules* tronquées obliquement, à gouttière bordée de deux rangs de dents aiguës, et à crochet long, très-relevé dans le repos; les *mâchoires* presque parallèles, à palpe médiocre; le palpe mâle ayant l'article cubital et le radial égaux, la valve digitale supérieure, ovale-oblongue,

[1] Suivant M. Savigny.

terminée en cône, et le bouton excitateur plus court que la valve, muni de trois conjoncteurs dirigés en avant, le principal naissant de la base, dont il suit le contour, aminci par degrés, faiblement triarticulé, à dernier article long et délié, courbé à la pointe; le premier auxiliaire petit, très-aigu, courbé en sens contraire du précédent, mais reçu de même, à son extrémité, dans la concavité du second auxiliaire, qui est grand et disposé en cuilleron terminal; le palpe femelle ayant l'article cubital beaucoup plus court que le radial et le digital, terminé par un ongle dentelé; le *labre* plus long que la lèvre, conformé d'ailleurs comme dans les *tégénaires;* la *lèvre sternale* moins large que longue, rétrécie insensiblement presque dès la base, arrondie et faiblement échancrée au sommet; les *pieds* grands, proportionnés à peu près de même dans les deux sexes, la quatrième paire plus longue que les autres, qui sont presque égales entre elles; la première, la troisième et la seconde successivement plus courtes : toutes à tarses munis de deux ongles supérieurs exactement pectinés, et d'un ongle intérieur faiblement denté.

I. 6. A‌RACHNE familiaris, *Arachné familière.*

Cette espèce offre à peu près la conformation de la suivante, et partage avec elle les caractères essentiels.

6.   2. Individu femelle grossi. 2', grandeur naturelle.

Des maisons de Rosette. — Il était roux-cendré, avec deux

bandes obscures peu marquées sur le *thorax*, trois rangées de taches plus obscures sur l'*abdomen*, celles du milieu triangulaires, et des anneaux bruns à tous les *pieds*.

I. 7. Arachne timida, *Arachné timide*.

7. *z*. Individu mâle grossi. *z'*, grandeur naturelle.

Des jardins de Rosette. — Il avait le *thorax* gris, soyeux; l'*abdomen* roux pâle, les pieds d'un roux plus pâle encore, sans taches.

7. B. Le thorax d'un individu femelle, vu de face : — *æ*, les yeux.

7. *æ*. Les yeux de l'individu précédent très-grossis, avec le bord facial du thorax.

7. E. La bouche de l'individu mâle, vue par sa face postérieure : — c, les forcipules; — d, les mâchoires; *f,* le bouton excitateur renfermé dans sa valve; — é, la lèvre sternale dépassée par le labre.

7. c. La forcipule gauche séparée, offrant cinq dents aiguës sur deux rangs.

7. g-l. Les mesures comparatives des pieds du même.

Genre HERSILIE, *HERSILIA*.

Fig. 8.

Ce nouveau genre, dont les yeux offrent quelques ressemblances avec ceux des dolomèdes, et qui, par la disposition des mâchoires, se rapproche davantage des théridions, présente une conformation avec les deux genres précédens dans la longueur des deux filières supérieures, qui est excessive; mais un examen attentif fait découvrir que ses ongles sont à peu près dépourvus de peignes, et ce caractère distinctif démontre encore qu'il diffère par son industrie. Le thorax est sous-orbiculaire, retréci et élevé verticalement sur le devant; le sternum est ovale, terminé postérieurement en pointe; l'abdomen est ovale déprimé, exactement terminé par six filières conico-cylindriques, saillantes en arrière, les plus longues sont distinctement triarticulées.

Il a, de plus, les *yeux* rassemblés sur l'éminence antérieure du thorax, disposés sur deux lignes transverses recourbées en arrière, inégaux, les intermédiaires antérieurs plus grands, les latéraux antérieurs extrêmement petits, les quatre intermédiaires figurant un carré parfait, et les quatre latéraux deux lignes parallèles; les *forcipules* abaissées perpendiculairement, petites, coniques, à gouttière oblique, armée d'un seul rang de dentelures, et à crochet très-relevé dans le repos; les *mâchoires* très-convergentes et très-inclinées sur la lèvre, petites, oblongues, rétrécies et contiguës à leur sommet, à palpe petit, ayant dans la femelle l'article cubital sensiblement plus court que le radial, le digital armé d'un ongle simple, le *labre* incliné sur la lèvre, un peu plus long; la *lèvre sternale* courte, transverse, arrondie sur les côtés, très-faiblement rétrécie au sommet; les *pieds* grands, à l'exception de la troisième paire, la première paire, la seconde et la quatrième successivement un peu moins longues, du moins dans la femelle, la troisième très-courte, dépassant à peine, lorsqu'elle est étendue, le premier article tibial des précédens; toutes à tarses de trois articles, le second de ces articles égal au dernier, qui est muni de deux ongles supérieurs bidentés à la base, d'un ongle inférieur simple et de deux soies plantaires qui ont des dentelures en scie.

I. 8. Hersilia caudata, *Hersilie porte-queue.*

8. *z.* Individu femelle grossi. *z'*, grandeur naturelle.

> Des environs du Kaire. — Il était roux, avec le *thorax* marqué de deux bandes dorsales brunes, et bordé de taches de la même couleur; l'*abdomen* varié sur le milieu de deux rangées contiguës de taches cannelées brunes, et, sur les côtés, de traits bruns obliques; les *pieds* annelés de brun.

8. B. Le thorax du même individu, vu de face : — *æ*, les yeux, qui occupent tout l'espace compris entre les deux lignes extérieures des forcipules.

8. *æ.* Les yeux du même, très-grossis, avec le bord facial du thorax.

8. E. La bouche du même, vue par sa face postérieure : — *c*, les forcipules; — *d*, les mâchoires; — *é*, la lèvre sternale dépassée par un labre très-obtus.

8. *c.* La forcipule gauche détachée, offrant sur le bord antérieur de la gouttière trois dents aiguës.

8. *g f.* Le bout d'un pied antérieur du même, auquel on remarquera, outre les ongles, deux soies courbées en *S*, et dentées en scie.

8. g-l. Les mesures comparatives des quatre paires de pieds du même.

Genre ÉRIGONE, *ERIGONE.*

Fig. 9.

Ce genre curieux offre une grande analogie avec les théridions, par la disposition des yeux ; mais une comparaison directe des organes de la bouche semble suffisant pour en établir la distinction.

Si on l'examine avec soin, on voit qu'il a les *yeux* rassemblés sur le sommet antérieur de la convexité du thorax, disposés sur deux lignes transverses, un peu courbées, l'antérieure moins que la postérieure; ces yeux presque égaux, les intermédiaires antérieurs un peu plus gros, les quatre intermédiaires figurant un carré parfait, et les quatre latéraux deux lignes divergentes ; les *forcipules* abaissées perpendiculairement, ou plutôt dirigées sensiblement en arrière, renflées à leur base supérieure, fort rétrécies et comme étranglées près du crochet, garnies sur le côté extérieur, mais dans le mâle seulement, d'une rangée d'épines, pourvues d'une gouttière très-oblique, bordée de deux rangs de longues dentelures et d'un crochet très-relevé dans le repos; les *mâchoires* convergentes, très-inclinées sur la lèvre, larges et renflées à leur base, terminées presque en pointe et contiguës au sommet, à palpe grand; le palpe mâle, très-grand, ayant l'article huméral long, courbé, épineux, le cubital dilaté en appendice et tronqué au sommet, égal au radial, qui est un peu moins dilaté, mais également tronqué; la valve digitale interne, ovale-oblongue, échancrée postérieurement à son bord supérieur, munie à sa base externe d'une apophyse cornée, recourbée, dilatée vers le bout, et le bouton excitateur égal à la valve libre, corné, renflé, pourvu à son sommet de trois conjoncteurs saillans en avant, le principal triarticulé, à article gros et compliqué, à dernier article légèrement courbé, pointu; le premier auxiliaire oblong, terminé par trois pointes obtuses, le second auxiliaire demi-membraneux, spatulé; le palpe de la femelle terminé par un ongle pectiné; le *labre* incliné, très-épais, très-haut à son bord antérieur, qui est arrondi au sommet, et surmonte de beaucoup la lèvre, cilié sur son arête dorsale, et muni d'une épichile assez près du bout; la *lèvre sternale* moins longue que large, très-arrondie des deux côtés, presque dès sa base, échancrée au sommet, à sous-palais étroit; les *pieds* assez grands, autrement proportionnés dans les deux sexes : dans le mâle, la première paire, la seconde, la quatrième, la troisième; dans la femelle, la quatrième, la première, la seconde et la troisième successivement plus courtes; les cuisses de la première paire du mâle garnies d'un rang d'épines en dessous.

I. 9. ERIGONE vagans, *Érigone errante*.

 Cette espèce, fort singulière, a été retrouvée par M. Savigny, aux environs de Paris, sur les barrières du petit parc de Versailles.

9. *z*. Individu mâle très-grossi. *z'*, grandeur naturelle.

Des jardins du Kaire. — Il avait le *thorax* rouge, testacé; l'*abdomen* brun-noirâtre, soyeux; les *pieds* testacés.

9. B. Le thorax du même individu, vu de face, montrant les six épines rangées sur le bord extérieur de chaque forcipule : — æ′, les yeux.

9. C. Le même thorax vu de profil : — æ, les yeux; — c, la forcipule; — d, le palpe maxillaire.

9. æ. Les yeux du même très-grossis, avec le bord facial du thorax, qui laisse entre eux et lui un large bandeau : ces yeux représentent ici deux lignes courbées en devant; mais il suffit d'iucliner un peu le thorax pour leur voir figurer deux lignes opposées par leur concavité.

9. E. La bouche du même, vue par sa face postérieure: — c, les forcipules; — d, les mâchoires; — é, la lèvre sternale qui est très-dépassée par le labre.

9. c. La forcipule droite séparée, offrant les neuf longues dentelures de la gouttière, alignées sur deux rangs.

9. g. Un pied antérieur du même individu mâle.

9. g-l. Les mesures comparatives des quatre paires de pieds du même.

PLANCHE 2.

ULOBORES, EUGNATHES, ÉPÉIRES.

Genre ULOBORE, *ULOBORUS*.

FIG. 1.

Le genre ulobore, fondé par M. Latreille, offre une analogie frappante avec celui des eugnathes de M. Savigny, ou tetragnathes des auteurs; cependant il s'en éloigne par les yeux situés sur le bord antérieur du thorax, disposés sur deux lignes transverses, un peu courbées en sens contraire, et plus écartées à leur extrémité; par les mâchoires à lobe élargi et arrondi, et par des forcipules très-courtes. Les ulobores sont rangés, par M. Latreille[1], dans la quatrième section des fileuses, celle des orbitèles ou des araignées tendeuses. Ils occupent le centre de leur toile, et leurs pieds sont alors disposés comme ceux des eugnathes, c'est-à-dire que les deux premières paires se portent en avant, tandis que la quatrième paire est dirigée en arrière et la troisième transversalement : quelques figures représentent cette disposition.

II. 1. ULOBORUS flavus, *Ulobore jaune.* Sav.

1.   2. Individu femelle, vu en dessus, grossi. 2′, grandeur naturelle.

>   Des environs de Rosette. — Il avait le *thorax* blanchâtre et soyeux, le dessus de l'*abdomen* d'un jaune vif, velouté, à villosités divisées par petits compartimens visibles à la loupe; le dessous d'un jaune pâle, avec une bande obscure fort peu marquée, lisérée de jaune-blanchâtre; les *pieds* blanchâtres, entourés d'anneaux plus clairs.

1.   2. Autre individu femelle plus grossi, vu de profil. 2′, grandeur naturelle.

>   Des jardins du Kaire. — Il ressemblait au précédent par ses couleurs.

1.   ǽ. Les yeux du second individu, vus exactement

---

[1] *Règne animal de Cuvier*, tome III, page 88.

en dessus, avec le bord facial du thorax a',
dont ils sont séparés par un étroit bandeau.

1. *E*. La bouche du même, vue par sa face postérieure:
— c, les forcipules; — d, les mâchoires; —
é, la lèvre sternale très-dépassée par le labre.

1. *c*. La forcipule gauche détachée, dont la gouttière
offre deux rangées de cinq dentelures.

1. *g-l*. Les mesures comparatives des quatre paires de
pieds du même, et de leurs divisions principales, la hanche et la cuisse comprises dans la
première de ces divisions.

Genre EUGNATHE, *EUGNATHA*.

Fig. 2, 3, 4.

M. Savigny a cru devoir substituer le nom d'eugnathe à celui de tetragnathe; mais il a conservé la circonscription de ce genre très-naturel, fondé par M. Latreille, et dont les caractères distinctifs sont d'avoir les yeux situés au bord antérieur du thorax, et disposés sur deux lignes transverses presque parallèles, faiblement courbées en arrière; des mâchoires à lobes allongés, et des forcipules très-longues. Ces arachnides ont du reste une conformité frappante avec les ulobores: elles se tiennent, comme elles, au centre de leur toile, et donnent à leurs pieds la même disposition; ce qui les fait reconnaître au premier abord.

II. 2. EUGNATHA nitens, *Eugnathe brillante*.

M. Savigny observe que cette eugnathe et les deux suivantes diffèrent évidemment de deux espèces que l'on trouve aux environs de Paris, dont une, l'eugnathe étendue est connue depuis long-temps, et dont l'autre, qu'il nomme eugnathe chrysochlore, est encore inédite.

2. *1.* Individu femelle, grossi. *1′*, grandeur naturelle.

Des environs de Rosette.—Il avait, en dessus, le *thorax* d'un roux pâle et soyeux, avec deux raies blanchâtres; l'*abdomen* gris tirant au violet, orné du dessin d'une feuille très-oblongue, sinuée antérieurement, crénelée postérieurement, d'un gris nébuleux, liséré de noirâtre, divisé sur la longueur par une nervure ou plutôt par un disque intérieur lancéolé, découpé des deux côtés en trois dents correspondant aux trois principaux angles du disque extérieur, d'un roux doré, également bordé de noirâtre, et subdivisé lui-même par une ligne formée de deux traits en losange en dessus; le *sternum* roussâtre; le dessous de l'*abdomen* d'un jaune doré, avec une bande noire bordée de jaune très-clair, et terminée en pointe aux filières; les *pieds* d'un roux clair, avec des anneaux blanchâtres peu marqués.

2. *2.* L'abdomen du même individu séparé du thorax et retourné.

On remarque fort bien sur cette figure, que les courtes villosités auxquelles l'abdomen doit son éclat, sont divisées par petits compartimens.

2. B. Le thorax du même, vu de face : — *œ*, les yeux, qui en occupent toute la largeur et débordent des deux côtés la ligne extérieure des forcipules; — c, les forcipules; — d, les palpes maxillaires.

2. E. La bouche du même, vue par sa face postérieure : — c, les forcipules, qui, quoique fermées, dépassent de beaucoup l'article cubital des palpes maxillaires; — d, les mâchoires, dont le palpe serait moins long que les forci-

pules, si les crochets de celles-ci étaient ouverts; — e', la lèvre sternale très-dépassée par le labre.

2. c. La forcipule gauche détachée : elle n'a pas moins de dix-huit dents sur deux rangées de neuf chacune; les quatre dents supérieures un peu isolées.

2. d. La mâchoire droite, dont le sommet est armé de trois petites dents.

2. e'. Le labre détaché de la lèvre sternale : il est caréné et sans poils.

2. e. La lèvre sternale (biarticulée).

II. 3. EUGNATHA pelusia, *Eugnathe pélusienne.*

Cette espèce a la conformation générale de la précédente; elle offre aussi les mêmes caractères essentiels.

3. 1. Individu femelle encore jeune, vu en dessus, grossi. 1', grandeur naturelle.

De l'île de Rosette. — Il différait de l'individu suivant par son *thorax* brun, marqué de deux bandes d'un jaune pâle.

Ses *forcipules* étaient courtes, très-inclinées et fort semblables à celles des ulobores; ce n'est que par l'âge qu'elles atteignent un développement excessif.

3. 2. Autre individu femelle[1] adulte, grossi et vu de profil. 2', grandeur naturelle.

Des îlots du lac Menzaleh. — Il avait, en dessus, le *thorax* d'un jaune pâle et soyeux, avec deux raies blanchâtres

[1] M. Savigny avait d'abord représenté cet individu avec les palpes du mâle; depuis, il a fait supprimer le renflement qui caractérise ce sexe, et il en a fait une femelle. Le signe du mâle est resté joint au numéro de la figure, mais c'est à tort; on devra le remplacer par le signe de la femelle, ♀.

peu marquées; l'*abdomen* orné d'une feuille linéaire, d'un jaune mêlé de roux, découpé des deux côtés en sept festons bordés de brun, et encadré de jaune doré clair; le premier et le second festons petits, le troisième grand, demi-orbiculaire, séparé de son opposé par une nervure rousse; les suivans et leurs opposés réunis en cœur, presque égaux en dessous; le *sternum* blanchâtre; le dessous de l'*abdomen* jaunâtre, bordé sur les côtés d'un trait obscur qui suivait les contours de la feuille dorsale, et divisé sur son milieu par une bande obscure terminée postérieurement en pointe; les *pieds* d'un jaune très-pâle.

3. *æ*. Les yeux du même individu, vus en dessus, avec le bord facial du thorax.

3. *E*. La bouche d'un individu mâle, vue par sa face postérieure : — c, les forcipules assez fortement courbées en dehors, armées de vingt-deux dents sur deux rangées de onze chacune, sans compter trois autres dents ou épines plus longues, rapprochées du crochet; — d, les mâchoires avec leur palpe; —*f*, l'organe excitateur; — é, la lèvre sternale très-dépassée par le labre.

3. *df*. L'organe excitateur séparé, vu par sa face extérieure : on remarque la valve et son apophyse, et le bouton couronné par ses conjoncteurs. L'examen des deux figures fait voir le palpe du mâle à valve digitale interne, étroite, légèrement échancrée des deux côtés, pourvue à son insertion externe d'une apophyse mobile, lancéolée; et à bouton excitateur, supporté par la base épaissie de sa valve, plus large qu'elle, plus court, libre, globuleux, couronné par

deux conjoncteurs contournés et avancés (et, à ce qu'il paraît, par un troisième fort court); le conjoncteur principal très-long, triarticulé, sétacé, roulé séparément en un tour de spire, et reçu ensuite dans une rainure dorsale de l'auxiliaire, qu'il dépasse à la pointe; le conjoncteur auxiliaire grand, rétréci graduellement de la base au sommet, prismatique, concave en dessus, terminé par une pointe torse.

3.   g-l. Les mesures comparatives des pieds du même.

II 4. EUGNATHA filiformis, *Eugnathe filiforme*.

Cette espèce est remarquable par son abdomen filiforme, terminé en pointe et par ses yeux dont les quatre intermédiaires sont un peu plus gros que les quatre latéraux.

4.   *z*. Individu femelle grossi. *z'*, grandeur naturelle.

De l'intérieur du Delta. — Il avait le *thorax* d'un gris argenté; l'*abdomen* d'un jaune vif, divisé sur la longueur, en dessus par une ligne obscure; les *pieds* d'un gris livide.

4.   æ. Les yeux du même individu, avec le bord facial du thorax, vus un peu en devant: ils figurent, dans cette position deux lignes courbées en sens contraire, et rapprochées par leur convexité.

4.   ǽ. Les mêmes yeux plus inclinés, et vus exactement en dessus: ils représentent, dans cette position, deux lignes courbées l'une et l'autre en arrière, l'antérieure moins que la postérieure.

Genre ARGYOPE, *ARGIOPE*.

Fig. 5, 6, 7.

Ce nouveau genre, établi par M. Savigny, offre les plus grands rapports avec les épéires, aux dépens desquelles il nous paraît formé; ses caractères distinctifs sont tellement fugaces, qu'on ne découvre de différence notable que dans les yeux latéraux antérieurs, beaucoup plus petits que les autres, tandis que, dans le genre épéire, ces yeux égalent et même surpassent en grosseur les yeux latéraux postérieurs, qui sont les plus petits de tous. M. Savigny a décrit très au long l'organisation extérieure des argyopes, et principalement celle de l'argyope aurélie. On peut extraire, de cette description, les caractères suivans : *thorax* déprimé, large, rétréci seulement vers les yeux, avec le sternum en cœur; l'*abdomen* plus ou moins allongé dans les mâles, qui sont toujours très-petits, allongé aussi dans les jeunes femelles, mais arrondi en ovale dans les femelles adultes, peu convexe, marqué de plusieurs paires successives de points enfoncés, disposés sur les intersections des segmens. Ces points enfoncés manquant à la jonction du troisième segment avec le quatrième, et à celle du sixième avec le septième (ceux de la seconde et surtout de la troisième paire sont généralement plus gros que ceux des paires suivantes)[1]; les filières non saillantes situées très-inférieurement à

---

[1] Des points semblables se manifestent sur l'abdomen de beaucoup d'araignées; mais ils sont quelquefois difficilement visibles.

l'abdomen; les deux intérieures fort petites, recouvertes par les quatre extérieures, qui sont articulées, larges, triangulaires, et qui convergent en rayons vers l'anus. Elles ont, de plus, les *yeux* situés au bord antérieur du thorax, disposés sur deux lignes transverses contiguës à leur extrémité; la ligne antérieure droite, la postérieure très-courbée; les yeux inégaux, les intermédiaires postérieurs un peu moins gros, et les latéraux antérieurs beaucoup plus petits que les autres, les quatre intermédiaires figurant un quadrilatère moins large que long, faiblement rétréci en devant, et les quatre latéraux, deux courtes lignes divergentes; les *forcipules* abaissées perpendiculairement, renflées à leur base antérieure, coniques, à gouttière oblique bordée de deux rangs de dents aiguës, et à crochet très-relevé dans le repos; les *mâchoires* parallèles, larges, dilatées à leur bord extérieur, très-arrondies, écartées à leur sommet, à palpe médiocre; le *palpe* mâle ayant l'article cubital égal au radial, celui-ci court, cupulé; la *valve* digitale interne, ovale-oblongue, pourvue à la base externe d'une apophyse grêle, recourbée, et un peu dilatée vers le bout, et le bouton excitateur presque égal à la valve, conformé vraisemblablement comme dans l'*argyope fasciata*, ou *aranea fasciata* de Fabricius (c'est-à-dire renflé, corné, pourvu de trois conjoncteurs, dont le principal est totalement replié dans l'inaction, tandis que les deux auxiliaires sont saillans parallèlement en dessous; le conjoncteur principal grand, allongé, distinctement triarticulé, à dernier article plus court que le pénultième, arqué, courbé brusquement à la pointe; le premier auxiliaire ovale, plus large au sommet, pectiné sur ses bords, concave et armé, vers le bout de la concavité, d'un long crochet vertical; le second auxiliaire demi-membraneux, en spatule oblongue, peu concave, légèrement crénelé); le *palpe* femelle ayant l'article cubital court, le radial long, et le digital terminé par un ongle pectiné; le *labre* médiocrement avancé sur la lèvre sternale, dépassé par elle, très-haut, rétréci en angle par devant, et brusquement incliné, garni sur les côtés de soies longues et touffues, qui convergent vers son angle antérieur, et pourvu supérieurement d'une épichile large, comme échancrée en cœur, dont le milieu, prolongé en pointe longue et subulée, est chargé d'un bouquet de soies; la *lèvre sternale* beaucoup moins haute que large, demi-circulaire, avec le sommet légèrement avancé en pointe, recourbée vers le palais; les *pieds* grands, proportionnés de même dans les deux sexes; la première paire, la seconde, la quatrième successivement un peu moins longues; la troisième courte, atteignant néanmoins, lorsqu'elle est étendue, l'extrémité des jambes des précédentes; les *tarses* munis de deux ongles supérieurs régulièrement pectinés, mais à dents peu nombreuses et d'un ongle inférieur, grand, simple, courbé fortement dès sa base, et recourbé à la pointe, qui est reçue entre deux soies plantaires très-grosses, dentées en scie, courbées, aiguës.

II. 5. ARGYOPE aurelia, *Argyope aurélie.*

Cette espèce, fort commune dans la France méridionale, l'Espagne, l'Italie, etc., est la même que l'*aranea trifasciata* de Forskal, que l'on a confondue avec l'*aranea fasciata* de Fabricius, qui est cependant fort distincte.

5.   *1.* Individu mâle assez voisin de l'état parfait, grossi. *1'*, grandeur naturelle.

Des environs du Kaire. — Il avait, en dessus, le *thorax* d'un blanc argenté; l'*abdomen* d'un fauve pâle, rayé transversalement, mais très-peu distinctement de brun, marqué, sur la longueur, de deux doubles raies sinuées noirâtres, et, sur son extrémité, de quatre petits traits roux croisés postérieurement par d'autres traits de la même couleur : en dessous, le *thorax* brun clair, les côtés de l'abdomen rayés transversalement de fauve et de brun, le milieu d'un noir profond, séparé des côtés par deux bandes d'un jaune clair, assez prolongées pour comprendre et entourer les filières ; les *pieds* fauves, faiblement annelés de brun.

5.   *æ.* Les yeux du même individu, avec le bord facial du thorax : ces yeux, les deux petits latéraux exceptés, sont presque d'égale grandeur.

5.   *df.* Les trois derniers articles d'un palpe du même : le cubital et le radial sont courts, le digital, simplement renflé, n'offre pas encore l'organe excitateur.

5.   *2.* Individu femelle de grandeur naturelle.

Des environs d'Alexandrie. — Il avait, en dessus, le *thorax* d'un blanc argenté, très-brillant ; l'*abdomen* divisé, par des lignes d'un noir velouté, en neuf à dix segmens transverses, alternativement argentées et dorées ; les derniers

332   EXPLICATION DES PLANCHES.

coupés longitudinalement par quatre traits noirâtres : en dessous, le *thorax* brun vineux, avec une croix jaune ; les côtés de l'abdomen variés d'ondulations brunes et cendrées, le milieu noir, séparé des côtés par deux bandes blanches, et orné de quatre points de la même couleur ; les filières entourées de blanc ; les *pieds* d'un rouge vineux, annelés de noir, hérissés de poils également noirs.

5.   *C.*   Le thorax du même individu, vu de profil : — æ, les yeux ; — c, la forcipule ; — d, la mâchoire.

5.   æ.   Les yeux du même, vus exactement en dessus, avec le bord facial du thorax.

5.   *E.*   La bouche du même, vue par sa face postérieure : — c, les forcipules ; — d, les mâchoires ; — e', la lèvre sternale qui n'est point dépassée par le labre.

5.   c.   La forcipule droite séparée, offrant les six dents qui bordent la gouttière.

5.   d.   La mâchoire droite : on remarquera surtout la largeur de la partie ciliée.

5.   e'.   La lèvre sternale vue par-dessous.

5.   é͡.   Cette même lèvre sternale, vue en dessus, offrant le labre tout entier, qui est, de même que les mâchoires, très-garni de cils : on distingue ce labre et l'épichile.

5.   g-*l.*   Les mesures comparatives des quatre paires de pieds du même.

5.   ··m.   L'épigyne du même, vue de profil : les parties dont elle se compose sont distinguées par des lettres dans la figure suivante.

5.   ··m̃.   La même épigyne relevée et faisant voir, de face,

deux ouvertures qui communiquent avec deux cavités plus intérieures, dans lesquelles les conjoncteurs se retirent ; ces conjoncteurs, invisibles à l'extérieur, sont fort différens de ceux du mâle, mais ils ne sont pas moins compliqués ; sur le dos de l'épigyne, entre les deux grandes ouvertures, se trouve un petit pore longitudinal, sessile dans ce genre, et que nous verrons, dans celui des épéires, porté par un prolongement particulier.

σσ sont les deux grandes ouvertures ; — ττ sont deux feuillets ou replis membraneux, situés entre elles et l'issue de l'organe sexuel, qui est recouverte par une petite valvule.

5. ··t. Le cocon du même individu, contenant ses œufs : il présente la forme d'un sphéroïde tronqué supérieurement, et dont la face aplatie est entourée d'un rebord à quatre ou cinq pointes saillantes. Ce cocon était d'un vert sombre.

5. – 3. Autre individu femelle, vu en dessous.

Des environs du Kaire. — Il offrait les couleurs du précédent.

5. B. Le thorax du même individu, vu de face : les yeux occupent presque toute la largeur du thorax ; ils sont néanmoins compris entre les deux lignes extérieures des forcipules ; les deux intermédiaires antérieurs sont portés sur une éminence transverse, et les deux latéraux de chaque côté, sur un tubercule oblique ; — c, les forcipules ; — d, les palpes maxillaires.

5. g*f*. L'extrémité du tarse d'un pied antérieur du

même : le peigne de chaque ongle supérieur n'a pas plus de quatre dents.

II. 6. ARGYOPE sericea, *Argyope satinée.*

Cette espèce diffère de la précédente par la configuration de son *abdomen*, échancré légèrement à sa base, terminé en arrière par un angle saillant, et découpé des deux côtés en quatre à cinq autres angles, peu prononcés dans les mâles, qui sont toujours très-petits, mais dont les trois intermédiaires ressemblent, dans les femelles, à de gros mamelons.

Ses *yeux* latéraux postérieurs sont plus petits à proportion des intermédiaires; les quatre intermédiaires figurent un carré moins sensiblement rétréci en devant.

6. 1. Individu femelle encore éloigné de l'état parfait, grossi. — 1', grandeur naturelle.

Des environs d'Alexandrie. — Il avait, en dessus, le *thorax* d'un blanc argenté; l'*abdomen* d'un blanc argenté sur le milieu, d'un fauve doré sur les côtés, marqué de deux lignes brunes exactement marginales, qui suivaient les arêtes et les sinuosités des angles, et de deux lignes fauves, un peu plus intérieures : en dessous, le *thorax* brun, marqué d'une tache jaune, allongée; les côtés de l'*abdomen* ondés de jaunâtre et de brun; le milieu brun, séparé des côtés par deux bandes jaunes, trop courtes pour entourer postérieurement les filières, et marqué, en avant de celles-ci, d'un point jaune; les *pieds* fauves, annelés de noir.

6. 2. Individu femelle adulte, de grandeur naturelle.

Des environs du Kaire. — Il avait, en dessus, le *thorax* d'un blanc argenté très-brillant; l'*abdomen*, du même blanc argenté, varié par dix taches marginales, d'un noir velouté, disposées sur ses dix angles, et chargé, en outre, à sa base, d'un point noir enfoncé, suivi de plusieurs autres, placés successivement par paires; les cinq derniers plus petits, compris entre deux marques rousses, irrégulières, qui communiquaient avec les dix angles postérieurs : en dessous, le *thorax* noir, avec une tache rousse, découpée ; les côtés de l'*abdomen* ondulés de brun-noir et de roux, le milieu tout noir, séparé des côtés par quatre gros points d'un roux clair, disposés en carré, et marqués d'un point semblable en avant des filières : les *pieds* rouges, annelés de noir, et parsemés de poils noirâtres, à *tarses* presque noirs.

6. æ. Les yeux du même individu, avec le bord facial du thorax : ces yeux sont tous sensiblement inégaux entre eux.

6. F. Les quatre filières extérieures, et le tube ou mamelon anal qui converge avec elles ; les deux filières antérieures sont plus grosses que les postérieures : — H indique l'anus.

6. 3. Le même individu retourné et vu en dessous.

II. 7. ARGYOPE splendida, *Argyope éclatante*.

Cette espèce serait exactement conformée comme la précédente, si son *abdomen* n'était plus étroit, elliptique, très-obtus, marqué sur le dos de cinq paires de points très-apparens.

Ses pieds sont aussi plus robustes.

7. 2. Individu femelle non adulte, grossi. 2′, grandeur naturelle.

Des environs d'Acre. — Il avait, en dessus, le *thorax* argenté ; l'*abdomen* également argenté, marqué de brun et de roux sur les dix angles obtus qui en découpaient les côtés, de deux lignes brunes et ondulées qui suivaient la base de ces angles, et, entre ces deux lignes, de cinq paires de points obscurs : en dessous, le *thorax* brun, divisé par une ligne jaune ; les côtés de l'*abdomen* ondulés de brun et de gris ; le milieu noir, séparé des côtés par deux bandes jaunes, et marqué d'un point jaune en avant des filières : elles-mêmes entourées de quatre autres points ; les *pieds* d'un roux très-vif, annelés de noir, parsemés de poils roussâtres.

Genre ÉPÉIRE, *EPEIRA.*

Fig. 8, 9, 10.

Le genre épéire, fondé par M. Walckenaër, est un des plus nombreux en espèces; il en contient plus de soixante, qui se trouvent groupées, suivant la forme de leurs corps, en plusieurs sections, dont on pourrait bien un jour extraire quelques genres; déjà M. Savigny a créé à leurs dépens celui des argyopes. Toutefois, cet exemple ne devra être suivi qu'avec une grande réserve; car ces espèces constituant une division très-naturelle, on risquerait d'établir des distinctions qui seraient basées sur des caractères fugaces et de peu d'importance.

Les épéires appartiennent, dans la méthode de M. Latreille[1], à la famille des fileuses, section des orbitèles ou araignées tendeuses; les caractères essentiels du genre sont : des *forcipules* droites, à crochets repliés le long de leur côté interne; des filières extérieures presque coniques, peu saillantes, disposées en rosette; la première paire de *pieds*, et ensuite la seconde, les plus longues de toutes, la troisième la plus courte; huit *yeux*, dont quatre intermédiaires, formant un carré, les autres moins gros, rapprochés par paires, un de chaque côté; les latéraux postérieurs plus

[1] *Règne animal de Cuvier*, tome III, page 89.

petits que les antérieurs; des *mâchoires* droites, dilatées dès leur base, en forme de palette ovale ou arrondie; *lèvre sternale* presque demi-circulaire ou triangulaire. Toutes les espèces sont sédentaires, forment une toile à réseaux réguliers, composés de spirales ou de cercles concentriques, croisés par des rayons droits qui divergent du centre à la circonférence : l'araignée se tient au milieu et guette sa proie. M. Savigny décrit plusieurs espèces nouvelles.

II. 8. Epeira armida, *Épéire armide*.

Cette espèce a les plus grands rapports avec l'épéire adiante qui se trouve en France et en Italie.

8.   1. Individu femelle, grossi. 1′, grandeur naturelle.
8.   2. Le même individu femelle, dont on a retranché les pieds, représenté de profil, offrant un abdomen très-convexe et très-avancé sur le thorax.

Des environs d'Acre. — Il avait, en dessus, le *thorax* d'un blanc soyeux; l'*abdomen* orné d'une feuille très-oblongue profondément festonnée, d'un blanc de lait, bordée de noir et lisérée de blanc pur, à nervure longitudinale, large, roussâtre, sinuée, sans nervures transverses; cette première feuille, dessinée sur un second disque, d'un blanc-jaunâtre, profondément découpé, à divisions très-pointues, lisérées de blanc pur, et prolongées obliquement sur le fond roussâtre des côtés : en dessous, le *sternum* brun, les côtés de l'*abdomen* ondulés de roux et de blanchâtre; le milieu noir, mêlé de blanchâtre, et limité sur les côtés par deux raies d'un jaune pâle, très-faiblement courbées aux deux bouts, correspondant postérieurement à deux gros points ronds, jaunâtres, suivis de deux autres très-petits qui accompagnaient les filières; les *pieds* pâles, à jambes et tarses annelés de noirâtre.

H. N. XXII.

338   EXPLICATION DES PLANCHES.

8.   *a⁴*. Les yeux du même individu, avec le bord facial du thorax.

8.   *··m̃·*. L'épigyne du même, vue de profil : on distingue surtout le prolongement tubuleux et annelé φ, qui est terminé par un cuilleron corné.

8.   =*m*. Une des deux bourses respiratoires du même, vue à l'extérieur.

II. 9. EPEIRA circe, *Épéire circé.*

Cette espèce se trouve aussi en Italie : M. Savigny ne pense pas qu'elle ait été encore décrite.

9.   *1*. Individu femelle grossi. *1'*, grandeur naturelle.

9.   *2*. Le même individu, dont on a supprimé le thorax, retourné et vu en dessous.

De l'intérieur des maisons d'Alexandrie. — Il avait, en dessus, le *thorax* cendré, plus obscur sur les bords ; l'*abdomen* cendré, roussâtre, rayé transversalement de jaune clair, orné du dessin d'une feuille rhomboïdale, prolongée à son angle postérieur, festonnée, d'un brun doré, bordée de noir et lisérée de jaune clair, à base ferrugineuse, terminée entre les tubercules par deux nervures obliques et sensiblement arquées, correspondant aux deux angles latéraux du disque ; à nervures moyennes, divisées par taches oblongues, cendrées, et à nervures transverses noirâtres : en dessous, le *sternum* cendré, les côtés de l'abdomen rayés comme en dessus, le milieu d'un brun foncé, divisé par un triangle aigu, d'un gris-jaunâtre, en deux bandes longitudinales, ces bandes précédées chacune par une tache carrée d'un jaune clair, et ces deux taches unies, par deux traits latéraux de la même couleur, à deux grosses mouchetures jaunes, situées sur les bandes brunes, en avant des filières ; celles-ci accompagnées de quatre petits points jaunes ; les *pieds* roux, annelés de noir.

9. α. Les yeux du même individu, avec le bord facial du thorax, dont ils sont séparés par un bandeau très-étroit : ils débordent des deux côtés la ligne extérieure des forcipules.

9. E. La bouche du même, vue par sa face postérieure, offrant les forcipules c, les mâchoires d, et la lèvre sternale e', que le labre ne dépasse point.

9. g-l. Les mesures comparatives des pieds du même.

II. 10. EPEIRA apoclisa, *Epéire apoclise*. Walck.

M. Savigny observe que l'épéire apoclise varie beaucoup, non-seulement par ses couleurs, mais encore par les proportions des pieds, tantôt plus longs et plus robustes, tantôt plus grêles et plus courts, comme on le voit en comparant les figures qu'il donne. On ne peut distinguer de ces variétés quelques espèces voisines, que par l'examen attentif du dessin de l'abdomen, et par celui de la structure des palpes, dont le dernier article présente, dans les mâles, des différences notables. Cette espèce se trouve en Europe et aux environs de Paris.

10. z. Individu mâle non adulte, grossi. z', grandeur naturelle.

Des environs de Rosette. — Il avait, en dessus, le *thorax* roussâtre, pubescent; l'*abdomen* cendré, orné du dessin d'une feuille ovale-oblongue, festonnée, comme interrompue par la suppression partielle de ses trois lobes, effacés antérieurement, à disque brun mêlé, plus foncé postérieurement, bordé de noir et liséré de jaune pâle; à nervures d'un cendré-rougeâtre, la nervure longitudinale très-large, simple; la première nervure transverse très-courte; la seconde également courte, donnant à la base de la longitudinale une forme triangulaire, la troisième complète, oblique, et sensiblement arquée; les suivantes exactement transverses, très-peu visibles : en dessous, le *sternum* brun clair, les côtés de l'abdomen ondulés obliquement de noirâtre, le milieu noir, compris entre deux bandes longitudinales d'un jaune pâle, dilatées et faiblement courbées en dedans, vers le bout, suivies de quatre petits points jaunâtres qui entouraient les filières; les *pieds* roux, plus pâles sur les deux premiers tiers des cuisses; à jambes et tarses sans anneaux sensibles.

10. d*f*. Le palpe du même individu, dont le renflement terminal atteste que l'organe excitateur est prêt à se déclarer.

10. 2. Individu femelle grossi. 2', grandeur naturelle: les pieds repliés.

Des bords du Nil, aux environs de Rosette. — Il avait, en dessus, le *thorax* roux; l'*abdomen* d'un jaune safrané, rayé obliquement de brun, orné, sur le milieu du dessin, d'une feuille oblongue, festonnée, comme interrompue par l'absence de ses troisièmes lobes à demi effacés; à disque brun, bordé de noir et liséré de jaune clair; à nervures safranées, la nervure longitudinale double, la première nervure transverse très-courte et peu visible, la seconde également courte, large, coupant la longitudinale, dont la base triangulaire était marquée successivement de deux points jaunes; la troisième complète, large, oblique et sensiblement arquée; les suivantes complètes, exactement transverses, étroites, presque imperceptibles vers l'anus : en dessous, le *sternum* brun; le dessous de l'*abdomen* coloré, comme dans l'individu précédent; les *pieds* de même, mais d'un roux plus foncé.

10. *m*. Un des deux orifices postérieurs de l'épigyne du même, et son crochet. Il existe après les crochets deux lobes membraneux, et, avant eux, un petit tube intermédiaire fort semblable à celui de l'épéire armide, mais plus court, et

dirigé immédiatement en arrière. Ces parties n'ont pas été représentées.

10. 3. Autre individu femelle, grossi, vu en dessous. 3', grandeur naturelle.

De l'île de Rosette. — Il avait, en dessus, le *thorax* d'un gris livide; l'*abdomen* cendré clair, offrant le dessin d'une feuille oblongue festonnée, interrompue par l'absence complète de ses troisièmes lobes; à disque noirâtre bordé de noir et liséré de blanc; à nervures cendrées, la nervure longitudinale double, imparfaite; la première nervure transverse très-courte; la seconde courte, coupant la longitudinale, dont la base pyramidale renfermait un point blanc; la troisième nervure indistincte; la quatrième complète, étroite, exactement transverse, ainsi que les suivantes, qui devenaient presque imperceptibles vers l'anus : en dessous, le *sternum* rougeâtre; l'*abdomen* coloré, comme dans les deux individus déjà décrits; les *pieds* d'un cendré livide, annelés de brun à chaque articulation et sur le milieu des jambes et des tarses des deux paires antérieures.

PLANCHE 3.

ÉPÉIRES, CLOTHOS, LATRODECTES, PHOLQUES.

Suite du Genre ÉPÉIRE, *EPEIRA*.

Fig. 1, 2, 3, 4, 5.

III. 1-2. SUITE de l'*Épéire apoclise*.

1. 2. Individu mâle adulte, grossi. 2', grandeur naturelle.

342   EXPLICATION DES PLANCHES.

1.   2. Le même individu, dont on a supprimé le thorax, vu en dessous.

De l'île de Rosette.—Il avait, en dessus, le *thorax* roux, bordé de blanchâtre ; l'*abdomen* cendré, orné, sur le milieu, d'une feuille oblongue, festonnée, avec un sinus plus profond entre le second feston et le troisième ; à disque brun, bordé de noir et circonscrit de cendré clair ; à nervures cendrées, la longitudinale double, comme interrompue entre les deux grands sinus, et dont la base, limitée par cette interruption, prenait une figure pyramidale ; la première et la seconde nervures transverses, très-courtes et peu distinctes ; la troisième complète, oblique, arquée, plus large et plus apparente que la quatrième, celle-ci exactement transverse, les autres imperceptibles : en dessous, le *sternum* brun clair ; les côtés de l'abdomen d'un cendré obscur, le milieu noir, compris entre deux bandes longitudinales d'un jaune clair, dilatées et arquées en dedans vers le bout, suivis de quatre points jaunâtres, oblongs, qui accompagnaient les filières ; les *pieds* roussâtres, blanchâtres sur les deux premiers tiers des cuisses postérieures, presque sans anneaux visibles.

1.   *d*. Les yeux du même individu, avec le bord facial du thorax.

1.   *E*. La bouche du même, vue par sa face postérieure : — c, les forcipules armées de six dents aiguës sur deux rangs ; — d, les mâchoires et leur palpe, dont le bouton excitateur a tous ses conjoncteurs repliés : il est vu un peu par sa face externe [1] ; — e', la lèvre sternale.

1.   d*f*. Le bouton excitateur écarté de sa valve, et un peu développé pour mieux faire sentir la com-

[1] Clerck a donné une figure inexacte de ce palpe.

plication de sa structure : — on voit la valve supportée par l'article radial, et munie, à sa base extérieure, d'une apophyse, dont le crochet obtus et concave peut s'ajuster exactement à une petite facette du bouton excitateur, et sert à le maintenir; du centre d'une concavité assez voisine de cette apophyse, s'élève un pédicule membraneux, tubuleux, contourné en une spirale, dont le dernier tour constitue un cercle corné; à ce premier cercle en succède immédiatement un second, dans la cavité duquel reposent les bases des trois conjoncteurs, qu'il ne faut pas confondre avec une troisième pièce cornée, souvent très-réduite, qui n'est, comme les deux précédentes, qu'une dépendance de la membrane générale[1]; — β est le conjoncteur principal ou proprement dit; — γ et δ sont le premier et le second conjoncteurs auxiliaires.

1. $d\tilde{j}$ Le bouton excitateur précédent retourné : — β, le conjoncteur principal, divisé en trois articles cornés sur leur convexité, mais plus ou moins membraneux dans leur concavité : le premier est le plus compliqué, car, outre les pièces qui se voient à l'extérieur, et dont la plus grande et la plus unie est surmontée d'une pointe qui paraît tubuleuse, il en existe

[1] Cette membrane se gonfle prodigieusement lorsque l'organe entre en action, et ce développement change la disposition relative que les diverses parties avaient auparavant; disposition qu'elles reprennent subitement lorsqu'elles rentrent dans le repos. — Le conjoncteur proprement dit paraît tout-à-fait indépendant des auxiliaires; quelle que soit sa position apparente, on doit le considérer comme essentiellement terminal.

deux autres plus intérieures, moins hautes et moins cornées; la plus large, bordée de cinq dentelures; la plus étroite, simplement bifide; le troisième article, terminé en pointe, sans être aigu, paraît assez simple dans cette espèce d'épéire, mais il se complique dans quelques autres, notamment dans la suivante; — γ, le premier conjoncteur auxiliaire, dont on aperçoit très-bien l'articulation : il est terminé par deux digitations brunes et très-cornées; — ♪, le second conjoncteur auxiliaire : il se distingue des deux précédens par sa couleur pâle et par sa consistance molle, tout au plus cartilagineuse.

2. 1. Autre individu mâle grossi. 1′, grandeur naturelle.

2. 2. Le même individu, dont on a supprimé le thorax, vu en dessous.

Des jardins de Damiette. — Il avait, en dessus, le *thorax* brun; l'*abdomen* d'un vert-brun, orné d'une feuille oblongue légèrement festonnée, avec un sinus beaucoup plus profond entre le second feston et le troisième; a disque vert-brun, circonscrit par une bordure d'un jaune vif, et à nervures également jaunes; la nervure longitudinale double, échancrée, mais point interrompue entre les deux sinus; la première nervure transverse comme nulle; la seconde courte, aiguë, rétrécissant, sans la couper, la longitudinale, dont la base en triangle renfermait un point jaune; la troisième nervure complète, oblique, légèrement arquée, plus large que la quatrième; celle-ci complète, exactement transverse; les suivantes imperceptibles : en dessous, le *sternum* brun; les côtés de l'abdomen vert-brun mêlé, le milieu noirâtre, compris entre deux bandes jaunes peu dilatées;

mais très-arquées vers le bout, suivies de six points jaunes, successivement plus petits, entourant les filières; les *pieds* d'un brun-roussâtre, plus clair sur les *cuisses*, excepté à leur extrémité tibiale, avec des anneaux obscurs à chaque articulation.

III. 3. Epeira umbratica, *Épéire ombraticole*.

3.   1. Individu mâle grossi. 1', grandeur naturelle.
3.   2. Le même individu, dont on a supprimé le thorax, vu en dessous.

Des environs de Damiette. — Il avait, en dessus, le *thorax* d'un brun-roux; l'*abdomen* d'un brun-olivâtre, singulièrement obscurci par un nombre infini d'atomes noirs, et marqué d'un disque encore plus sombre; ovale-oblong, découpé dans son pourtour en festons un peu pointus, bordés de noir et entourés de jaune clair; passant lui-même au jaune clair vers sa base, dont la tache, comme rhomboïdale, était divisée par une ligne brune qui la dépassait à peine, sans autres nervures, et suivie de deux points enfoncés, noirâtres, très-remarquables par leur grosseur : en dessous, le *sternum* brun; les côtés de l'*abdomen* d'un brun-olivâtre; le milieu noirâtre, limité des deux côtés par deux lignes assez courtes, très-courbées en dedans, d'un jaune pâle, suivies de quatre très-petits points jaunâtres, qui entouraient postérieurement les filières; les *pieds* antérieurs à cuisses d'un brun foncé; les suivans, à cuisses d'un brun clair à la base, d'un brun foncé au sommet; tous à jambes et tarses annelés de brun et de jaune clair.

III. 4. Epeira lucina, *Épéire lucine*.

L'épéire lucine est très-voisine de l'épéire tubuleuse de M. Walckenaër, et je serais peu surpris, dit M. Savigny, qu'on voulût la ranger au nombre de ses variétés. Dans l'*épéire tubuleuse*, les bandes noires de l'abdomen sont plus rapprochées, surtout dans les deux tiers pos-

346   EXPLICATION DES PLANCHES.

térieurs; les quatre points blancs de ces bandes sont remplacés de chaque côté par quatre raies fort étroites, deux antérieures obliques, deux postérieures transverses, qui communiquent avec la ligne blanche interceptée par les deux bandes noires; cette ligne est de plus croisée postérieurement par une ou deux autres petites raies blanches[1].

4. 1. Individu femelle grossi. 1′, grandeur naturelle.
4. 2. Le même individu, vu en dessous. 2′, grandeur naturelle.

De l'île de Rosette. — Il avait, en dessus, le *thorax* d'un roux livide; l'*abdomen* d'un beau blanc de lait, marqué sur la longueur de deux larges bandes noires réunies en angle à l'anus, traversées chacune vers le milieu, mais non interrompues, par quatre points blancs successifs; le point antérieur oblong, situé très-obliquement; les deux postérieurs presque réunis, transverses : en dessous, la *poitrine* livide, les côtés de l'abdomen gris, rayés obliquement de blanchâtre, le milieu noirâtre, séparé des côtés par deux bandes d'un jaune clair, presque droites, un peu dilatées vers le bout, suivies de quatre points également jaunes, qui accompagnent les filières; les *pieds* livides.

4. B. Le thorax du même individu, vu de face : — æ, les yeux, qui n'atteignent pas sur les côtés la ligne extérieure des forcipules, tandis qu'ils la dépassent dans les espèces précédentes; — c, les forcipules; — d, les palpes maxillaires.
4. æ. Les yeux du même, avec le bord facial du thorax.

---

[1] Je suis obligé, dit M. Savigny, de noter ici une légère inadvertance qui s'est glissée dans le *Tableau des aranéides*, par M. Walckenaër, où l'*épéire tubuleuse* est réunie à la septième famille de ce genre; disposition qui tendrait à faire penser que la lèvre sternale de cette espèce a moins de largeur que de hauteur, et que ses yeux intermédiaires antérieurs sont plus rapprochés que les intermédiaires postérieurs : elle offre certainement les attributs contraires.

4. E. La bouche du même, vue par sa face postérieure :
— c, les forcipules ; — d, les mâchoires ; — e', la lèvre sternale dépassée par les soies du labre.

4. c. La forcipule gauche séparée, dont la gouttière a sept dents sur deux rangées.

4. g-l. Les mesures comparatives des pieds du même.

III. 5. EPEIRA chloris, *Épéire chloris.*

Cette espèce se rapproche des *théridions ovales* de M. Walckenaër, par la disposition des yeux ; mais les autres caractères la réunissent aux épéires.

5. z. Individu mâle très-voisin de l'état adulte, grossi.
z', grandeur naturelle.

Des environs d'Acre. — Il avait, en dessus, le *thorax* jaunâtre ; l'*abdomen* jaune, avec une bande oblongue légèrement semée d'un jaune plus clair, terminée en pointe à l'anus : en dessous, la *poitrine* livide ; le milieu de l'abdomen noirâtre, séparé des côtés par deux raies blanchâtres ; les *pieds* d'un jaune livide.

5. œ. Les yeux du même individu, très-grossis, avec le bord facial du thorax.

Genre CLOTHO, *CLOTHO.*

FIG. 6.

Ce genre, qui appartient à la famille des aranéides, section des tubitèles [1], a été institué par M. Latreille, et offre pour caractères : huit yeux ; les deux filières supérieures beaucoup plus longues que les autres ; pieds

[1] *Règne animal de Cuvier*, t. III, page 82.

presque égaux; mâchoires inclinées sur la lèvre; celle-ci triangulaire. Le genre clotho, qui présente quelque ressemblance avec les ségestries et les dysdères, s'en éloigne par le nombre des yeux : sous ce rapport, il avoisine les araignées proprement dites, les filistates, les drasses, les clubiones, les épéires, etc.; mais on l'en distingue nettement par ses caractères qui sont bien tranchés. M. Léon Dufour donne à ce genre le nom d'uroctée.

III. 6. Clotho Durandii, *Clotho de Durand*[1]. Walck.

Cette espèce, la seule que l'on connaisse, a été trouvée par M. Durand, aux environs de Montpellier. M. Léon Dufour l'a depuis rencontrée en Espagne, aux environs de Barcelonne et dans les Pyrénées; il en a décrit avec soin l'organisation et les mœurs, et lui a assigné le nom d'*uroctea quinque maculata*[2].

6. 1. Individu femelle, grossi. 1', grandeur naturelle.

Du mont Carmel. — Il avait le *thorax* roux sans tache; l'*abdomen* d'un noir un peu cendré, marqué de cinq mouchetures d'un beau jaune, savoir, deux à la base, deux vers le milieu, plus écartées que les précédentes, et une à l'extrémité, près de l'anus; les palpes et les *pieds* roux, très-fournis de poils noirâtres.

6. B. Le thorax du même individu, vu de face : — æ, les yeux, qui, quoique rapprochés entre eux, débordent la ligne extérieure des forcipules; — c, les forcipules, qui n'égalent pas, à beaucoup près, les palpes maxillaires en grosseur;

---

[1] On s'est aidé, pour terminer le dessin de cette espèce, d'un individu envoyé de Montpellier par M. Durand.

[2] *Annales générales des sciences physiques*, tom. v, pag. 98, pl. 76, fig. 1.

— d, ces palpes. g, h, k marquent les hanches des pieds supprimés.

6.   C. Le même thorax, représenté de profil : on remarque que le palpe maxillaire le dépasse en longueur.

6.   æ. Les yeux du même individu, avec le bord facial du thorax, dont ils sont séparés par un large bandeau.

6.   E. La bouche du même, vue par sa face postérieure : — c, les forcipules, qui ne dépasseraient pas l'extrémité des mâchoires, si elles n'étaient un peu relevées; — d, les mâchoires; — e', la lèvre sternale.

6.   c. La forcipule gauche séparée.

6.   g.f. Le bout du tarse d'un pied antérieur du même : les ongles supérieurs ont chacun un peigne de quinze dents [1].

6.   g.l. Les mesures comparatives des quatre paires de pieds du même.

Genre ÉNYO, *ENYO.*

Fig. 7 et 8.

M. Walckenaër vient d'établir ce genre sous le nom de *zodarion*; il lui trouve plusieurs points de ressemblance avec les théridions, et il le place entre ceux-ci et les drasses. M. Savigny décrit en détail l'organisation extérieure des deux espèces qu'il a eu occasion d'observer; voici les caractères généraux que nous avons

---

[1] On en compte un plus grand nombre dans la figure, mais c'est probablement une erreur de la gravure.

pu noter : il a les *yeux* disposés sur deux lignes transverses ; ces yeux très-inégaux, les intermédiaires antérieurs les plus gros de tous, les intermédiaires postérieurs les plus petits, très-écartés ; ces quatre yeux figurant tantôt un carré presque parfait, tantôt un trapèze court, plus étroit en devant, très-ouvert en arrière, les quatre latéraux représentant deux lignes courtes parallèles, qui se groupent sur les côtés de ce carré ou de ce trapèze ; les *mâchoires* convergentes, oblongues, courbées sur la lèvre, et contiguës à leur sommet ; le labre avancé sur la *lèvre sternale* ; celle-ci aussi large que haute, arrondie en ovale au sommet ; les pieds grêles et longs ; la quatrième paire beaucoup plus longue que les autres, qui sont presque égales entre elles.

M. Savigny décrit deux espèces.

III. 7. Enyo nitida, *Ényo luisante*.

7.   *z*.   Individu femelle grossi. *z'*, grandeur naturelle. Des environs d'Alexandrie. — Il avait le *thorax* brun-noir, luisant ; l'*abdomen* d'un gris de lin foncé et chatoyant, terminé par des filières blanches à la base, noires à la pointe ; les *pieds* noirs avec un anneau blanc à la base des jambes, et un autre plus grand à celle des quatre cuisses postérieures.

7.   æ.   Les yeux du même individu, avec le bord facial du thorax.

7.   E.   La bouche du même, vue par sa face postérieure : — c, les forcipules ; — d, les mâchoires ; — e', la lèvre sternale peu dépassée par le labre.

7.   c.   La forcipule droite détachée : le crochet est renflé à son articulation.

7. d. La mâchoire droite.
7. è. La lèvre sternale isolécc.
7. g-l. Les mesures comparatives des pieds du même.

III. 8. Enyo longipes, *Enyo à longs pieds*.

8. z. Individu mâle grossi. z', grandeur naturelle.

Des environs du Kaire. — Il avait le *thorax* brun; l'*abdomen* d'un cendré-noirâtre; les *pieds* d'un roux livide.

8. C. Le thorax du même individu, vu de profil: — æ, les yeux, qui débordent un peu des deux côtés l'axe des forcipules; — c, les forcipules; — d, les mâchoires.

8. æ. Les yeux du même, avec le bord facial du thorax, dont ils sont séparés par un bandeau plus large que dans l'espèce précédente.

8. d *f*~. Le palpe maxillaire du même, offrant l'organe excitateur, vu par-dessous. L'article cubital est un peu plus long que le radial, celui-ci est très-court et terminé extérieurement par une double apophyse; la valve digitale supérieure est oblongue, peu concave, prolongée en cône, avec le bouton excitateur plus court que la valve, elliptique, et pourvu de trois conjoncteurs; le conjoncteur principal grand, naissant de la base, se recourbant et s'amincissant par degrés, faiblement triarticulé, à dernier article allongé en un filet sétacé qui dépasse de beaucoup le bouton, dont il entoure imparfaitement le sommet. Le premier conjoncteur auxiliaire, dirigé en avant, court et délié; le second conjoncteur auxiliaire, un peu plus avancé, rétréci à la base, lancéolé, rendu

convexe par une faible courbure, et marqué, sur sa convexité, d'un léger canal.

Genre LATRODECTE, *LATRODECTUS.*

Fig. 9, 10, 11.

Ce genre, fondé par M. Walckenaër, a pour caractères, suivant lui : les *yeux* au nombre de huit presque égaux, occupant le devant du corselet; *lèvre sternale* triangulaire, grande et dilatée à sa base; *mâchoires* inclinées sur la lèvre, cylindriques, grandes et fortes; *pattes* longues et fortes; la première la plus longue de toutes, la seconde ensuite, la troisième la plus courte. Ce dernier caractère ne se trouve pas confirmé par les mesures comparatives que donne M. Savigny; on voit que la première paire de pattes est la plus longue, et que la quatrième ou dernière vient ensuite. Le bout du tarse, figuré par M. Savigny, fait voir qu'il est muni de deux ongles supérieurs, épais, régulièrement mais non finement pectinés, et d'un ongle inférieur, grand, simple, brusquement et fortement courbé à sa base, prolongé à la pointe entre deux grosses soies plantaires, légèrement courbées et dentelées. M. Walckenaër décrit deux espèces, dont une se trouve représentée ici; les autres sont nouvelles.

III. 9. Latrodectus erebus, *Latrodecte erèbe.*

9.   *z.* Individu femelle de grandeur naturelle.

Des environs de Salehieh. — Il était d'un noir profond, légèrement éclairci vers l'extrémité des pieds.

9.   *c.* Le thorax du même individu, vu de profil : —

æ, les yeux; — c, les forcipules, non renflées; d, les mâchoires, dont le palpe est loin d'égaler le thorax en longueur.

9. œ́. Les yeux, et le bord facial du thorax séparé des yeux par un assez large bandeau.

9. E. La bouche du même, vue par sa face postérieure : — c, les forcipules; — d, les mâchoires, dont les palpes sont supprimés; — e', la lèvre sternale : le labre est caché par les cils des mâchoires.

9. c. La forcipule gauche séparée.

9. d. La mâchoire gauche.

9. e'. La lèvre sternale, dont la base est formée par une pièce très-distincte : cette lèvre est dépassée par le labre.

9. g.f. Le bout du tarse d'un pied antérieur du même : les ongles supérieurs ont chacun un peigne composé de fortes dents.

9. g-l. Les mesures comparatives des quatre paires de pieds du même.

9. ⋯m. L'épigyne du même, vue de face : ses deux principaux orifices s'ouvrent à l'extérieur, dans une cavité commune, dont le bord antérieur est garni d'un rang de cils très-propres à en défendre l'entrée.

9. ⋯t. Le cocon qui renfermait les œufs : sa forme est celle d'un sphéroïde, dont un des pôles est prolongé en pointe.

III. 10. LATRODECTUS argus, *Latrodecte argus.*

Cette espèce offre la conformation et le port du *latrodecte érèbe*. Elle est très-voisine de l'*aranea tredecim-maculata* de Rossi, et peut être une simple variété d'âge.

Une autre espèce d'Italie, encore inédite, *latrodectus martius* Sav., diffère davantage : son *abdomen* est noir, avec la base supérieure entourée d'une ligne couleur de sang.

10. 1. Individu femelle grossi, vu de profil. 1′, le même, vu en dessus, grandeur naturelle. M. Savigny n'en a jamais observé de plus grand.

Des environs d'Alexandrie. — Il avait le *thorax* brun-noir ; l'*abdomen* d'un noir-bleuâtre, chatoyant, avec la base entourée par deux bandes contiguës, rougeâtres, encadrées de blanc ; le dessus orné de douze taches rouges cerclées de blanc, distribuées sur trois séries longitudinales, la série intermédiaire formée de six taches, dont la seconde était plus grande, triangulaire, et dont les trois dernières, comme enchaînées l'une à l'autre, atteignaient presque l'anus ; les séries latérales formées de quatre taches isolées ; le dessous, bordé sur les côtés, par trois taches semblables à celles du dessus, mais moins colorées, et traversées en arrière des stigmates par une première bande blanche, suivie d'une seconde presque imperceptible ; les *palpes* et les *pieds* noirs.

10. 2. Le thorax de l'individu précédent, représenté en dessus pour en montrer le contour.

10. B. Le même thorax plus grossi, vu de face : — æ, les yeux, qui occupent la largeur du thorax, et débordent des deux côtés la ligne extérieure des forcipules : les yeux intermédiaires antérieurs sont réunis sur deux tubercules contigus, les latéraux le sont de même ; — c, les forcipules ; — d, les palpes maxillaires.

10. æ. Les yeux du même, avec le bord facial du thorax.
10. g-l. Les mesures comparatives des pieds du même.

III. 11. LATRODECTUS venator, *Latrodecte chasseur*.

Cette espèce partage la conformation générale des deux précédentes.

11.   2. Individu femelle grossi. 2′, grandeur naturelle.

   Des environs d'Alexandrie. — Il avait le *thorax* noir, sans taches ; l'*abdomen* noir, entouré de blanc et marqué transversalement en dessus de cinq raies blanches, la première et la troisième beaucoup plus grandes que les autres, courbées en arc ; les *palpes* et les *pieds* testacés.

11.   *a*. Les yeux du même individu, avec le bord facial du thorax, précédé d'un bandeau assez étroit.

Genre PHOLQUE, *PHOLCUS*.

Fig. 12 et 13.

Ce genre, établi par M. Walckenaër, a pour caractère, suivant M. Latreille : huit yeux presque égaux, placés sur un tubercule ; trois de chaque côté, contigus, formant un triangle, les deux autres intermédiaires, mais plus antérieurs, disposés sur une ligne transverse. On ne connaissait qu'une espèce propre à ce genre, le *pholcus phalangioïdes*, ou l'*aranea Pluchii* de Scopoli. M. Savigny y rapporte l'*aranea rivulata* de Forskal, et il mentionne avec soin ses caractères extérieurs ; on les retrouvera, pour la plupart, dans le pholque phalangiste. L'espèce décrite par M. Savigny a le *thorax* orbiculaire, épais, avec un sillon profond ; le front ou bandeau préoculaire, prolongé perpendiculairement entre les premiers pieds, à sternum large, en cœur ; l'*abdomen* à peu près cylindrique, et comprimé sur les côtés dans le mâle, ovale-oblong dans la femelle, terminé inférieurement par six filières biarticulées, courtes, presque égales, convergentes en faisceau ; les deux filières antérieures à peine plus grosses.

Elle a, de plus, les *yeux* rassemblés sur une éminence
transverse du bord antérieur du thorax, disposés sur
deux lignes très-rapprochées, faiblement courbées
en arrière : ces yeux inégaux; les intermédiaires antérieurs petits, presque contigus; les autres grands,
surtout les latéraux antérieurs, groupés en triangle
de chaque côté; les quatre intermédiaires figurant
un trapèze très-retréci en devant, et les quatre
latéraux, deux lignes faiblement divergentes; les
forcipules petites, un peu avancées, non renflées à la
base, peu coniques, tronquées à leur sommet, qui
est inégalement dentelé, et armé d'une pointe intérieure fort saillante en avant, à crochet court, replié horizontalement dans le repos : ces mêmes forcipules, prolongées en racine à leur base, réunies
vers leur milieu par un connectif qui les rend peu
susceptibles de s'écarter; les *mâchoires* petites, très-
dilatées extérieurement à leur base, très-convergentes, oblongues, courbées sur la lèvre et contiguës à leur sommet, à palpe écarté du lobe,
à insertion de médiocre longueur, et dont l'article
cubital est toujours beaucoup plus court que le radial; le palpe du mâle fortement coudé, composé
d'articles très-renflés, l'article susaxillaire très-court,
pourvu extérieurement d'une petite apophyse; l'huméral en cône inverse, simple; le cubital obliquement tronqué; le radial plus long qu'aucun des précédens, très-gros, courbé, rétréci au sommet; la
valve digitale supérieure et externe, de forme très-
anomale, renflée d'abord à sa base en un bouton

velu, sans apophyse, puis rétrécie de cette base au sommet, irrégulièrement prismatique, de plus en plus épaisse, presque glabre, tronquée obliquement à son extrémité, qui se termine par deux dents cornées, prolongées de la face interne à l'externe, écartées, séparées par deux autres petites saillies membraneuses, dont l'une est pointue, l'autre tronquée et ciliée; et le bouton excitateur plus court que la valve, inséré sur son renflement, libre, uniformément corné, sphérique, marqué vers le sommet d'un sillon circulaire, d'où s'élève latéralement un conjoncteur peu allongé, voûté, fendu par l'extrémité en deux dents divergentes, entre les bases desquelles s'applique un petit tube membraneux, la dent extérieure un peu plus grande que l'intérieure, plus comprimée, plus pointue, faiblement éperonnée; le palpe femelle grêle, terminé par un ongle simple; le *labre* très-avancé sur la lèvre sternale, qu'il dépasse toutefois moins que les mâchoires, très-élevé, rétréci, et comme échancré sur sa hauteur par devant, à dos garni de soies sur les côtés, terminé en pointe; à épichile disposée à l'ordinaire, également terminée en pointe; la *lèvre sternale* moins haute que large, peu arrondie sur les côtés et à son bord supérieur, dont le milieu s'avance faiblement; les *pieds* très-longs, très-grêles; la première paire beaucoup plus longue que les suivantes, la quatrième un peu plus que la seconde, la troisième la plus courte; toutes à tarse muni de deux ongles supérieurs, exactement mais peu finement pectinés, et d'un ongle inférieur simple, courbé brusquement à la base, prolongé en pointe fine reçue entre deux soies plantaires.

III. 12. PHOLCUS rivulatus, *Pholque ruisselaire.*

Cette espèce est la même, suivant M. Savigny, que l'*aranea rivulata* de Forskal; on la trouve communément dans toute l'Italie.

12.   1.   Individu mâle grossi, vu en dessus. 1', le même individu de profil : grandeur naturelle.

Dans l'intérieur des maisons du Kaire. — Il avait en dessus le *thorax* d'un cendré clair et transparent, marqué, sur le milieu, d'une tache brune fourchue près des yeux; l'*abdomen* cendré-roussâtre, orné d'une sorte de feuille sinuée, tracée par de petits points blancs, à nervure moyenne un peu courte, divisée en deux losanges d'un roux foncé, ainsi que l'extrémité du disque, et bordée de deux points blancs, à nervures latérales très-obliques, uniquement composées de ces mêmes points : en dessous, la *poitrine* noirâtre; l'*abdomen* cendré, avec une bande noire longitudinale; les *pieds* d'un cendré livide brun, avec un anneau blanc à leurs deux principales articulations.

12.   B.   Le thorax de l'individu précédent, vu de face :
— *æ*, les yeux, qui n'occupent que le milieu du thorax, et, néanmoins, débordent des deux côtés la ligne extérieure des forcipules, dont ils sont séparés par un bandeau singulièrement élevé, qui se rétrécit pour descendre perpendiculairement entre les deux hanches antérieures; — c, les forcipules, dont on aperçoit les racines à travers la transparence du bandeau; — d, les palpes maxillaires retournés accidentellement en dedans.

12. *æ.* Les yeux du même individu, vus exactement en dessus, avec le bord antérieur du thorax.

12. *E.* La bouche du même, vue par sa face postérieure : — c, les forcipules ; — d, les mâchoires, dont le palpe est naturellement replié sur lui-même, et dont l'organe excitateur se compose de la valve et du bouton excitateur ; — e', la lèvre sternale.

12. c. La forcipule droite isolée, vue par sa face antérieure : on remarquera que sa base se prolonge en racine aiguë.

12. d. La mâchoire droite, dont le palpe est un peu déployé : on distingue la valve, et on voit très-bien le bouton excitateur.

12. e'. La lèvre sternale dessinée avec le labre qui la dépasse.

12. *C.* Le thorax d'un individu mâle, non adulte, présenté de profil : — æ, les yeux ; — c, les forcipules ; — d, les mâchoires.

12. d*f.* Un des palpes du thorax précédent, dont les articles, quoique déjà renflés, diffèrent singulièrement, par leur configuration, de ceux du mâle adulte. On observera que l'article huméral est cylindrique, que le radial est en cône inverse, etc. [1]

12. g*f.* Le bout du tarse d'un pied antérieur du même : les ongles supérieurs ont chacun un peigne de cinq dents.

12. g-l. Les mesures comparatives des quatre paires de pieds du même.

---

[1] Le thorax et le dessous du premier segment de l'abdomen offrent aussi dans leur forme des particularités remarquables.

III. 13. Pholcus phalangioïdes, *Pholque phalangiste.* Walck.

Cette espèce, dont on n'offre ici que certains détails, était la seule que l'on connût jusqu'à présent; on la trouve communément en France; elle partage la conformation de la précédente; mais son thorax n'a pas de sillon visible. On l'a prise dans l'intérieur d'une maison d'Alexandrie. Elle avait le *thorax* d'un gris pâle et transparent, avec une tache plus obscure, un peu oblongue; l'*abdomen* cendré, marqué longitudinalement d'une bande un peu plus claire; les *pieds* livides, rembrunis à leurs deux principales articulations, entourées chacune d'un anneau blanchâtre. On ne voit représentés ici que le palpe du mâle et l'organe de la femelle.

13. d f ♂. Le palpe d'un individu mâle, dont on a retranché les trois premiers articles, et développé les diverses parties du dernier, très-grossi : on distingue la valve, dont la base, renflée en un bouton velu, laisse apercevoir son apophyse, qui paraît soutenir le bouton excitateur; on voit très-bien le bouton avec son conjoncteur bifide, ou plutôt trifide, dont les deux divisions cornées sont ouvertes, et laissent voir le petit tube membraneux qui les sépare, à peu près comme le conjoncteur demi-membraneux des épéires sépare les deux conjoncteurs cornés.

13. *m*. L'épigyne d'un individu femelle, mise en proportion avec le palpe précédent : son petit pore longitudinal est porté sur un cuilleron beaucoup moins saillant que dans les épéires, mais conformé à peu près de même.

PLANCHE 4.

SPHASES, LYCOSES, DOLOMÈDES, ÉRÈSES.

Genre SPHASE, *SPHASUS.*

Fig. 1.

M. Latreille donne à ce genre le nom d'oxyope, et le caractérise de la manière suivante : huit yeux rangés deux par deux sur quatre lignes transverses, et dont les deux extrêmes plus courtes. Les sphases, qui appartiennent à la famille des fileuses et à la tribu des citigrades ou *araignées-loups* [1], ont plusieurs points de ressemblance avec les ctènes, les dolomèdes et les lycoses; mais ils diffèrent essentiellement de chacun de ces genres, par la disposition des yeux. D'autres signes distinctifs existent dans la lèvre sternale, allongée, arrondie à son extrémité, plus étroite à sa base; dans les mâchoires cylindriques, allongées, étroites, arrondies, et dans les pattes qui sont grêles, la première paire est la plus longue, la seconde et la quatrième sont à peu près d'égale longueur, et la troisième est la plus courte. On n'en connaît encore qu'un petit nombre d'espèces.

IV. 1. SPHASUS alexandrinus, *Sphase alexandrin.*

Cette espèce paraît différer de toutes celles qui ont été décrites jusqu'à présent.

---

[1] *Règne animal de Cuvier*, tome III, page 96.

EXPLICATION DES PLANCHES.

1. *z.* Individu femelle grossi. *z'*, grandeur naturelle. Du désert aux environs d'Alexandrie. — Il avait le *thorax* soyeux, brun, avec trois bandes blanchâtres, deux exactement marginales, étroites, et une intermédiaire large, terminée en pointe près des yeux ; l'*abdomen* également soyeux, brun en dessus, avec une large bande longitudinale d'un brun beaucoup plus clair, surtout vers les bords, à laquelle aboutissaient trois raies blanchâtres qui traversaient obliquement les côtés : blanchâtre en dessous, avec une bande obscure aboutissant à l'anus ; les *pieds* annelés de brun, de roux et de blanchâtre, hérissés de quelques poils noirs.

1. C. Le thorax du même, vu de profil : — œ́, les yeux, qui en couronnent la sommité antérieure : ils sont séparés des forcipules par un bandeau vertical qui descend très-bas ; — c, les forcipules, dont l'axe se dirige sensiblement en arrière ; — d, les mâchoires : elles sont exactement verticales.

1. œ́. Les yeux du même, avec le bord facial du thorax a', dont ils sont très-éloignés.

1. E. La bouche du même, vue par sa face postérieure : — c, les forcipules ; — d, les mâchoires, privées des trois derniers articles de leur palpe ; — e', la lèvre sternale à peine dépassée par la pointe du labre.

1. c. La forcipule gauche isolée, dont la courte gouttière ne présente que trois petites dents.

1. d. La mâchoire gauche.

1. è. La lèvre sternale, dont la base est formée par une pièce articulée.

1. g-l. Les mesures comparatives des quatre paires de pieds du même.

Genre LYCOSE, *LYCOSA.*

Fig. 2-8.

Ce genre, très-nombreux en espèces, a été établi par M. Latreille, et il se trouve généralement adopté par tous les entomologistes; il appartient, ainsi que le précédent, à la famille des fileuses et à la section des citigrades ou *araignées-loups*[1]. Ses caractères distinctifs sont d'avoir les yeux, au nombre de huit, disposés sur trois lignes transverses, et formant un quadrilatère aussi long ou plus long que large; la première ligne ayant quatre yeux très-petits, et les autres étant composées de deux seulement, très-gros; la lèvre sternale plus haute que large, légèrement échancrée sur son bord antérieur; les mâchoires droites écartées, arrondies, coupées obliquement au côté interne; enfin, les pattes allongées, fortes; la quatrième paire sensiblement plus longue que les autres, qui sont à peu près d'égale longueur.

C'est à ce genre qu'appartient l'araignée célèbre connue sous le nom de *tarentule*.

IV. 2. Lycosa tarentulina, *Lycose tarentuline.*

> Cette espèce paraît différer de toutes celles qui ont été décrites; elle se distingue de la lycose tarentule.

2.   *1.* Individu femelle de grandeur naturelle.

> Des environs d'Alexandrie. — Il avait, en dessus, le *thorax* cendré-roussâtre, bordé des deux côtés par une raie

---

[1] *Règne animal de Cuvier*, tome III, page 97.

d'un cendré plus clair, irrégulièrement denté, et divisé sur son milieu par une raie semblable, mais plus large et moins marquée; l'*abdomen*, d'un cendré-roussâtre clair, sur lequel se dessinait imparfaitement une figure composée de cinq triangles noirs [1], bordés postérieurement de blanc, les deux triangles antérieurs divisés sur leur axe par une ligne rousse longitudinale, les trois postérieurs, plus larges et plus courts que les précédens, réduits, chacun à leur extrême base, et formant autant de lignes sensiblement arquées : en dessous, la *poitrine* noire; l'*abdomen* occupé depuis sa base par une tache ovale d'un noir profond, à bords fauves, séparés des filières par un court espace d'un jaune orangé; les *pieds* robustes, de moyenne longueur, proportionnés de même dans les deux sexes, tous à tarses munis d'ongles supérieurs incomplètement et peu finement pectinés, et d'un ongle inférieur assez grand, courbé brusquement à sa base, très-simple. La couleur de ces pieds d'un cendré-roussâtre, mais en dessus seulement; en dessous, à hanches noires, à cuisses d'un gris-fauve, à jambes fauves, marquées de deux anneaux noirs, à tarses noirâtres; les *palpes* offraient en dessous des couleurs analogues.

2. C. Le thorax du même individu vu de profil : — *æ*, les yeux séparés des forcipules par un bandeau très-court; — c, les forcipules; — d, les mâchoires qui ne sont pas perpendiculaires, mais simplement inclinées.

2. *æ*. Les yeux du même, avec le bord facial du thorax,

---

[1] On compte jusqu'à sept ou huit triangles bien marqués sur la tarentule du midi de l'Europe, c'est-à-dire à peu près autant que l'abdomen a de segmens développés; mais le caractère qui la distingue nettement de notre espèce, sous le rapport des couleurs, consiste dans la forme transverse de la tache noire du ventre, qu'un assez grand espace de couleur orangée sépare des filières.

Le troisième triangle dorsal occupe seul le troisième et le quatrième segmens.

qui leur est presque contigu : on remarquera que les yeux de la ligne antérieure sont un peu rapprochés par paires, caractère plus ou moins manifeste chez toutes les *lycoses*, et que les deux yeux intérieurs de cette même ligne sont un peu plus gros que les deux extérieurs [1].

2. *E.* La bouche d'un individu mâle, vue par sa face postérieure : — c, les forcipules ; — d, les mâchoires avec leur palpe, dont le bouton excitateur ·*f* a toutes ses pièces bien jointes et striées ; le crochet du premier conjoncteur auxiliaire fait seul saillie au bord externe de la valve. Voici la description détaillée du palpe qui est représenté ici : l'article cubital est presqu'égal au radial, qui est court ; la valve digitale supérieure est oblongue, légèrement échancrée au bord externe de son ouverture, et terminée en cône grêle ; le bouton excitateur est beaucoup plus court que la valve, fixé dans sa concavité, elliptique, rétus et pourvu de trois conjoncteurs exactement repliés, très-difficiles à reconnaître dans le repos [2] : le conjoncteur principal très-grand, triarticulé, large pour son épaisseur, convexe en dehors, roulé en deux ou trois tours de spire, divisé, avant le dernier tour, en trois

---

[1] Dans la *tarentule ordinaire*, ce sont au contraire les yeux intérieurs qui sont un peu plus petits que les extérieurs.

[2] C'est cette disposition des conjoncteurs, qui a fait croire à M. Treviranus que les lycoses, l'*aranea saccata* en particulier, étaient, de toutes les araignées, celles dont les mâles avaient les palpes les plus simples : ces palpes sont, au contraire, excessivement compliqués.

parties inégales; le premier conjoncteur auxiliaire petit, très-dur, mince, large, irrégulièrement dentelé, prolongé en un crochet peu courbé, mais très-aigu, qui fait saillie au côté externe de la valve; le second auxiliaire très-petit, demi-membraneux, oblong et faiblement échancré; — é, la lèvre sternale un peu dépassée par le labre; elle est aussi haute que large, faiblement arrondie au sommet, et comme un peu échancrée.

2. c. La forcipule gauche de l'individu femelle, isolée, faisant voir les six dents qui bordent sa gouttière.

2. d. La mâchoire droite du même : son palpe est terminé par un ongle pectiné à quatre dents; l'article cubital est sensiblement plus court que le radial.

2. è. La lèvre sternale isolée, et vue en dessous.

2. é. La même lèvre plus grossie, et retournée pour faire voir en dessus le labre dont on ne l'a point séparée : ce labre est remarquable par les deux lobes parfaitement glabres de son renflement postérieur, et par les nombreuses et longues soies qui recouvrent son épichile.

2. 2. Autre individu femelle, pris vraisemblablement après la ponte des œufs.

Des environs d'Alexandrie. — Il ne différait de l'individu précédent que par le dessin de son abdomen, un peu plus marqué, et dont le quatrième triangle avait les deux angles postérieurs convertis en deux points noirs contigus à deux gros points blancs.

2. g*f*. Le bout du tarse d'un pied antérieur du même :

ARACHNIDES. PL. 4.   367

les ongles supérieurs ont chacun un peigne de cinq dents aiguës.

2. h*f*. Un ongle supérieur d'un pied de la seconde paire : il est plus large que ceux de la première paire, et un peu plus crochu.

2. g-l. Les mesures comparatives des quatre paires de pieds du même.

2. F. Les quatre filières extérieures du même, vues par derrière, avec l'anus qui est couronné de cils : on n'aperçoit pas l'article terminal des filières, qui est court et rentré.

2. 3. Autre individu femelle, vu en dessous.

IV. 3. LYCOSA arenaria, *Lycose des sables*.

Cette espèce a le *thorax* un peu plus oblong que la précédente.

3. 1. Individu femelle grossi. 1', grandeur naturelle.

Du désert aux environs de Rosette. — Il avait le *thorax* brun, marqué sur sa longueur de trois bandes gris-roussâtre, irrégulièrement dentelées, la bande intermédiaire fort large, les deux autres étroites, exactement marginales; l'*abdomen* gris-roussâtre, varié de gros points blancs, entourés de brun, disposés symétriquement sur quatre rangs, les points des deux rangs intermédiaires alternativement plus rapprochés et plus écartés; tout le dessous du corps gris-blanc; les *pieds* gris-roussâtre, annelés de noirâtre, hérissés de quelques poils bruns.

3. g*f*. Le bout du tarse d'un pied antérieur du même : les ongles supérieurs ont chacun un peigne de trois dents aiguës; l'ongle inférieur est reçu entre deux faibles soies plantaires.

3. ··t Le cocon qui contenait les œufs, de grandeur

naturelle : il est de forme lenticulaire, avec un léger rebord.

IV. 4. LYCOSA peregrina, *Lycose voyageuse.*

Cette espèce se rapproche, par le port, de la lycose des sables.

4. *z.* Individu femelle grossi. *z'*, grandeur naturelle.

Des environs de Rosette. — Il avait le *thorax* brun, marqué sur sa longueur de trois bandes d'un roux-olivâtre, l'intermédiaire large, faiblement prononcée, les deux autres étroites, exactement marginales ; l'*abdomen* roux-olivâtre, avec quatre rangées de gros points bruns : le dessous du corps d'un olivâtre plus clair ; les *pieds* du même roux-olivâtre que le corps, annelés de brun et hérissés de poils obscurs.

4. œ. Les yeux du même, avec le bord facial du thorax, dont ils sont séparés par un bandeau moins étroit que dans les tarentules.

4. g-l. Les mesures comparatives des pieds du même.

IV. 5. LYCOSA pelliona, *Lycose pellione.*

5. *z.* Individu femelle grossi. *z'*, grandeur naturelle.

Des environs de Rosette. — Il avait le *thorax* brun, avec trois larges raies blanchâtres, les deux raies extérieures presque marginales ; l'*abdomen* d'un brun moins obscur, marqué à sa base d'une tache noire, allongée, sinuée, terminée en pointe ; le dessous du *corps* d'un brun clair uniforme ; les *pieds* bruns, faiblement annelés de noirâtre.

5. œ. Les yeux du même individu, avec le bord facial du thorax, dont ils sont très-rapprochés.

5. *E.* La bouche du même, vue par sa face postérieure, offrant les forcipules, les mâchoires

avec leurs palpes et la lèvre sternale, qui dépasse un peu le labre.
5. g-l. Les mesures comparatives des pieds du même.

IV. 6. Lycosa agretyca, *Lycose agretyque*. Latr.

Cette espèce offre en tous points la conformation de la précédente, qui n'en est peut-être qu'une simple variété de
couleur.

6. *1*. Individu femelle grossi. *1'*, grandeur naturelle.

Des rives du canal d'Alexandrie. — Il avait, en dessus, le
thorax brun, marqué, sur sa longueur, de trois raies
livides, les latérales écartées de l'intermédiaire, presque
marginales; l'*abdomen* d'un brun-olivâtre, plus clair sur
le milieu que sur les côtés, divisé antérieurement par
une tache rhomboïdale-linéaire, blanche, encadrée de
noir, suivie de deux rangées écartées et peu régulières
de points obscurs : en dessous, la *poitrine* livide, l'*abdomen* de même, avec une bande peu marquée d'un roux
nébuleux, bordée de roux plus obscur[1]; les *pieds* d'un
brun livide.

IV. 7. Lycosa Nilotica, *Lycose du Nil*.

Conformation des deux précédentes, avec le *thorax* plus
étroit antérieurement.

Les quatre *yeux* postérieurs figurent un trapèze moins rétréci en devant; la troisième paire de *pieds* est presque
égale à la deuxième.

7. *1*. Individu femelle grossi. *1'*, grandeur naturelle.

Des rives du canal d'Alexandrie. — Il avait, en dessus, le
thorax d'un roux-cendré uniformément nébuleux; l'*abdomen* d'un fauve clair sur le milieu, ce fauve divisé en

---

[1] Cette bande existe sur tous les individus que M. Savigny a pris en Égypte; elle est au contraire tout-à-fait invisible sur les individus trouvés en Europe.

deux bandes longitudinales par une raie intermédiaire d'un brun mêlé de cendré, avancée des deux côtés en quatre angles ou points noirs, les quatre points antérieurs petits, les quatre postérieurs grands, croisant transversalement les deux bandes fauves qui étaient, en outre, marquées à leur base externe d'un autre point noir; les côtés mêlés de roux et de cendré : en dessous, la *poitrine* rousse; l'*abdomen* cendré-roussâtre, sans taches; les *pieds* d'un roux livide, annelés de brun[1].

IV. 8. Lycosa pelusiaca, *Lycose pélusienne.*

Elle offre la conformation des espèces précédentes.
Les quatre *yeux* antérieurs figurent une ligne très-sensiblement courbée en devant, un peu éloignée du bord facial : ils sont presque égaux entre eux; les quatre postérieurs sont disposés comme dans la *lycose du Nil;* les *pieds* sont grêles.

8. 1. Individu femelle grossi. 1', grandeur naturelle.

Des bords du lac Menzaleh. — Il avait le *thorax* brun-noirâtre; l'*abdomen* d'un brun nébuleux, varié par une double série de taches blanches, oblongues, divergentes, unies en chevrons par un axe commun d'un brun plus obscur; les *pieds* d'un brun-noirâtre, à peine annelés.

Genre DOLOMÈDE, *DOLOMEDE.*

Fig. 9.

Le genre dolomède, institué par M. Latreille, appartient à la famille des fileuses et à la tribu des citigrades[2]; il offre pour caractères essentiels : des *yeux*

---

[1] On trouve la même espèce en Italie : elle est très-variable dans ses couleurs, mais le fond du dessin paraît constant.
[2] *Règne animal de Cuvier,* tome III, page 96.

disposés sur trois lignes transverses, dont l'antérieure formée de quatre, et les deux autres, de deux chacune, les deux postérieurs étant situés chacun sur une petite élévation; *pattes* longues et fortes, la seconde paire de pattes aussi longue ou plus longue que la première; *lèvre sternale* courte, carrée, aussi large que haute; *mâchoires* droites écartées, plus hautes que larges. Les dolomèdes avoisinent, sous plusieurs rapports, les thomises, les saltiques, les sphases et les ctènes; mais un examen attentif ne permet pas de les confondre avec ces différens genres. On ne connaît encore que quatre ou cinq espèces, que M. Walckenaër a rangées dans deux tribus, les RIVERINES et les SYLVINES.

IV. 9. DOLOMEDE hyppomene, *Dolomède hyppomène*.

Cette espèce nouvelle appartient à la famille des *riverines* de M. Walckenaër; mais elle n'en possède pas tous les caractères, et les yeux offrent, quant à leur grosseur relative, des différences notables.

9. 1. Individu femelle grossi. 1', grandeur naturelle.

Des environs de Damiette. — Il avait le *thorax* brun-marron, bordé de blanchâtre; l'*abdomen* cendré, olivâtre en dessus, jaune sur les côtés, jaunâtre en dessous; les *pieds* brun clair, faiblement annelés de brun plus obscur.

9. æ. Les yeux du même individu, avec le bord facial du thorax, dont ils sont assez rapprochés.

Genre OCYALE, *OCYALE.*

Fig. 10.

Ce nouveau genre, évidemment formé aux dépens de celui des dolomèdes, paraît se composer de la deuxième famille de M. Walckenaër, désignée sous le nom de *sylvines*. M. Savigny n'en circonscrit pas les caractères, mais il les développe très au long, en prenant pour objet de ses recherches l'ocyale atalante.

Suivant lui, cette espèce a le *thorax* court, rétréci et tronqué verticalement en devant, en cœur inverse, à bandeau préoculaire, en forme de triangle; à *sternum* large, en cœur; l'*abdomen* allongé, peu renflé, conique, exactement terminé par six filiaires biarticulées, très-peu saillantes, les deux antérieures plus épaisses et plus courtes que les deux postérieures.

Elle a, de plus, les *yeux* rassemblés au devant du thorax, sur trois lignes composées comme dans le genre précédent, la première ligne un peu éloignée de la seconde, et courbée sensiblement en arrière, les yeux de cette ligne presque également espacés, les deux intermédiaires un peu plus petits que les deux extérieurs, qui le sont eux-mêmes un peu plus que ceux des lignes suivantes; ceux de la seconde ligne, les plus gros de tous; les quatre intermédiaires figurant un trapèze moins large que long, rétréci en devant, et les quatre latéraux, deux lignes divergentes qui passent loin des yeux intermédiaires postérieurs; les *forcipules* abaissées perpendiculairement, non renflées, coniques, à gouttière oblique, bordée de deux rangs de dents aiguës, et à crochet replié obliquement; les *mâchoires* parallèles, un peu oblongues, arrondies et distantes à leur sommet; à palpe médiocre, le palpe du mâle vraisemblablement conformé comme dans l'*ocyale admirable*[1]. Le palpe de la femelle ayant l'article cubital beaucoup plus court que le radial, le digital terminé par un ongle denté; le *labre* avancé sur la lèvre sternale, qu'il dépasse à peine, épais, très-convexe en arrière, rétréci en devant, obtus à sa pointe, au-dessous de laquelle il est faiblement échancré, complètement garni de longues soies sur le dos; à épichyle petite, pointue, portant elle-même quelques longues soies; la *lèvre sternale* un peu moins haute que large[2], légèrement échancrée au sommet; les *pieds* grands, la quatrième paire un peu plus longue que la seconde qui n'excède que très-faiblement la première, la troisième sensiblement plus courte; les tarses à ongles supérieurs, obliquement pectinés, coudés vers la pointe; à ongle inférieur brusquement courbé dès sa base, très-simple.

La différence de ces caractères avec ceux que M. Savigny reconnaît aux dolomèdes, consiste principalement dans la proportion des yeux et dans les forcipules non renflées.

[1] On ne saurait douter que cette comparaison n'ait pour objet la dolomède admirable, *dolomede mirabilis*, Walckenaër, que M. Savigny rapporte à son genre ocyale.

[2] Dans la figure E, la lèvre sternale est au moins aussi haute que large.

IV. 10. OCYALE atalanta, *Ocyale atalante.*

10. *z*. Individu femelle grossi, vu de profil. *z'*, grandeur naturelle.

> Des environs de Jaffa.— Il avait le *thorax* brun-rougeâtre; l'*abdomen* jaune-olivâtre, avec le dessous plus pâle et bordé de deux raies obscures, peu marquées; les *pieds* d'un roux-fauve, complètement et très-régulièrement annelés de noir.

10. B. Le thorax du même individu, vu en dessus. On a cru pouvoir l'incliner un peu pour montrer son bandeau préoculaire; situation qui le fait paraître plus allongé qu'il ne l'est réellement : — æ, les yeux : les latéraux antérieurs sont saillans en avant, les latéraux postérieurs saillans en arrière.

10. æ. Les yeux, avec le bord facial du thorax, dont ils sont séparés par un large bandeau préoculaire.

10. E. La bouche du même, vue par sa face postérieure : — c, les forcipules armées chacune de sept dents; — d, les mâchoires; — é, la lèvre sternale un peu dépassée par le labre.

10. g-l. Les mesures comparatives des pieds du même.

Genre ERÈSE, *ERESUS.*

FIG. 11 ET 12.

M. Walckenaër, qui a institué ce genre, le caractérise aujourd'hui[1] de la manière suivante : *yeux* au nombre de huit, inégaux entre eux, placés sur le devant et

---

[1] *Faune française*, Aranéides, page 37.

les côtés du corselet : quatre sur la ligne antérieure et deux sur chacune des deux lignes postérieures; mais les intermédiaires de la ligne antérieure et les deux yeux de la seconde ligne tellement rapprochés entre eux, qu'ils forment un carré renfermé dans un plus grand carré ou trapèze figuré par les yeux latéraux de la ligne antérieure et les deux yeux de la ligne postérieure; *lèvre sternale* allongée, triangulaire, terminée en pointe; *mâchoires* droites, plus hautes que larges, arrondies et dilatées à leur extrémité; *pattes* grosses, courtes, propres au saut, presque égales en longueur; cependant la quatrième est la plus longue, la première ensuite, la troisième est la plus courte.

On ne connaît encore qu'un petit nombre d'espèces : celles qu'on voit figurées ici nous paraissent différer de celles qui se trouvent décrites par les auteurs; l'inspection des dessins aurait levé nos doutes.

IV. 11. ERESUS Petagnæ, *Erèse de Petagna*.

 Cette espèce présente de l'analogie, pour sa forme, avec l'*eresus frontalis* de M. Walckenaër[1] : elle s'en rapproche beaucoup par la disposition et la grosseur relative des yeux, mais elle en diffère essentiellement par un nombre moindre de points enfoncés sur le dos de l'abdomen : on en compte seulement six. Peut-être existe-t-il encore des différences plus tranchées dans les couleurs.

11. 2. Individu femelle grossi. 1', grandeur naturelle.
11. C. Le thorax vu de profil. Il est très-bombé dans sa moitié antérieure : — *æ*, les yeux; — c, les mandibules; — d, les mâchoires.

[1] *Loco citato*, planche IV, figures 5 et 6.

11. æ. Les yeux du même individu, avec le bord facial du thorax, dont ils sont très-voisins.

11. E. La bouche du même, vue par sa face postérieure : — c, les mandibules ; — d, les mâchoires ; — é, la lèvre sternale dépassée par le labre.

11. c. Une des forcipules avec son crochet ouvert.

11. d. Une mâchoire vue en dessus.

11. é. La lèvre sternale, vue en dessous, et montrant le labre qui la dépasse au sommet.

11. é. Le labre et les mâchoires découverts, vus en dessus : — d, les mâchoires, dont on a supprimé les palpes.

11. g ƒ. L'extrémité du tarse d'un pied antérieur du même, très-grossie.

11. g-l. Les mesures comparatives des quatre paires de pieds du même.

IV. 12. ERESUS Dufourii, *Erèse de Dufour.*

Cette nouvelle espèce s'éloigne beaucoup de la précédente par le volume relatif des yeux : les latéraux antérieurs et postérieurs sont en outre moins écartés ; enfin, il existe des différences sensibles dans la proportion des pieds. Ces derniers caractères rapprochent notre espèce de l'*eresus lineatus* de M. Latreille[1] ; mais sa taille et la disposition des dessins de l'abdomen suffisent pour l'en distinguer.

12. z. Individu mâle, grossi. z', grandeur naturelle.

12. C. Le thorax du même, vu de profil : sa partie antérieure est beaucoup moins bombée que dans l'espèce précédente, et la convexité diminue

---

[1] *Dict. d'hist. natur.*, 2ᵉ édit., tome x, page 393. *Voyez* aussi la *Faune parisienne*, Aranéides, par M. Walckenaër, pl. IV, fig. 3 et 4 ; et les *Annales des sciences physiques de Bruxelles*, t. VI, pl. XCV, fig. 3 et 4.

insensiblement en arrière : — æ´, les yeux ; — c, les forcipules ; — d, les mâchoires.

12.   ǽ. Les yeux du même individu, avec le bord facial du thorax : les intermédiaires antérieurs égalent presque en volume les intermédiaires postérieurs.

12.   E. La bouche, vue par sa face postérieure : — c, les mandibules ; — d, les mâchoires ; — é, la lèvre sternale.

12.   g-l. Les mesures comparatives des quatre paires de pieds : la première est la plus longue de toutes.

PLANCHE 5.

SCYTODES, DYSDÈRES, DRASSES, CLUBIONES, THOMISES.

Genre SCYTODE, *SCYTÓDES.*

Fig. 1 et 2.

Ce genre, qui appartient à la famille des aranéides fileuses, tribu des inéquitèles[1], a été établi par Latreille, qui lui donne, pour caractère essentiel, six *yeux* disposés par paires. M. Walckenaër le caractérise ainsi : six *yeux*, presque égaux entre eux, occupant le devant du corselet; *lèvre sternale* triangulaire, dilatée dans son milieu; *mâchoires* inclinées sur la lèvre cylindrique, et élargies à leur base ; *pattes* fines : les quatrième et première paires sont les plus longues; la troi-

---

[1] *Règne animal de Cuvier*, tome III, page 85.

sième est la plus courte. M. Latreille a fondé ce genre sur une espèce des environs de Paris, qu'il a nommée *scytodes thoracica*, à cause du renflement considérable de son corselet; elle vit cachée dans l'intérieur des maisons. Cet auteur en signale une seconde espèce qui lui a été envoyée d'Espagne par M. Léon Dufour.

V. 1. Scytodes thoracica, *Scytode thoracique*. Latr.

>Nous rapportons cette espèce à la scytode thoracique, *scytodes thoracica*, Latr. Elle a, comme elle, le *thorax* excessivement bombé, avec des lignes noires; l'*abdomen* est globuleux et ponctué de noir.

1.   2. Individu femelle très-grossi, vu de profil et de trois-quarts en dessus. 2', grandeur naturelle en dessus.

1.   B. Thorax du même individu, vu de face : on remarque combien il est élevé.

1.   C. Thorax du même, vu de profil, afin de montrer son élévation plus grande en arrière, et la troncture de la partie postérieure.

1.   æ. Les yeux, au nombre de six et groupés deux par deux, avec le bord antérieur du thorax angulairement échancré.

1.   E. Bouche vue par sa face postérieure : — c, les forcipules; — d, les mâchoires étroites, inclinées très-sensiblement l'une vers l'autre et sur la lèvre; — é, la lèvre sternale en forme de cœur, et un peu dépassée par le labre.

1.   c. Une des forcipules détachée avec son crochet très-court, et caché dans l'excavation qui entoure sa base.

1. d. Une des mâchoires, avec son palpe grêle et allongé.
1. é. La lèvre sternale détachée et réunie au labre, qui la dépasse.
1. g*f*. L'extrémité d'un des tarses : les crochets ont une base étendue, tuberculeuse; les dents du peigne sont courtes, en scie, au nombre de quatre.
1. g-l. Les mesures comparatives des pieds : la première paire est la plus longue, la quatrième ensuite, puis la seconde; la troisième est la plus courte.

V. 2. SCYTODES rufescens, *Scytode blonde*. Duf.

Cette espèce, très-distincte de la précédente, ne nous paraît pas différer de la scytode blonde de M. Léon Dufour[1], que ce naturaliste a trouvée en Espagne.

2. *z*. Individu femelle très-grossi. *z'*, grandeur naturelle.

2. C. Le thorax du même, vu de profil. Il est beaucoup moins élevé que dans l'espèce précédente : — *æ*, les yeux; — c, les forcipules très-droites; — d, les mâchoires également droites.

2. *æ*. Les yeux, dont les groupes sont moins rapprochés entre eux que dans l'espèce précédente; la forme et le volume sont aussi différens.

2. E. La bouche du même individu, vue en dessous : — c, les forcipules très-droites, fort longues, et à ongle court et caché; — d, les mâchoires obliques, très-rapprochées à leur sommet; — é, la lèvre sternale.

---

[1] *Annales générales des sciences physiques de Bruxelles*, t. v, p. 203, pl. LXXVI, fig. 5.

2. c. Une forcipule détachée.
2. d. Une mâchoire isolée avec son palpe, qui est très-grêle.
2. é. La lèvre sternale dépassée par le labre, qui est en forme de lance.
2. é. Le labre excessivement grossi, vu en dessus, et recouvrant la lèvre sternale, qu'il dépasse.
2. g-l. Mesures comparatives des pieds : la quatrième paire et la seconde sont les plus longues, la première vient ensuite; la troisième est la plus courte.

Genre DYSDÈRE, *DYSDERA.*

Fig. 3.

Le genre disdère, institué par M. Latreille, appartient à la famille des fileuses, tribu des tubitèles ou araignées tapissières[1]. Ses caractères sont : *yeux* au nombre de six, très-rapprochés, deux en avant et écartés, les quatre autres postérieurs, et formant une ligne arquée en arrière, ou un fer-à-cheval ouvert en devant ; la première paire de *pieds,* et ensuite la quatrième, plus longues ; la troisième la plus courte de toutes. On n'a décrit encore qu'une espèce assez commune en France et en Espagne; on la trouve dans les décombres et sous les pierres.

V. 3. Disdera erythrina, *Disdère érythrine.* Latr.

Autant qu'il m'est permis d'en juger, sans le secours des

[1] *Règne animal de Cuvier,* tome III, page 82.

dessins, cette espèce ne diffère pas essentiellement de celle de notre pays.

3.   *z.* Individu femelle très-grossi. *z′*, grandeur naturelle.

3.   B. Thorax vu de face : — æ, les yeux ; — c, les forcipules très-longues.

3.   C. Le thorax du même vu de profil : — æ, les yeux ; — c, les forcipules ; — d, les mâchoires.

3.   æ. Les yeux, au nombre de six, très-rapprochés entre eux sur deux lignes ; les deux de la ligne antérieure arrondis et très-gros.

3.   E. La bouche vue par sa face postérieure : — c, les forcipules avec leur ongle recourbé ; — d, les mâchoires étroites à leur sommet, et brusquement rétrécies au côté externe pour l'insertion du palpe ; — é, la lèvre sternale échancrée, un peu dépassée par le labre.

3.   c. Une des forcipules avec son long crochet.

3.   é. La lèvre sternale dépassée par le labre.

3.   é. Labre vu en dessus.

3.   g*f.* L'extrémité d'un des tarses très-grossie : les ongles ont un peigne de trois dents.

3.   g-l. Mesures comparatives des pieds.

Genre DRASSE, *DRASSUS.*

Fig. 4, 5, 6, 7.

Ce genre, fondé par M. Walckenaër, et que M. Latreille avait déjà indiqué sous le nom de *gnaphose*, appartient à la famille des fileuses, section des tubitèles ou tapissières[1]. Ses caractères sont : les quatre *filiaires*

[1] *Règne animal de Cuvier*, tome III, page 83.

extérieures presque égales; *mâchoires* arquées au côté extérieur, formant une ceinture autour de la *lèvre*, qui est allongée et presque ovale; huit *yeux* placés très-près du bord antérieur du thorax, disséminés, quatre par quatre, sur deux lignes transverses; la quatrième paire de *pieds*, ensuite la première, plus longues. En jetant les yeux sur les espèces représentées sous les n°˚. 4, 5 et 6, on se convaincra qu'elles offrent plusieurs caractères qui les éloignent des drasses, et qui les rapprochent des clubiones. Peut-être M. Savigny voulait-il faire, avec ces arachnides, une coupe nouvelle intermédiaire à ces deux genres.

V. 4. Drassus Listeri, *Drasse de Lister*.

 Nous croyons que ce drasse constitue une espèce nouvelle : ses couleurs ne nous sont pas connues.

4. *z*. Individu femelle très-grossi. *z'*, grandeur naturelle.

4. B. Thorax, vu de face, montrant la direction des forcipules c, la disposition des yeux æ, et le palpe maxillaire d.

4. C. Thorax du même individu, représenté de profil. On voit qu'il est très-peu bombé : — æ, les yeux; — c, les forcipules obliques en avant; — d, les mâchoires.

4. æ'. Les yeux très-rapprochés du bord facial du thorax, de forme plus ou moins ovalaire, placés sur deux lignes légèrement courbées : les yeux intermédiaires, les plus petits; les latéraux antérieurs, les plus gros.

4. E. La bouche du même, vue par sa face postérieure :

— c, les forcipules; — d, les mâchoires droites très-élargies à leur base, étroites et arrondies à leur sommet; — é, lèvre sternale allongée et arrondie.

4. c. Une des forcipules détachée.
4. d. Une mâchoire détachée de la bouche avec son palpe.
4. é. La lèvre sternale.
4. g-l. Les mesures comparatives des pieds; la quatrième paire la plus longue, puis la première et la seconde; la troisième la plus courte.

V. 5. DRASSUS Scæfferi, *Drasse de Schœffer.*

Cette nouvelle espèce, dont nous ignorons les couleurs, se distingue nettement par les quatre points de son abdomen, et par la forme des yeux.

5. z. Individu femelle très-grossi. z', grandeur naturelle.
5. æ. Les yeux placés sur deux lignes transverses légèrement courbées : ces yeux sont arrondis, d'égale grosseur, de même forme, à l'exception des intermédiaires postérieurs, qui sont plus petits et ovalaires.

V. 6. DRASSUS Lyonnetii, *Drasse de Lyonnet.*

Au premier aspect, on croirait que cette espèce ne doit pas être distinguée du drasse de Lister, mais il existe dans la forme et dans la grosseur relative des yeux des différences qui nous semblent autoriser une distinction. Cependant il pourrait se faire que cet individu fût le mâle de l'espèce précédente.

6. z. Individu mâle très-grossi. z', grandeur naturelle.
6. æ. Les yeux assez éloignés du bord facial du tho-

rax, et rangés sur deux lignes manifestement courbes en avant, ce qui peut dépendre de la manière dont ce bord est vu : tous ces yeux de forme ovalaire et d'égale grosseur, excepté les intermédiaires antérieurs plus petits.

6. df. Le palpe du même individu faisant voir les organes de l'appareil excitateur dans leur position naturelle.

V. 7. Drassus Linnæi, *Drasse de Linné.*

Cette espèce nous paraît très-voisine du drasse lucifuge, *drassus lucifugus,* Walck.; et si l'on connaissait ses couleurs, peut-être jugerait-on convenable de ne pas l'en distinguer.

7. z. Individu femelle grossi. z', grandeur naturelle.
7. æ. Les yeux rangés sur deux lignes : l'antérieure très-courbée en avant, en fer-à-cheval ; la postérieure presque droite.
7. E. La bouche du même, vue par sa face postérieure : — c, les forcipules droites et longues ; — d, les mâchoires arrondies à leur côté externe ; — é, lèvre sternale allongée et arrondie au sommet.
7. c. Une des forcipules détachée : on voit deux grosses dents à la gouttière qui reçoit le crochet.
7. d. Une des mâchoires avec son palpe.
7. é. Lèvre sternale détachée, poilue, et dépassée par le labre.
7. gf. L'extrémité du tarse d'un des pieds antérieurs : chaque ongle est pourvu d'un peigne de cinq dentelures.
7. g-l. Mesures comparatives des pieds.

Genre CLUBIONE, *CLUBIONA.*

Fig. 8 et 9.

Ce genre, de la famille des fileuses, section des tubitèles ou tapissières, a été fondé par M. Latreille; il a pour caractères : huit *yeux* placés au-devant du corselet, sur deux lignes transverses; *mâchoires* droites, élargies à leur base extérieure pour l'insertion des palpes, et arrondies à l'extrémité; *lèvre* en carré long; *pattes* propres à la course, et variant respectivement de longueur : la première paire, et ensuite la quatrième, sont en général les plus grandes; mais, dans certaines espèces, cette dernière, et ensuite la première ou la seconde dépassent les autres. Les caractères tirés de ce développement relatif, joints à quelques autres, ont fourni à M. Walckenaër des bases pour l'établissement de cinq sections.

V. 8. Clubiona Albini, *Clubione d'Albin.*

>Cette clubione a quelque ressemblance, par la disposition des yeux, avec la clubione lapidicole, qui appartient à la section des furies. On pourrait aussi, à cause de la longueur de la quatrième paire de pattes, et de la seconde, un peu plus étendue que la première, la rapprocher, à quelques égards, de la clubione soyeuse, qui appartient à la section des dryades : l'absence du dessin et l'imperfection des figures données par Degeer et Lister, et auxquelles nous sommes réduits à avoir recours, nous laissent dans le doute à cet égard.

8.   *z*. Individu femelle très-grossi. *z'*, grandeur naturelle.

8. æ. Les yeux du même individu avec le bord facial du thorax. Ces yeux sont disposés sur deux lignes arquées : les deux intermédiaires antérieurs sont les plus gros de tous et arrondis; les mêmes yeux de la ligne postérieure sont excessivement petits et ovales.

8. E. La bouche du même, vue par la face postérieure : — c, les forcipules; — d, les mâchoires droites et arrondies; — é, la lèvre sternale allongée, coupée transversalement, à bords très-légèrement arrondis.

V. 9. CLUBIONA LISTERI, *Clubione de Lister*.

Cette clubione nous paraît voisine de la *clubiona atrox*, Walck. Son abdomen n'a point de tache quadrangulaire; ce qui au reste pourrait n'indiquer qu'une variété.

9. z. Individu femelle très-grossi. z', grandeur naturelle.

9. C. Le thorax vu de profil : — æ, les yeux; — c, les forcipules; — d, les mâchoires.

9. æ. Les yeux du même grossi avec le bord facial du thorax, qui laisse entre eux et lui un bandeau très-étroit. Ces yeux figurent ici deux lignes courbées en sens contraire, c'est-à-dire opposées par leur concavité.

9. E. La bouche du même, vue par sa face postérieure : — c, les forcipules droites; — d, les mâchoires arrondies, légèrement échancrées à leur côté externe, et entourant la lèvre sternale; — é, la lèvre sternale, qui a la forme d'un ovale tronqué à son sommet.

9. c. Une forcipule séparée offrant deux petits prolongemens épineux à l'angle interne de son sommet.

9. d. Une mâchoire séparée avec son palpe.

9. g f. L'extrémité du tarse d'un des pieds antérieurs offrant les ongles pourvus chacun de quatre dentelures.

9. g-l. Mesures comparatives des pieds : la dernière paire est la plus longue ; ce qui éloignerait beaucoup cette espèce de la clubione atrox, que M. Walckenaër range parmi les espèces ayant la première paire de pattes la plus longue de toutes. Les figures très-fidèles de M. Savigny ne permettent pas de penser qu'il y ait quelque méprise dans les mesures qu'il a tracées.

Genre THOMISE, *THOMISUS*.

FIG. 10.

Les thomises, vulgairement nommées *araignées-crabes*, parce qu'ils ont la forme de certains crustacés, constituent un genre très-nombreux en espèces, et qui a été fondé par M. Walckenaër[1]. Cet auteur le distingue par les caractères suivans : huit *yeux* presque égaux entre eux, occupant le devant du corselet ; *lèvre* grande, plus haute que large, resserrée à sa base, dilatée dans son milieu ; *mâchoires* allongées, inclinées sur la lèvre, légèrement échancrées dans le milieu de leur côté interne ; *pattes* étendues latéralement, de longueur variable. Les espèces de ce genre, suivant qu'elles

[1] *Tableau des aranéides*, page 28.

ont les pattes postérieures plus ou moins courtes et grêles, se rangent dans trois sections, qui sont subdivisées en familles, lesquelles se partagent ensuite en plusieurs races. M. Latreille, qui adopte le genre thomise, lui assigne des caractères fort précis, et qui ne permettent pas de le méconnaître. Ces araignées peuvent marcher en tous sens, et, dans le repos, elles étendent leurs pattes dans toute leur longueur. Les yeux forment le plus souvent, par leur réunion, un segment de cercle ou un croissant, les deux latéraux postérieurs étant plus reculés en arrière, ou plus rapprochés des bords latéraux du corselet que les autres. Le corps du plus grand nombre est aplati, avec l'*abdomen* grand, arrondi et triangulaire. Les espèces figurées par M. Savigny, si elles n'offrent pas tous ces caractères, en présentent au moins l'ensemble. Quelques-unes se font remarquer par un développement égal de toutes les pattes. M. Walckenaër les réunit dans son genre *philodrome*. L'espèce de la fig. 10, pl. 5, lui appartient, et on doit regarder encore comme en faisant partie les espèces représentées à la pl. 6, sous les n°s. 1, 2, 3, 4, 5.

V. 10. Philodromus Clerckii, *Philodrome de Clerck*.

> Cette espèce nous paraît nouvelle : nous ne pouvons rien dire de ses couleurs.

10.   *z*. Individu femelle de grandeur naturelle.

10.   C. Thorax vu de profil pour montrer son élévation très-sensible dans la moitié antérieure : — æ,

les yeux; — c, les forcipules; — d, les mâchoires.

10. ǽ. Les yeux placés sur deux lignes transverses; les intermédiaires formant un quadrilatère allongé, et les latéraux deux lignes obliques.

10. E. La bouche du même vue par sa partie postérieure. Cette bouche a beaucoup de largeur : — c, les forcipules très-fortes, avec un crochet aigu, reçu dans une gouttière bordée de dentelures; — d, les mâchoires arrondies, très-écartées l'une de l'autre, avec un palpe long et grêle; — é, lèvre sternale courte, triangulaire, à bords arrondis.

10. g f. L'extrémité du tarse d'un des pieds antérieurs vu de face : les crochets ont des peignes à dents droites, courtes et distantes les unes des autres.

10. g f. Le même tarse vu de profil.

10. g-l. Mesures comparatives des pieds.

PLANCHE 6

THOMISES.

Suite du Genre THOMISE, *THOMISUS.*

Les espèces mentionnées sous les n°s. 1, 2, 3, 4 et 5, appartiennent encore au groupe générique des philodromes de M. Walckenaër. L'espèce n°. 6 fait partie du genre sélénope de M. Léon Dufour; les autres espèces sont des thomises proprement dits.

VI. 1. Philodromus Walckenærii, *Ph. de Walckenaër.*

Cette nouvelle espèce est remarquable par les dessins de son corps.

1.   1. Individu femelle qui semble être de grandeur naturelle [1], et dont les pattes ont un grand développement.

1.   B. Le thorax du même individu vu de face : — *æ*, les yeux, qui ne débordent pas la ligne extérieure des forcipules ; — c, les forcipules droites contiguës sur la ligne moyenne dans les deux tiers de leur longueur ; — d, les mâchoires, dont les palpes sont très-longs, avec le dernier sans onglet.

1.   *æ.* Les yeux d'égale grosseur, disposés sur deux lignes courbées en sens inverse, l'antérieure moins longue que la postérieure.

1.   g*f.* L'extrémité du tarse d'un des pieds antérieurs vu en dessus : les deux ongles ont chacun huit dents.

VI. 2. Philodromus Linnæi, *Philodrome de Linné.*

Nous regardons encore cette espèce comme nouvelle.

2.   1. Individu mâle qui paraît être de grandeur naturelle ; le dernier article du palpe est très-infléchi.

2.   C. Le thorax du même individu grossi, représenté de profil pour montrer sa hauteur et sa forme,

[1] Les planches que nous publions n'ayant pas été vérifiées par M. Savigny, il serait possible que les grandeurs naturelles de quelques espèces aient été omises, l'auteur les faisant quelquefois ajouter après coup.

avec le degré d'inclinaison des forcipules et des mâchoires : — æ, les yeux ; — c, les forcipules ; — d, les mâchoires, dont le palpe est très-développé en longueur.

2. æ. Les yeux du même avec le bord facial du thorax : ils sont à peu près d'égale grosseur et placés sur deux lignes, dont l'antérieure est plus courte et courbée, tandis que la postérieure est presque droite.

2. E. La bouche du même vue par sa face postérieure : — c, les forcipules, dont les crochets sont exactement repliés ; — d, les mâchoires, auxquelles on a retranché les palpes : elles sont assez distantes l'une de l'autre, et sensiblement divergentes ; — é, la lèvre sternale arrondie, un peu plus haute que large.

2. c. Une forcipule séparée, avec le crochet relevé ; la gouttière offre des dentelures très-prononcées.

2. d. La mâchoire pourvue de son palpe : le lobe est garni de fortes et nombreuses dentelures et de faisceaux de poils ; la valve de l'organe excitateur est très-développée, et cache les autres pièces de l'appareil.

2. é. La lèvre sternale vue en dessous, laissant voir le labre, qui est très-saillant.

2. é. La même lèvre retournée et montrant le labre en dessus.

2. d f. ♂ L'extrémité du palpe du mâle vu en dedans, afin de montrer les pièces de l'appareil excitateur : on remarque à côté l'articulation de deux de ces pièces.

2. g-l. Mesures comparatives des pieds.

VI. 3. Philodromus Fabricii, *Philodrome de Fabricius.*

Les pattes de cette nouvelle espèce ont une longueur très-grande et sont pourvues de poils très-rares.

3.   *z.*   Individu mâle grossi. *z'*, grandeur naturelle.
3. d˝*f.* ♂ L'organe excitateur vu au côté interne, afin de montrer l'arrangement des pièces de l'appareil dans la valve, qui est hérissée de poils épars.

VI. 4. Philodromus Albini, *Philodrome d'Albin.*

Ce philodrome offre plusieurs points de ressemblance avec l'espèce qui précède : les *pattes* sont plus robustes, moins longues, plus velues ; l'*abdomen* est aussi couvert de quelques poils.

4.   *z.*   Individu mâle grossi. *z'*, grandeur naturelle.
4. d*f.* ♂ Palpe détaché, afin de montrer l'organe excitateur : la valve est hérissée de poils très-serrés, couchés les uns sur les autres.

VI. 5. Philodromus rhombiferens, *Philodrome rhombifère,* Walck.

Cette espèce, autant qu'il est permis d'en juger, appartient au thomise rhombifère, dont M. Walckenaër a fait ensuite un philodrome.

5.   *z.*   Individu femelle grossi. *z'*, grandeur naturelle.
5.   C.   Le thorax du même individu vu de profil : — *æ*, les yeux ; — c, les forcipules droites ; — d, les mâchoires inclinées en avant.
5.   *æ.*   Les yeux du même avec le bord facial du thorax : ils forment deux lignes courbes, dont l'antérieure, beaucoup plus petite, est presque en fer à cheval.

5. *E.* La bouche du même vue par sa face postérieure:
— c, les forcipules cylindriques renflées; —
d, les mâchoires très-inclinées sur la lèvre; —
é, la lèvre sternale assez allongée, légèrement
dépassée par le labre.

5. c. Une mandibule détachée : le crochet est court
et courbé; la gouttière qui le reçoit manque
de dentelures.

5. g*f.* L'extrémité du tarse d'un des pieds antérieurs
vu de profil : les ongles supérieurs sont très-
courbes et pourvus de trois dents.

5. g-l. Mesures comparatives des pieds.

Genre SÉLÉNOPE, *SELENOPS.*

Fig. 6.

Le genre sélénope, de la famille des fileuses et de la tribu des latérigrades, est très-voisin des thomises, parmi lesquels il avait été d'abord rangé : c'est M. Léon Dufour qui l'a distingué le premier[1]. Ses caractères essentiels sont : la seconde paire de *pattes* et la troisième ensuite les plus longues de toutes, la première la plus courte; *mâchoires* droites, écartées, parallèles, presque de la même largeur dans toute leur étendue; *lèvres* courtes, presque carrées, avec l'extrémité supérieure arrondie; huit *yeux*, dont six de front, et les deux autres, les plus gros de tous, situés, un de chaque côté, en arrière des deux extrêmes précédens; *corps* très-aplati. La figure de M. Savigny indique une différence : les yeux ne sont pas situés

[1] *Annales générales des sciences physiques*, tome IV, page 361.

de front : on en voit deux, les plus petits de tous, placés plus en avant. Cette différence peut bien tenir à la manière dont on les regarde en fléchissant plus ou moins le thorax. M. Latreille dit connaître quatre espèces : celle qui a été décrite par M. Léon Dufour, une seconde d'Égypte, qui est sans doute celle figurée ici, une troisième de l'Ile-de-France, et une quatrième du Sénégal; il ne décrit pas ces espèces, et ne leur assigne aucun nom.

VI. 6. Selenops Ægyptiaca, *Sélénope d'Égypte*.

Cette espèce nous paraît si voisine de la sélénope omalosome de M. Léon Dufour, que nous ne l'en distinguerions pas, sans l'autorité de M. Latreille, qui dit avoir vu une espèce distincte venant d'Égypte. Nous rapportons celle qu'on voit figurée ici à l'espèce indiquée par M. Latreille.

6.   z.   Individu femelle grossi. z', grandeur naturelle.
6.   B.   Thorax du même individu vu de face. On remarque que les yeux latéraux postérieurs sont situés sur deux protubérances angulaires du thorax : — æ, ces yeux; — c, les forcipules avec un des crochets entr'ouvert.
6.   æ.   Les yeux du même très-voisins du bord facial du thorax.
6.   E.   La bouche du même vue en dessous : — c, les forcipules; — d, les mâchoires légèrement échancrées au côté interne, non loin de leur sommet, par une ligne oblique concave; — é, lèvre sternale arrondie.
6.   c.   Une des forcipules faisant voir les denticules de la gouttière au nombre de trois de chaque côté.

ARACHNIDES. PL. 6.

6.   g ƒ.   L'extrémité du tarse d'un des pieds antérieurs vu de profil : l'ongle est court, grêle, sans dents.
6.   g-l.   Les mesures comparatives des pieds.

VI. 7. Thomisus Peronii, *Thomise de Péron*.

Cette espèce appartient à la famille des crabes de M. Walckenaër et à la race des bituberculées.

7.   1.   Individu femelle grossi. On voit une tache plus foncée, quadrilatère, à la jonction du thorax avec l'abdomen; celui-ci offre cinq petits points qui paraissent enfoncés. z', grandeur naturelle.

7.   B.   Thorax du même individu vu de face. Les yeux latéraux sont portés de chaque côté sur un tubercule très-prononcé : — ǽ, les yeux; — c, les forcipules droites et coniques; — d, les mâchoires dont les palpes sont seuls visibles.

7.   ǽ.   Les yeux disposés sur trois lignes d'autant plus longues qu'on les examine plus postérieurement; la première et la seconde offrent deux yeux, et la troisième en présente quatre d'égale grosseur, plus petits que les autres. On pourrait aussi considérer ces yeux comme représentant deux lignes courbes.

7.   E.   La bouche du même individu vue par sa face postérieure : — c, les forcipules, dont les crochets sont exactement repliés; — d, les mâchoires assez étroites, longues, arrondies, et contiguës à leur sommet, très-échancrées au côté externe pour l'insertion du palpe; — ć, la lèvre sternale longue, étroite, conoïde.

7.   g-l.   Mesures comparatives des pieds : la première et

EXPLICATION DES PLANCHES.

la seconde paires sont très-longues, la troisième et la quatrième sont très-courtes.

VI. 8. *Variété* du Thomisus Peronii.

Ce thomise est très-voisin du précédent ; mais ce qui pourrait le distinguer, ce sont les taches linéaires que l'on voit à la face antérieure des forcipules : elles paraissent manquer dans l'individu précédent.

8.   *1.* Individu femelle vu de face et très-grossi. *1*, grandeur naturelle.

VI. 9. Thomisus Martyni, *Thomise de Martyn.*

C'est avec hésitation que nous faisons une espèce nouvelle des deux individus qu'on voit ici ; ils se rapprochent beaucoup du thomise tronqué et du thomise écourté : mais les figures de Schæffer et de Pallas sont tellement mauvaises, qu'il était bien difficile de le décider avec certitude, et, dans le doute, il nous a paru plus convenable de leur donner un nom.

9.   *1.* Individu femelle grossi. *1'*, grandeur naturelle.

9.   *2.* Individu mâle très-grossi, et que nous supposons appartenir à la même espèce ; il est beaucoup plus petit que l'individu femelle. *2'*, grandeur naturelle.

9. d*f.* ♂ Le palpe du mâle vu en dedans, afin de montrer les organes excitateurs contenus dans la valve : on remarque à côté les pièces de l'appareil détachées de la valve.

VI. 10. Thomisus Buffonii, *Thomise de Buffon.*

Ce thomise s'éloigne des précédens par ses *yeux* égaux entre eux, et n'étant pas portés sur des tubercules : les *pattes* conservent la même dimension relative, mais les premières ont une longueur démesurée.

M. Savigny se proposait peut-être de distinguer génériquement cette arachnide ; l'espèce nous a paru nouvelle.

10.   *z*.   Individu mâle très-grossi. *z′*, grandeur naturelle.
10.   ǽ.   Les yeux disposés sur deux lignes courbes en arrière.
10.   *E*.   La bouche du même individu vue en dessous : — c, les forcipules ; — d, les mâchoires presque aussi longues qu'elles : un des palpes est enlevé, l'autre présente l'organe excitateur *f* ; — é, la lèvre sternale dépassée par le labre.
10.   g*f*.   L'extrémité du tarse d'un des pieds antérieurs : les deux ongles sont munis chacun de deux longues dents ; le dernier article de ce tarse est prolongé en une espèce de talon au-delà de l'insertion des ongles.
10.   g-l.   Mesures comparatives des pieds.

VI. 11. THOMISUS Hirtus ? *Thomise hérissé ?* Latr.

Cette espèce offre tous les traits de ressemblance que M. Latreille a signalés dans le thomise hérissé. C'est avec quelque doute que nous y rapportons les deux individus qu'on voit figurés ici, car nous ignorons quelle est leur couleur.

11.   *z*.   Individu mâle très-grossi. *z′*, grandeur naturelle.
11.   *B*.   Thorax du même individu vu de face : — ǽ, les yeux ; — c, les forcipules coniques et droites.
11.   *C*.   Le thorax du même vu de profil, afin de montrer la convexité de sa partie dorsale : — ǽ, les yeux ; — c, les forcipules ; — d, les mâchoires.
11.   ǽ.   Les yeux rangés sur deux lignes courbes, dont la concavité regarde en arrière, l'antérieure plus concave que la postérieure, celle-ci plus longue.

11.d *f*. ♂ Le palpe d'un jeune individu mâle : le dernier article n'a pas encore atteint tout son développement.

11. 2. Individu très-grossi, assez semblable à l'espèce précédente, et n'en étant peut-être que la femelle. 2', grandeur naturelle.

VI. 12. THOMISUS Lalandii, *Thomise de Lalande.*

Ce thomise, que nous dédions à l'astronome Lalande, est assez semblable aux espèces précédentes ; mais ses yeux ne sont point disposés sur des tubercules du thorax.

12. 2. Individu qui nous semble être une femelle, très-grossi. 2', grandeur naturelle.

12.d *f*. ♂ Extrémité du palpe d'un individu mâle : le quatrième article est pourvu d'une apophyse fort singulière : on remarque toutes les pièces composant l'organe excitateur situées dans la valve, et celle-ci munie d'un petit article terminal et tuberculeux.

VI. 13. THOMISUS Clerckii, *Thomise de Clerck.*

Ce thomise, dont il est difficile de bien préciser l'espèce, se rapproche beaucoup de l'*araneus cristatus* de Clerck (*thomisus cristatus*, Walck.). On ne peut malheureusement pas reconnaître sur l'individu gravé la grosseur des yeux.

13. 2. Individu femelle très-grossi. 2', grandeur naturelle.

PLANCHE 7.

THOMISES, ATTES.

Suite du Genre THOMISE, *THOMISUS.*

FIG. 1, 2, 3, 4, 5.

VII. 1. THOMISUS Diana? *Thomise Diane?* Walck.

    Ce thomise, qui offre tous les caractères de la famille des brevipèdes de M. Walckenaër, et de la tribu des pyriformes, nous paraît si voisin du thomise diane, que nous ne croyons pas devoir l'en distinguer.

1.   *z*. Individu mâle très-grossi. *z'*, grandeur naturelle.

VII. 2. *Variété?* du THOMISUS Diana? Walck.

2.   *z*. Individu mâle très-grossi. *z'*, grandeur naturelle.

VII. 3. THOMISUS rotundatus, *Thomise arrondi*, Walck.

    La détermination de cette espèce nous semble certaine; d'ailleurs elle varie beaucoup, ce qui nous porte à regarder les deux individus qui suivent comme des variétés. Elle est assez généralement répandue : on la trouve en France, en Allemagne et en Italie.

3.   *z*. Individu femelle grossi. *z'*, grandeur naturelle.
3.   2. Abdomen vu en dessous, avec la dernière paire de pattes du thorax.
3.   B. Le thorax du même individu vu de face : *æ*, — les huit yeux rangés sur deux lignes transverses, et dont les latéraux antérieurs sont un

peu plus gros que les autres; — c, les forcipules droites et cunéiformes; — d, les mâchoires, dont on n'aperçoit que les palpes.

3. C. Le thorax du même, vu de profil pour montrer sa convexité : — œ́, les yeux, dont quatre seulement sont visibles; — c, les forcipules; — d, les mâchoires.

3. œ́. Les yeux disposés sur deux lignes courbées en arrière.

3. E. La bouche vue par sa face postérieure : — c, les forcipules assez larges, et dépassant les mâchoires en longueur et en largeur; — d, les mâchoires à sommet tronqué, légèrement arrondies et droites. On a enlevé le palpe de chaque côté.

3. c. Une des forcipules détachée : le crochet est court et relevé, la gouttière qui le reçoit est privée de dents, et consiste en une excavation entourant la base du crochet.

3. d. Une des mâchoires isolée, avec son palpe.

3. é. Les deux lèvres vues en dessous : le labre dépasse de beaucoup la lèvre sternale.

3. g-l. Mesures comparatives des pieds.

VII. 4. *Variété* du Thomisus rotundatus.

Ce thomise diffère si peu du précédent, que nous n'hésitons pas à lui donner le même nom spécifique.

4. z. Individu femelle très-grossi. z', grandeur naturelle.

4. gf. Le bout du tarse d'un pied antérieur, pourvu d'un peigne auquel on compte de chaque côté jusqu'à huit dents très-longues et droites.

ARACHNIDES. PL. 7.

VII. 5. *Variété?* du THOMISUS rotundatus?

Si l'on prend en considération les variétés très-grandes de couleurs dans cette espèce, on n'hésitera pas à lui rapporter l'individu représenté ici; il doit peut-être ses principales différences à la nature de son sexe.

5.   *1.* Individu mâle très-grossi. *1',* grandeur naturelle.
5.   d*f.* ♂ Le palpe du même individu faisant voir les pièces de l'appareil excitateur, situées dans la valve; celle-ci est surmontée par un petit appendice en forme de tubercule. Le quatrième article de ce palpe est prolongé en deux apophyses aiguës.

Genre PLATYSCÈLE, *PLATYSCELUM* [1].

FIG. 6 ET 7.

On retrouve quelque analogie entre ces arachnides et les drasses : elles ressemblent aussi, sous plusieurs rapports, aux attes; mais les différences qu'on remarque sont assez sensibles pour autoriser l'établissement d'un genre nouveau : c'était sans doute l'opinion de M. Savigny. L'inspection des figures nous montre plusieurs caractères faciles à saisir : les *yeux* sont au nombre de huit, placés sur deux lignes; la ligne antérieure est beaucoup plus courte que la postérieure, qui en outre est courbée en arrière; les yeux sont tous ovalaires, très-petits, à peu près d'égal volume, à l'exception des deux intermédiaires antérieurs, qui sont arrondis et fort gros; ils sont placés à la partie antérieure

---

[1] De πλατὺς, *large*, et de σκέλος, *jambe*

d'un thorax très-bombé en avant, à peu près comme cela s'observe dans les attes. Les *forcipules* sont presque droites, à crochet court, arqué et robuste; les *mâchoires* sont arrondies à leur côté externe, et leur côté interne n'est point échancré, mais coupé obliquement; la *lèvre sternale* est triangulaire et aiguë à son sommet, qui est bifide. La longueur des *pieds* n'est pas la même que dans les attes; la première paire est la plus longue, la quatrième vient ensuite : la troisième est la plus courte de toutes. Un caractère très-curieux, et qui se fait remarquer au premier abord, consiste dans le renflement considérable du deuxième article des pattes antérieures.

VII. 6. PLATYSCELUM Savignyi, *Platyscèle de Savigny*.

6. 1. Individu mâle très-grossi. 1′, grandeur naturelle.
6. B. Thorax du même individu vu de face, afin de montrer la disposition des yeux, dont la ligne postérieure dépasse la ligne externe des forcipules : — æ, les yeux; — c, les forcipules; — d, les mâchoires, dont on ne voit que le palpe.
6. C. Le thorax du même vu de profil, afin de montrer son élévation, et la manière dont il est terminé en arrière; — æ, les yeux; — c, les forcipules; — d, les mâchoires.
6. æ. Les yeux assez rapprochés du bord facial du thorax : les intermédiaires antérieurs, et postérieurs forment un carré un peu rétréci en avant; les deux externes constituent de chaque côté deux lignes obliques.
6. E. La bouche vue par sa face postérieure : — c,

ARACHNIDES. PL. 7.

les forcipules; — d, les mâchoires, auxquelles on a retranché les palpes; — é, la lèvre sternale.

6. c. Une forcipule détachée, avec son crochet relevé.
6. d. Une des mâchoires détachée dans un individu femelle, ou plutôt dans un individu mâle non adulte.
6. é. La lèvre sternale séparée : son sommet, garni de poils, est dépassé par une follicule membraneuse, triangulaire, qui est le labre.
6. d ˝f.♂ Le palpe du mâle détaché, et laissant voir l'appareil excitateur.
6. g-l. Mesures comparatives des pieds.

VII. 7. *Variété* du Platyscelum Savignyi.

On ne saurait distinguer cet individu de l'espèce précédente ; peut-être appartient-il au sexe femelle : les palpes qui sont cachés par la première paire de pattes ne permettent pas de le décider.

7. *z.* Individu très-grossi et vu de trois-quarts. *z'*, grandeur naturelle.
7. g *f.* L'extrémité d'un des tarses de la paire de pattes antérieures.
7. *f.* Le dernier article du même tarse, vu par sa face inférieure ou plantaire.

Genre ATTE, *ATTUS.*

Fig. 8-22.

Ce genre, que M. Latreille désigne sous le nom de *saltique*, et qu'il range[1] dans la famille des araignées

[1] *Règne animal de Cuvier*, tome III, page 100.

fileuses, section des saltigrades, offre un ensemble de caractères fort distincts, et qui en font une coupe très-naturelle. On peut les signaler ainsi : huit *yeux* formant, par leur réunion, un grand carré ouvert postérieurement (ils sont situés sur trois lignes transverses; la première est courbée en arrière et composée de quatre yeux, dont les intermédiaires ont un volume démesuré; ceux de la seconde ligne sont au nombre de deux, très-distans, et les plus petits de tous; la troisième ligne offre aussi deux yeux plus gros que ceux qui précèdent); *mâchoires* droites plus hautes que larges, arrondies et dilatées à leur extrémité; *lèvre* allongée, ovale, tronquée à son sommet; *pieds* propres au saut et à la course, la plupart robustes, surtout les premiers; *pattes* variables dans leur longueur. Les espèces de ce genre épient leur proie et la saisissent à la course ou en sautant : elles sont très-nombreuses; et les figures peu exactes qu'en ont données jusqu'à ce jour les auteurs, rendent les distinctions très-difficiles, et ne nous permettent point de déterminer avec certitude les espèces qui sont représentées ici avec le plus grand soin, mais dont malheureusement les dessins nous manquent.

VII. 8. ATTUS Adansonii, *Atte d'Adanson.*

   Cette espèce nous semble offrir quelques rapports avec l'*attus litteratus*, Walck.

8.   1.   Individu mâle grossi. 1', grandeur naturelle.

8.   B.   Thorax vu de face : — *æ*, les yeux : on aperçoit seulement ceux de la ligne antérieure; — c, les forcipules droites et cachant les mâchoires :

on voit que les deux palpes ont été coupés à leur naissance.

8. C. Le thorax vu de profil : — æ, les yeux, qui occupent la moitié de sa longueur; — c, les forcipules; — d, les mâchoires.

8. æ. Les yeux assez rapprochés du bord antérieur du thorax; ceux de la seconde ligne sont excessivement petits.

8. E. La bouche du même individu, vue par sa face postérieure : — c, les forcipules; — d, les mâchoires, avec leur lobe arrondi, et supportant un palpe dont le dernier article *f* laisse voir l'appareil excitateur renfermé dans la valve; — é, la lèvre sternale tronquée au sommet.

8. c. Une des forcipules avec l'ongle relevé : la gouttière qui le reçoit est munie, de chaque côté, de deux dents aiguës.

8. d. Une des mâchoires d'un individu femelle, pourvue d'un palpe grêle, long, avec le dernier article onguicule.

8. é. La lèvre sternale.

8. g *f*. L'extrémité d'un des tarses avec les ongles munis de quatre dents assez courtes.

8. g-l. Mesures comparatives des pieds.

VII. 9. Attus Dorthesii, *Atte de Dorthés*.

Nous croyons que cette espèce est voisine de l'*attus lunulatus* de M. Walckenaër.

9. 1. Individu femelle très-grossi. 1', grandeur naturelle.

9. B. Thorax du même individu vu de face; il est assez

élevé : — *æ*, les yeux, dont on n'aperçoit que les plus antérieurs, et qui sont assez distans du bord facial du thorax ; — *c*, les forcipules courtes et droites ; — *d*, les mâchoires, dont on ne voit que les palpes.

9. g-l. Mesures comparatives des pieds.

VII. 10. ATTUS Druryi, *Atte de Drury*.

Cet atte, dépourvu de taches et de points, pourrait bien être une variété de l'espèce précédente.

10. *1*. Individu mâle très-grossi. *1'*, grandeur naturelle.

VII. 11. ATTUS Frischii, *Atte de Frisch*.

Nous regardons comme nouvelle cette petite espèce.

11. *1*. Individu femelle très-grossi. *1'*, grandeur naturelle.

VII. 12. ATTUS Gesneri, *Atte de Gesner*.

Nous donnons encore un nom à cette espèce, qui nous paraît nouvelle.

12. *1*. Individu femelle très-grossi. *1'*, grandeur naturelle.

12. 2. Cette partie isolée paraît être le thorax d'un autre individu vu en dessus, et offrant quelque variété dans le dessin de sa surface.

VII. 13. ATTUS tardigradus, *Atte tardigrade?* Walck.

Nous trouvons plusieurs points de ressemblance entre cette espèce et celle que M. Walckenaër a décrite sous le nom de tardigrade, et nous ne croyons pas devoir l'en distinguer.

13. *1*. Individu femelle très-grossi. *1'*, grandeur naturelle.

13. g-l. Mesures comparatives des pieds.

VII. 14. Attus Bonnetii, *Atte de Bonnet.*

 Cette espèce est remarquable par la nature et le nombre de ses chevrons.

14. 2. Individu femelle très-grossi. 2′, grandeur naturelle.

14. g-l. Mesures comparatives des pieds.

VII. 15. Attus cupreus, *Atte cuivré.* Walck.

 Cette espèce est très-certainement une variété de l'atte cuivré de M. Walckenaër.

15. 2. Individu mâle très-grossi. 2′, grandeur naturelle.
15. d *f.* Le palpe d'un individu mâle, remarquable par les apophyses du second article, et par l'appareil excitateur.
15. g-l. Mesures comparatives des pieds.

VII. 16. Attus Mouffetii, *Atte de Mouffet.*

 Cet atte est voisin de l'espèce précédente par la disposition des taches de l'abdomen, mais il s'en éloigne par sa forme beaucoup plus raccourcie.

16. 2. Individu femelle très-grossi. 2′, grandeur naturelle.

VII. 17. Attus Soldanii, *Atte de Soldani.*

 Par la disposition des bandes de son abdomen, cette espèce a quelque ressemblance avec l'*attus scenicus* de Walckenaër; ces bandes sont nombreuses et réunies sur la ligne moyenne, de manière à figurer un angle aigu dirigé en avant.

17. 2. Individu mâle très-grossi. 2′, grandeur naturelle.

17. d *f*. Un des palpes du mâle montrant l'organe excitateur : le second article est très-gros, et muni d'une apophyse à sa base.

17. g-l. Mesures comparatives des pieds.

VII. 18. *Variété* de l'Attus Soldanii.

Cette variété, assez voisine, par la disposition des taches de l'abdomen, de l'espèce précédente, n'est peut-être qu'une différence de sexe : le thorax offre, en arrière, des lignes convergentes vers le centre, et qu'on ne voit pas dans l'individu dont il vient d'être question.

18. *1*. Individu femelle très-grossi. *1'*, grandeur naturelle.

VII. 19. Attus Hunterii, *Atte de Hunter*.

Cet atte se rapproche de l'*attus psyllus* de M. Walckenaër.

19. *1*. Individu femelle très-grossi. *1'*, grandeur naturelle.

19. B. Le thorax du même, vu de face; on voit qu'il est peu convexe sur sa partie dorsale : — *b*, les yeux; — c, les forcipules ne cachant qu'en partie les mâchoires.

VII. 20. Attus Illigerii, *Atte d'Illiger*.

C'est avec quelque doute que nous établissons cette espèce : il pourrait se faire qu'elle ne fût qu'une variété de l'*attus litteratus;* elle offre donc quelque ressemblance avec l'*attus Adansonii*.

20. *1*. Individu femelle grossi. *1'*, grandeur naturelle.

20. g-l. Mesures comparatives des pieds.

VII. 21. Attus Redii, *Atte de Redi*.

21. *1*. Individu mâle très-grossi. *1'*, grandeur naturelle.

ARACHNIDES. PL. 8.

21. C. Thorax vu de profil; il est assez allongé et surbaissé : — ǽ, les yeux; — c, les forcipules; — d, les mâchoires.
21. ǽ. Les yeux avec le bord facial du thorax.
21. g-l. Mesures comparatives des pieds.

VII. 22. Attus Paykullii, *Atte de Paykull.*

Cette espèce se distingue de la précédente par la disposition des couleurs, par une grosseur moindre, par un plus grand allongement des pattes et par leur dimension relative.

22. *z*. Individu mâle très-grossi. *z′*, grandeur naturelle.
22. B. Thorax vu de face : — ǽ, les yeux; — c, les forcipules.
22. d. Les mâchoires munies de leur palpe.
22. d *f*. Un des palpes montrant l'appareil excitateur.
22. g-l. Mesures comparatives des pieds.

PLANCHE 8.

SCORPIONS, PINCES, SOLPUGES.

Genre SCORPION, *SCORPIO.*

Fig. 1, 2, 3.

Les scorpions, très-anciennement connus, constituent le dernier genre des arachnides pulmonaires; ils appartiennent[1] à la famille des pédipalpes, et offrent

[1] *Règne animal de Cuvier,* tome III, page 103.

pour caractères distinctifs d'avoir l'*abdomen* sessile, c'est-à-dire uni au thorax dans toute sa largeur, muni, à sa base, de deux lames mobiles et pectinées, dont on ignore encore l'usage, et terminé postérieurement par une sorte de queue noueuse, dont le dernier anneau, finit en aiguillon. Il existe en outre, sous l'abdomen, quatre paires de stigmates. Les *yeux* sont au nombre de six ou de huit : deux sont situés vis-à-vis l'un de l'autre, sur le dos; les autres occupent les bords latéraux et antérieurs du thorax. Les forcipules sont très-allongées : on leur compte plusieurs articles; le dernier est en pince. Plusieurs autres particularités qu'il est inutile d'énumérer, caractérisent le genre scorpion : on en connaît un grand nombre d'espèces.

VIII. 1. Scorpio occitanus? *Scorpion roussâtre?* Am.

C'est avec quelque doute que nous rapportons cet individu au scorpion roussâtre; il ressemble, sous plusieurs rapports, à une espèce qu'on voit dans les galeries du Muséum d'histoire naturelle de Paris, et que M. Latreille a désignée sous le nom de *punctatus*.

1.   1. Individu mâle de grandeur naturelle.
1.   2. La bouche : — d, les mâchoires, dont on a retranché les palpes, qui sont terminés en pinces, et constituent les deux longues tenailles des scorpions; — b*, le lobe manducateur; — é, la lèvre sternale.
1.   3. Première et seconde paires de pattes tronquées à leur origine, et dont la base constitue des mâchoires surnuméraires : — g, première paire de pieds, — b*, son article basiliaire ou son

lobe manducateur ; — h, seconde paire de pieds ; — b^*, son article basiliaire.

1. B. Thorax vu par sa partie supérieure : — æ, les yeux ; — a', le bord facial du thorax.
1. c. Une forcipule très-grossie : — f, l'article digital.
1. c⁀ La même, vue sous une autre face : — d, l'article cubital faisant suite à l'article huméral ; — f, l'article digital.
1. ⁻n. Un des appendices de la base de l'abdomen, désignés sous le nom de *peigne* : ce peigne est excessivement grossi ; on lui compte trente dents.

VIII. 2. SCORPIO Amoreuxii, *Scorpion d'Amoreux.*

M. Savigny a distingué avec raison cet individu du précédent ; il forme réellement une espèce distincte, qui offre les plus grands rapports avec le *scorpio occitanus* des auteurs : nous lui trouvons aussi plusieurs traits de ressemblance avec le *scorpio americanus* de M. Palissot de Beauvois ; c'est à cause des doutes que nous conservons à son égard que nous nous décidons à le distinguer.

2. 1. Individu femelle de grandeur naturelle.
2. 2. Le même représenté en dessous, afin de montrer l'insertion des pattes et les ouvertures respiratoires : — d, mâchoire ; — g, h, k, l, première, deuxième, troisième et quatrième paires de pattes ; — ⁻m, premier segment de l'abdomen, offrant l'issue des organes sexuels ; — ⁻n, second segment donnant insertion aux appendices, connus sous le nom de *peignes ;* — ⁼p, ⁼q, ⁼r, ⁼s, troisième, quatrième, cinquième et sixième segmens, portant chacun une ouverture respiratoire.

2. ¯n. Un des appendices du second segment de l'abdomen, ou le *peigne* isolé : il a vingt et une dents.

VIII. 3. SCORPIO australis, *Scorpion austral.* Herbst.

Cette espèce est remarquable par la très-grande courbure de l'aiguillon.

3. *t.* Individu de grandeur naturelle.
3. l. Quatrième paire de pattes pour montrer le tarse *f.*
3. ¯n. Appendice du second segment de l'abdomen, ou un des *peignes :* il est pourvu de vingt-trois dents.

Genre PINCE, *CHELIFER.*

FIG. 4, 5, 6.

Le genre *pince*, établi par Geoffroy, a été adopté de tous les naturalistes; mais quelques-uns, le docteur Leach en particulier, ont cru pouvoir en extraire un petit genre, auquel ils ont donné le nom d'obisie, *obisium.* Il serait peut-être mieux, ainsi que l'a fait Hermann et M. Latreille, de ne pas adopter ce sous-genre, et de distribuer les espèces dans deux sections distinctes. Quoi qu'il en soit, les pinces sont des arachnides fort petites, qui ont de grands rapports, par la forme générale de leur corps, avec les scorpions; ils appartiennent, dans la méthode de M. Latreille[1], à l'ordre des trachéennes et à la famille des *faux-scorpions.* Ce genre est assez naturellement caractérisé par

[1] *Règne animal de Cuvier*, tome III, page 108.

les palpes maxillaires, très-prolongés, en manière de bras, et dont le dernier article est en pince. Il n'existe qu'une seule paire de stigmates; et l'abdomen, composé d'un grand nombre d'anneaux, est arrondi postérieurement, sans prolongement caudal. On en connaît plusieurs espèces propres à notre climat.

VIII. 4. CHELIFER sesamoïdes, *Pince sesamoïde.*

Cette espèce appartient à la première section ou au genre *chelifer* proprement dit.

4. 1. Individu très-grossi. 1', grandeur naturelle.
4. 2. Bouche et thorax du même, vus en dessous : — c, les forcipules; — d, les mâchoires dont le palpe maxillaire ou le bras est très-grand et terminé en pince. A la suite on voit la première paire de pieds tronquée; la seconde paire est indiquée, par erreur, sous la lettre l, tandis qu'elle doit porter la lettre h¹; — k, la troisième paire de pattes : la quatrième paire qui vient ensuite est tronquée.
4. B. Partie antérieure du thorax vu supérieurement : — c, les forcipules; — æ, les yeux, au nombre de deux seulement.
4. E. Bouche excessivement grossie : — é, la lèvre sternale enchâssée par les mâchoires; — d, les mâchoires qui présentent, d'un côté, l'insertion du palpe; — b*, le lobe manducateur.
4. c. Une des forcipules : — c⁻, la même, plus grossie et vue de profil; — f, son article digital, terminé par un appendice styliforme, et bordé,

---

[1] Cette planche ayant déjà paru, la rectification n'a pu être faite.

sur l'un de ses côtés, d'une sorte de peigne;
— c⁼, la même, vue en dessus.

4. h f. Extrémité de la seconde paire de pieds, offrant le tarse muni d'une sorte d'appendice plantaire h.

VIII. 5. Chelifer Hermanii, *Pince d'Hermann*.

Cette espèce, que nous n'avons pu reconnaître parmi celles qui ont été décrites, semble appartenir à la seconde section, ou au genre obisie, *obisium* de M. Leach.

5. 1. Individu très-grossi. 1', grandeur naturelle.
5. 2. Le thorax du même, vu en dessous : — c, les forcipules; — d, les mâchoires, dont on a tronqué les palpes. Les pattes viennent ensuite : on voit sous la lettre h la seconde paire, sous la lettre k la troisième; la première et et la quatrième paires ont été coupées à leur base.

VIII. 6. Chelifer Beauvoisii, *Pince de Beauvois*.

On doit ranger cette espèce dans la seconde section : elle serait très-certainement une obisie pour M. Leach.

6. 1. Individu grossi. 1', grandeur naturelle.
6. C. Thorax vu en dessus : — c, les forcipules; — æ, les yeux, au nombre de quatre.

Genre SOLPUGE, *SOLPUGA*.

Fig. 7, 8, 9, 10.

Le genre solpuge, désigné sous le nom de *galéode* par Olivier, appartient, dans la méthode de M. Latreille, à l'ordre des trachéennes et à la famille des *faux-scorpions*. Il comprend des arachnides fort singulières, qui peuvent être caractérisées de la manière suivante : *corps* oblong, cannelé; segment antérieur beaucoup plus grand, portant deux *forcipules* très-fortes, avancées, comprimées, terminées en pince dentelée, avec la branche inférieure mobile; deux *yeux* lisses, dorsaux et rapprochés sur un tubercule commun; deux grands palpes filiformes, sans crochet au bout; les premiers *pieds* également filiformes, mutiques et en forme de palpe; bouche composée de deux *mâchoires*, formées chacune par la réunion de la base d'un de ces palpes et d'un de ces pieds antérieurs, et d'une *languette sternale* subulée, située entre les forcipules; les deux pieds postérieurs, les plus grands de tous, avec une rangée de petites écailles pédicellées sous les hanches.

Les solpuges ou galéodes ont de l'analogie avec le genre *chelifer* de Geoffroy; mais elles en diffèrent essentiellement par la forme et la composition des palpes, et par l'absence des crochets à la première paire de pattes : ce sont des arachnides propres aux pays chauds et sablonneux de l'ancien continent; on les trouve en Asie, en Afrique et dans le midi de l'Europe; elles se rencontrent aussi, suivant Pallas, dans la Russie méridionale; M. de Humboldt en a même découvert une très-petite espèce dans les contrées équatoriales de l'Amérique. Les solpuges, quoique répandues dans une grande étendue de pays, sont fort mal connues sous le rapport de leurs mœurs; seulement on sait qu'elles ne filent point, qu'elles aiment l'obscurité, qu'elles courent généralement très-vite, et attrapent leur proie avec agilité. Elles ont la réputation d'être venimeuses; mais Olivier, qui a eu occasion d'en voir beaucoup dans son voyage en Perse, n'a jamais pu constater un seul fait authentique sur le danger de leur blessure. On n'est guère plus instruit sur le nombre et la détermination rigoureuse des espèces; cependant on en admet généralement trois.

VIII. 7. Solpuga araneoïdes, *Solpuge aranéoïde*. Olivier [1].

Nous rapportons avec quelques doutes cette espèce à la galéode aranéoïde d'Olivier. On a confondu, ce nous semble, sous ce nom, deux espèces distinctes.

7. 1. Individu femelle de grandeur naturelle.

7. 2. Bouche et thorax du même, vus par sa face inférieure : — c, forcipules; — d, mâchoires; — g, h, k, l, première, deuxième, troisième et quatrième paires de pattes tronquées; — ⁻b, ⁻b, petites écailles dont on ignore l'usage, et qui garnissent, en dessous, la hanche de la quatrième paire de pattes.

7. ⁻1. Écailles de la quatrième paire de pattes : — ⁻b, ⁻b, deux de ces écailles isolées et grossies : elles sont pédicellées, minces et membraneuses.

7. 3. Segmens antérieurs du corps, vus par leur partie inférieure : — é, lèvre sternale munie de deux appendices palpiformes; — d, mâchoire,

[1] *Voyage dans l'Empire ottoman*, tome III, page 442, pl. 42, fig. 3.

dont le palpe est tronqué; — *g*, première paire de pattes.

7.   4.   Les deux mêmes segmens, vus en dessus : — *é*, lèvre munie de deux appendices palpiformes; — *d*, mâchoire, avec son lobe manducateur *b**; —*f*, article digital de son palpe.

7.   *f*.   Article digital du palpe de la mâchoire, vu de face : on lui remarque une structure, toute particulière, qui rappelle l'organisation curieuse observée par M. Léon Dufour sur la galéode intrépide. Nous rapporterons l'observation de ce savant. Le dernier article du palpe de la galéode intrépide, qui est fort court et articulé d'une manière serrée avec celui qui le précède, recèle, dans son intérieur, un appareil singulier : le bout paraît formé par une membrane blanchâtre; mais, lorsque l'animal est irrité, cette membrane, qui n'est qu'une valvule repliée, s'ouvre pour donner passage à un disque ou plutôt à une capsule arrondie, d'un blanc-nacré. M. Léon Dufour a vu cette capsule sortir et rentrer au gré de l'animal, comme par un mouvement élastique. Elle s'applique, dit-il, et paraît adhérer à la surface des corps comme une ventouse. Son contour, qui semble en être la lèvre, est marqué de petites stries perpendiculaires, et l'on voit, par les contractions qu'il exerce, que sa texture est musculeuse. Notre observateur se demande si cet organe ne sert aux galéodes que pour s'accrocher et grimper; s'il est destiné à saisir les petits insectes dont

418   EXPLICATION DES PLANCHES.

il se nourrit ; s'il est le receptacle ou l'instrument d'inoculation de quelque venin ; ou bien, enfin, s'il appartient à l'organe copulateur mâle. Peut-être M. Savigny avait-il, à part lui, des observations sur les usages de ce singulier appareil, que l'on serait tenté de comparer à l'organe excitateur des arachnides mâles, si l'individu qu'il a observé n'était pas une femelle.

7. æ. Les yeux vus en dessus : on remarque en avant deux petits appendices piliformes, figurant deux espèces d'antennes.

7. æ. Les mêmes yeux, représentés de profil.

7. E. Bouche du même très-grossie, vue en avant et ouverte : — c, c, les forcipules tronquées à leur base ; — d, d, les mâchoires, dont on a enlevé le palpe ; — b*, b*, leur lobe manducateur ; — é, la lèvre ; — y, y, petits orifices situés entre les forcipules et le diastôme.

7. c. Une des forcipules très-grossie et isolée : — d, article cubital ; — f, article digital mobile.

7. ⁻c. Poils excessivement grossis, qui garnissaient les forcipules sur le bord des dents.

7. é. La lèvre sternale excessivement grossie, vue de profil, et munie de ses deux appendices palpiformes.

7. é. La même dépourvue de ses appendices, et vue en dessus.

7. 5. Individu mâle, vu de profil.

7. c. Une des forcipules du même individu, isolée : — d, article cubital, prolongé en une pince immobile, laquelle est pourvue d'un petit ap-

pendice mobile, qu'on ne voit pas dans la forcipule de la femelle ; — *f*, article digital.

7. 1 *f*. Tarse de la quatrième paire de pieds : le dernier article est muni de deux longs crochets épineux.

VIII. 8. SOLPUGA intrepida, *Solpuge intrépide*. Duf.

La détermination que nous donnons de cette espèce ne nous semble pas douteuse.

8. 1. Individu mâle de grandeur naturelle, vu en dessus.
8. c. La forcipule du même, pourvue de son appendice : — *f*, sa branche mobile.
8. 2. Individu femelle de grandeur naturelle, représenté de profil.

VIII. 9. SOLPUGA melanus, *Solpuge mélanie*. Oliv.[1]

9. 1. Individu mâle de grandeur naturelle, vu en dessus.
9. 2. Bouche et thorax du même, vus par sa partie inférieure : — c, forcipules ; — d, mâchoires ; — g, première paire de pattes, suivie de la seconde et de la troisième ; — l, quatrième paire de pattes.
9. 3. Deux des segmens antérieurs du corps, vus du côté gauche et en dessus : — é, lèvre sternale, munie de deux appendices palpiformes ; — d, mâchoires, avec son lobe manducateur *b**; — g, première paire de pattes.
9. a'. Les yeux accompagnés de deux appendices piliformes, avec le bord facial du thorax a'.

[1] *Loco citato*, page 443, planche 42, figure 5.

420 EXPLICATION DES PLANCHES.

9. c. Forcipule isolée; la branche immobile est munie de deux appendices : — f, article digital mobile, unidenté.

9. é. Lèvre sternale, vue de profil, munie de ses appendices palpiformes.

6. é. La même lèvre sternale, dépourvue de ses appendices.

9. l. Portion de la quatrième paire de pattes, très-grossie et représentée en dessous : — b, la hanche, munie de ses petits appendices membraneux et en forme d'écaille.

9. 1f. Tarse de la quatrième paire de pattes, dont le dernier article est muni de deux crochets sans poils, allongés et onguiculés.

9. 4. Individu femelle de grandeur naturelle, vu en dessus [1].

9. c. Forcipule du même isolée.

VIII. 10. Solpuga phalangium, *Solpuge phalangiste.* Oliv. [2]

10. *i.* Individu mâle de grandeur naturelle.

10. c. Forcipule du même, isolée et munie d'un double appendice : — f, article digital unidenté.

[1] Olivier fait de cet individu une espèce, sous le nom de *galeodes arabs*.
[2] *Loco citato*, page 443, planche 42, figure 4.

PLANCHE 9.

FAUCHEURS, ACARIDES.

Genre FAUCHEUR, *PHALANGIUM.*

Fig. 1, 2, 3.

Ce genre, fondé par Linné, et qui appartient à l'ordre des arachnides trachéennes, famille des holètres, tribu des phalangiens[1], a été caractérisé par M. Latreille, de la manière suivante : tête, tronc et abdomen réunis en une masse, sous un épiderme commun; des plis sur l'abdomen, formant des apparences d'anneaux; mandibules articulées, coudées, terminées en pince, saillantes en avant du tronc; deux palpes (ou plutôt pieds-palpes) filiformes, de cinq articles, dont le dernier terminé par un petit crochet; huit pattes simplement ambulatoires; six mâchoires disposées par paires, les deux premières par la dilatation de la base des palpes, et les quatre autres par les hanches des deux premières paires de pieds; une langue sternale, avec un trou de chaque côté servant de pharynx; deux yeux portés sur un tubercule commun. L'anatomie des faucheurs était encore ignorée il y a peu de temps; mais Tréviranus a publié, en 1816[2], des observations qui ont jeté un grand jour sur ces animaux. M. Sa-

---

[1] *Règne animal de Cuvier*, t. III, page 115.
[2] *Mélanges d'anatomie*, tome 1er, 3e mémoire (en allemand).

vigny, qui a fait une étude approfondie de leur organisation extérieure[1], a reconnu, dans ce genre d'arachnides, deux mandibules composées de trois articles, le second et le troisième faisant la pince; deux mâchoires portant chacune un palpe de cinq articles, le dernier armé d'un ongle; enfin, quatre paires de longues pattes. M. Savigny observe avec raison que les palpes des faucheurs et des autres arachnides sont de véritables pattes antérieures, plus ou moins déguisées : « leur premier et second articles, dit-il, représentent la cuisse; les troisième et quatrième, la jambe; le dernier et son ongle, le tarse des autres pattes des arachnides; la mâchoire elle-même en est la hanche ou le support. Ces rapports sont si bien fondés, que, dans les phalangiums, les quatre longues pattes antérieures, qui servent à la marche aussi bien que les quatre postérieures, ont néanmoins leur première pièce ou leur hanche convertie en mâchoire surnuméraire. »

Le genre faucheur est assez nombreux en espèces : M. Savigny en figure ici trois.

IX. 1. PHALANGIUM Ægyptiacum, *Faucheur égyptien.* Sav.

1.   1.   Individu mâle très-grossi. 1′, le même de grandeur naturelle.

1.   2.   Thorax du même individu, vu en dessous, privé de ses huit longues pattes, dont on n'a laissé subsister que les hanches; les forcipules et les

---

[1] *Mémoire sur les animaux sans vertèbres*, 1.º partie, 1ᵉʳ fasc., 2ᵉ mémoire.

ARACHNIDES. PL. 9.

mâchoires, pourvues de leur palpe, ont été conservées.

1. 3. Portion de la bouche du même individu, vue en dessous et dans sa position naturelle : — é, langue sternale vue en dessus, et appliquée sur les mâchoires, dont elle cache les extrémités ; — d, les mâchoires, avec leurs palpes tronqués.

1. 4. Thorax du même individu, privé de ses forcipules, de ses palpes et de ses huit longues pattes, dont il ne reste que les hanches. On voit, en avant, la lèvre sternale, puis les mâchoires principales, en arrière desquelles on remarque les seconde et troisième mâchoires ou mâchoires surnuméraires, tenant aux hanches des deux premières paires de pattes : les hanches des deux dernières ne sont que très-légèrement modifiées.

1. æ. Les deux yeux portés sur leur tubercule, et vus de trois-quarts.

1. c. Une des forcipules triarticulée et en pince : elle est coudée à l'articulation de la cuisse avec la jambe; le tarse constitue un doigt mobile, comme dans les pinces des crabes.

1. c. Portion d'une des forcipules, vue en dedans pour montrer l'articulation de la jambe emboîtant la cuisse.

1. d. Mâchoire portant un palpe de cinq articles : le dernier a le tarse grêle et onguiculé ; le lobe manducateur n'est qu'une expansion intérieure de la hanche qui forme le corps de la mâchoire.

1. g. La première paire de pieds détachée du corps,

EXPLICATION DES PLANCHES.

avec la hanche qui fait fonction de mâchoire, et vue sur la face supérieure.

1. h. La seconde paire de pieds, vue de face pour montrer les hanches réunies, faisant fonction de mâchoires.

1. h.͡ Les mêmes parties, représentées de profil pour montrer le lobe manducateur b*.

IX. 2. Phalangium qobticum, *Faucheur qobte*. Sav.

2. 1. Individu femelle très-grossi. 1', le même de grandeur naturelle.

2. 2. Le même individu, vu de face, montrant ses forcipules en pince, et les deux palpes filiformes des mâchoires naturellement fléchies à l'articulation de la cuisse avec la jambe, et terminés par un ongle. On a, de plus, représenté les hanches des deux premières longues pattes.

2. 3. Lèvre sternale composée de plusieurs pièces.

2. f. Extrémité du tarse d'une des longues pattes.

IX. 3. Phalangium Savignyi, *Faucheur de Savigny*.

Cette nouvelle espèce offre plusieurs caractères qui la rapprochent des deux espèces précédentes.

3. 1. Individu mâle très-grossi. 1', le même de grandeur naturelle.

3. 2. Le même individu vu de face, afin de montrer le prolongement singulier de l'article des forcipules, qui répond à la jambe. Les palpes des mâchoires sont très-chargés.

3. 3. Lèvre sternale vue en dessus : elle est multiarticulée.

Genre MITE, *ACARUS*, L., ou *Famille des* ACARIDES, Latr.

Fig. 4-13.

Le genre *acarus* de Linné renferme une quantité prodigieuse de petites arachnides, que l'on désigne vulgairement sous les noms de *mites*, de *tiques* et de *cirons*. M. Latreille a converti ce groupe en une famille ou tribu, les *acarides*, qu'il a ensuite divisée[1] en quatre sections bien caractérisées : 1°. les *trombidites*, qui ont huit pieds uniquement propres à la course, et des mandibules : tels sont les genres trombidion, érythrée, gamase, cheylète, oribate, uropode et acarus; 2°. les tiques *ricinites*, ayant huit pieds uniquement propres à la course, avec une bouche en siphon : ce sont les genres bdelle, smaride, ixode et argas; 3°. les hydrachnelles, *hydrachnellæ*, qui ont encore huit pieds seulement propres à la natation : les genres eylaïs, hydrachne et limnochare; 4°. enfin les microphthires, *microphthira*, qui n'ont que six pieds : les genres caris, lepte, achlysie, atome et ocypète.

A la première inspection des espèces figurées par M. Savigny, on voit que toutes font partie de la section des tiques, la première exceptée, qui semble appartenir à la section des trombidites.

IX. 4. Acarus Savignyi, *Mite de Savigny*.

Cette espèce, qui nous semble nouvelle, et dont M. Savigny a représenté avec soin le détail des parties exté-

[1] *Dictionnaire classique d'histoire naturelle*, tome 1er, page 43.

rieures, a beaucoup de rapport avec le genre oribate de M. Latreille, ou notaspis d'Hermann; on serait même tenté de la rapprocher des *notaspis acromios* et *humeralis* : mais l'inspection des pattes ne montre pas de dernier article en crochet; au contraire, il existe un article vésiculeux, et ce dernier caractère range cette espèce dans le genre acarus. Peut-être était-ce une nouvelle coupe que M. Savigny se proposait d'établir.

4. 1. Individu mâle très-grossi. 1', grandeur naturelle.
4. 2. Partie antérieure du corps, tenant lieu de tête : — a', lèvre supérieure prolongée en pointe; — c, forcipule en pince, dont une des branches est munie d'un crochet grêle et contourné.
4. 3. Le crochet détaché et vu de profil.
4. 4. Le même crochet vu sous une autre face.
4. c. La forcipule, tout entière détachée de la bouche, vue par sa face externe et très-grossie.
4. 5. Bouche vue en dessous, et à laquelle on a enlevé les deux forcipules et une mâchoire : — d, la mâchoire munie de son palpe; — é, la lèvre sternale prolongée en pointe.
4. 6. La bouche entière, vue en dessous.
4. g. La première paire de pattes détachée du corps.
4. l. Quatrième paire de pattes détachée.

IX. 5. ARGAS Savignyi, *Argas de Savigny*.

Nous rapportons cette espèce au genre argas; elle en a tous les caractères : la bouche est située inférieurement, les palpes n'engaînent point le suçoir. Cette espèce nous a paru nouvelle.

5. 1. individu de sexe indéterminé grossi. 1', grandeur naturelle.

ARACHNIDES. PL. 9.   427

5.   2. Le même encore plus grossi et vu en dessous. 2', grandeur naturelle.
5.   C'. Portion antérieure du thorax[1], vue en dessus : — c, les forcipules réunies en un siphon ; — d, les mâchoires, avec leur palpe.
5.   C. Portion antérieure du thorax, vue en dessous : — c, les forcipules réunies en un siphon ; — d, les mâchoires, avec leur palpe, auquel on compte cinq articles ; — é, lèvre sternale.
5.   c. Une des forcipules détachée, vue sur son côté externe : elle est biarticulée et tridentée à son sommet.
5.   c. Une des forcipules, vue par sa face interne : on remarque que la base est divisée en deux branches divergentes.
5.   é. Lèvre sternale isolée, vue en dessus.
5.   é. Lèvre sternale, vue en dessous.
5.   g. Première paire de pattes.
5.   l. Quatrième paire de pattes.

IX. 6. Argas Fischeri, *Argas de Fischer.*

Cette espèce, de forme presque discoïde, paraît être nouvelle et appartenir au genre argas : on pourrait lui trouver extérieurement quelque analogie avec le *notaspis cassideus* d'Hermann ; mais il existe des différences trop tranchées, pour qu'on doive s'arrêter à ce rapprochement.

---

[1] On sait que, dans les arachnides, il n'existe pas de tête proprement dite ; les forcipules, les mâchoires représentent, suivant M. Savigny, certains pieds des insectes, qui servent ici à la manducation : c'est pour ce motif que cette partie antérieure est indiquée par la lettre C, qui est toujours appliquée au thorax. Ce qui ressemble ici à une tête, n'est que la bouche : cela est évident dans la figure 10 C, où l'on voit la portion qui supporte les yeux et la bouche faisant saillie en avant.

6.   1. Individu très-grossi et vu en dessus. 1', grandeur naturelle.
6.   2. Le même individu plus grossi et vu en dessous. 2', grandeur naturelle.

IX. 7. ARGAS Hermanni, *Argas d'Hermann.*

On ne connaissait jusque dans ces derniers temps qu'une seule espèce d'argas, l'argas bordé, *argas reflexus;* celle qui est figurée ici lui ressemble quant à la forme de son corps.

7.   1. Individu très-grossi, vu en dessus. 1', grandeur naturelle.

IX. 8. ARGAS Persicus, *Argas de Perse.* Fisch.

M. Gotthelf Fischer de Waldheim a décrit assez récemment, sous le nom d'argas de Perse, *argas Persicus,* une espèce célèbre en Perse, et connue sous le nom de *punaise venimeuse de Miana;* elle est d'un rouge sanguin clair, et se rapproche beaucoup de l'espèce qu'a figurée M. Savigny, par la disposition des points nombreux qui recouvrent son corps. N'ayant pas les dessins à notre disposition, nous ne pouvons que supposer qu'elle lui ressemble par la couleur.

IX. 9. IXODES Leachii, *Ixode de Leach.*

Les ixodes ou *cynorhœstes* d'Hermann sont remarquables par leurs palpes, engaînant plus ou moins le suçoir, et formant avec lui un bec avancé et court. L'espèce figurée ici offre quelque analogie avec le *cynorhœstes reduvius* d'Hermann; mais elle paraît en être distincte.

9.   1. Individu très-grossi. 1', grandeur naturelle.

IX. 10. IXODES Ægyptius, *Ixode égyptien.* Latr.

Cette espèce paraît bien être l'*acarus Ægyptius* de Linné et le *cynorhæstes Ægyptius* d'Hermann ; elle en est du moins tellement voisine, que la couleur seule autoriserait à l'en distinguer.

10. 1. Individu très-grossi. 1′, grandeur naturelle.
10. 2. Le même individu très-grossi, vu en dessous. 2′, grandeur naturelle.
10. 3. La même espèce [1] peu grossie, mais dont l'abdomen a pris un très-grand développement par la nourriture dont l'animal s'est gorgé.
10. C. Thorax, vu en avant et en dessus; la bouche fait saillie en avant : — *a*́, les yeux.
10. C′. Bouche ouverte, vue en dessus, à laquelle on a enlevé les mâchoires.
10. C^2 Bouche complète, vue en dessus, fermée et unie au thorax : — d, mâchoires.
10. C^3 Tête complète, vue en dessous et adhérant au thorax : — d, les mâchoires.
10. c. Une des forcipules isolée.
10. é. Lèvre sternale, vue en dessus.
10. é͞. Lèvre sternale, vue en dessous.
10. g. Première paire de pattes.
11. l. Quatrième paire de pattes.

IX. 11. Ixodes Fabricii, *Ixode de Fabricius*.

Espèce qui paraît distincte des précédentes, et dont l'abdomen est distendu par la nourriture.

11. 1. Individu très-grossi. 1′, grandeur naturelle.

IX. 12. Ixodes Linnæi, *Ixode de Linné*.

12. 1. Individu très-grossi. 1′, grandeur naturelle.

[1] M. Savigny avait mis ce numéro à cette figure; ce qui indique qu'il la considérait comme appartenant à la même espèce.

IX. 13. Ixodes Forskaelii, *Ixode de Forskael.*
Espèce remarquable par ses palpes filiformes.

13.	1.	Individu très-grossi. 1', grandeur naturelle.
13.	2.	Bouche grossie et au trait.
13.	g.	Première paire de pattes.

EXPLICATION SOMMAIRE

DES

PLANCHES D'INSECTES

DE L'ÉGYPTE ET DE LA SYRIE,

Publiées par Jules-César SAVIGNY,

Membre de l'Institut;

offrant simplement la distinction des genres et des espèces [1].

PAR VICTOR AUDOUIN[*].

OBSERVATIONS PRÉLIMINAIRES.

Depuis Linné, les limites de la classe des insectes ont été singulièrement restreintes. On en a séparé nette-

---

[1] Personne n'ignore combien la classe des insectes est nombreuse et quelles difficultés l'on rencontre lorsqu'il s'agit de déterminations spécifiques. Ces difficultés sont réellement insurmontables lorsqu'il faut reconnaître les espèces sur de simples gravures en noir, sans avoir à sa disposition les individus ou les dessins coloriés qui les représentent : c'est le cas fâcheux où nous nous trouvons. Nous étant chargés de la publication des planches par les motifs qu'on a fait connaître, nous n'avons dû reculer devant aucun obstacle ; seulement nous avons pris conseil de nos forces, et nous avons pensé qu'il valait mieux remplir avec

[*] *Voyez* ci-dessus, page 111, la *Note concernant l'Explication sommaire des planches dont les dessins ont été fournis par* M. J.-C. Savigny *pour l'*histoire naturelle de l'ouvrage.

ment les crustacés et les arachnides. Aujourd'hui elle ne comprend plus que les animaux articulés ayant pour caractères propres : tête distincte, munie d'une paire d'antennes ; yeux composés, toujours immobiles, et quelquefois en même temps des yeux simples ou stemmates ; une bouche pourvue ordinairement de trois pièces paires, opposées ; un canal intestinal auquel on distingue plusieurs parties ayant des fonctions propres et des organes accessoires, tels que les vaisseaux biliaires faisant fonction de foie, et quelquefois des vaisseaux salivaires ; des trachées répandues dans tout le corps, aboutissant à des ouvertures extérieures nommées stigmates, lesquels sont situés de chaque côté du corps et dans toute sa longueur; point de cœur, mais simplement un vaisseau dorsal sans division connue à ses extrémités ; un système nerveux ganglionnaire, situé sur la ligne moyenne et inférieure du corps ; corps divisé en un assez grand nombre de segmens ou anneaux flexibles, élastiques, d'une consistance ordinairement assez solide; plusieurs de ces anneaux munis de pattes, en général au nombre de six, et alors des ailes; quelquefois vingt-quatre pieds et au-delà (*my-*

exactitude une petite tâche que d'entreprendre un travail qui, dans le dénûment où nous étions de toute indication, eût été non-seulement incomplet, mais très-inexact. Il était essentiel de rendre les planches utiles aux naturalistes, et pour atteindre ce but, il suffisait de désigner chaque espèce par un chiffre différent, et chaque détail par des lettres propres : c'était tout ce qu'on pouvait attendre de nous, et nous croyons l'avoir fait avec soin. Au reste, nous devons dire que nous avons eu plusieurs fois recours aux lumières du premier entomologiste de notre époque ; M. Latreille a mis une extrême obligeance à nous aider de ses conseils pour tous les animaux sans vertèbres.

INSECTES. 433

riapodes); des métamorphoses ou changemens de peau; les sexes séparés; la génération en général ovipare.

Ainsi caractérisée, la classe des insectes peut être partagée en plusieurs ordres. M. Latreille [1] en admet douze sous les noms de MYRIAPODES, THYSANOURES, PARASITES, SUCEURS, COLÉOPTÈRES, ORTHOPTÈRES, HÉMIPTÈRES, NÉVROPTÈRES, HYMÉNOPTÈRES, LÉPIDOPTÈRES, RHIPIPTÈRES et DIPTÈRES.

L'intention de M. Savigny était de figurer un certain nombre d'espèces dans chacun des ordres; mais, pressé par le temps, il avait, dès l'année 1812, senti qu'il devait renoncer à ce projet.

Les planches que nous avons trouvé entièrement finies ou dont la gravure était en train, se montent à trente et une, qu'il faut répartir de la manière suivante :

		Nos. des Planches.
MYRIAPODES...	Scolopendres, lépismes.	1.
ORTHOPTÈRES...	Forficules, mantes.	1.
	Mantes, blattes.	2.
	Xyes, grillons, sauterelles.	3.
	Sauterelles.	4.
	Tétrix, truxales.	5.
	Criquets.	6.
	Criquets.	7.
NÉVROPTÈRES...	Libellules.	1.
	Libellules, éphémères, némoptères. .	2.
	Ascalaphes, fourmilions, hémérobes.	3.

[1] *Règne animal* de M. le baron Cuvier, tome III.

OBSERVATIONS PRÉLIMINAIRES.

Nos des Planches.

HYMÉNOPTÈRES.
- Abeilles, anthophores. . . . . 1.
- Eucères. . . . . 2.
- Abeilles perce-bois, mégachiles. . . . 3.
- Mégachiles, osmies. . . . . 4.
- Andrènes. . . . . 5.
- Halictes, sphécodes. . . . . 6.
- Andrènes, hylées. . . . . 7.
- Guêpes sociales, eumènes ou guêpes solitaires. . . . . 8.
- Guêpes solitaires, masaris. . . . . . 9.
- Cerceris, philanthes. . . . . 10.
- Philanthes, crabrons. . . . . 11.
- Mellines, larres. . . . . 12.
- Larres, sphex. . . . . 13.
- Sphex. . . . . 14.
- Scolies. . . . . 15.
- Bembex. . . . . 16.
- Pompiles. . . . . 17.
- Pompiles. . . . . 18.
- Mutilles. . . . . 19.
- Fourmis. . . . . 20.

EXPLICATION GÉNÉRALE

DES LETTRES ET AUTRES SIGNES AFFECTÉS A CHAQUE ORGANE,

ET QUI ONT ÉTÉ EMPLOYÉS

DANS LES PLANCHES DES INSECTES.

---

a, la lèvre supérieure. a', chaperon.
e ou è, langue.
i — î, mandibules.
o — ô, mâchoires. – o', parois latérales de la bouche.
a — ă, tige.
e — ĕ, lame.
o – ŏ – ŭ, palpe.
u — ŭ, support ou insertion.

u — ü, lèvre inférieure. – u', paroi inférieure de la bouche, ou gorge.
a — ä, tige.
i. — ï, lobes ou divisions terminales.
o — ö, palpe (et son insertion).
u — ü, support.

æ, yeux ordinaires ou composés.
ǽ, yeux simples ou lisses.
j, antennes.
A, ā tête.
C, thorax.
D, abdomen. On voit aussi représenté sous cette lettre (pl. 2, *hyménoptères*) l'écusson dans des espèces du genre *oxybèle*.

28.

OBSERVATIONS PRÉLIMINAIRES.

y, pharynx.
b, première paire de pattes (première lèvre auxiliaire dans les *scolopendres*).
c, deuxième paire de pattes (deuxième lèvre auxiliaire dans les *scolopendres*).
d, troisième paire de pattes (première paire de pattes dans les *scolopendres*).
=h, sixième anneau du corps avec ses ouvertures stigmatiques (*orthoptères*, pl. 4).
=k, septième anneau avec ses stigmates.
d, l'article de la patte nommé jambe.
f, le tarse.
h, article terminal du tarse (*orthoptères*, pl. 7).
l, capsule des œufs (*orthoptères*, pl. 2).
⌒, ce signe indique un organe déjà figuré et représenté de nouveau sous une autre face, soit de profil, soit en dedans, soit en dessous.
♂, le signe du mâle.
♀, le signe de la femelle.

Le signe 1', 2' ou 3' indique la grandeur naturelle de l'individu représenté.

EXPLICATION SOMMAIRE DES PLANCHES.

INSECTES.—MYRIAPODES.

Les *myriapodes* ou mille-pieds ont été distingués nettement des insectes par M. Latreille[1], qui en forma d'abord une classe, puis[2] un ordre qui devint le premier de la classe des insectes, et qui fut caractérisé ainsi : point d'ailes; un très-grand nombre de pieds, situés dans presque toute la longueur du corps; une paire par chaque anneau; mâchoires, et les deux ou quatre pieds antérieurs réunis à leur base, au-dessous des mandibules. Les myriapodes sont partagés en deux familles; les chilognathes ou les Jules de Linné, et les chilopodes ou les scolopendres. On trouve chacun de ces genres représenté dans la planche unique qui a été exécutée sous les yeux de M. Savigny.

PLANCHE I.

SCOLOPENDRES, LÉPISMES.

Le genre scolopendre est, jusqu'à présent, peu nombreux en espèces. La figure 1. 2 représente la *scolopen-*

---

[1] *Précis des caractères génériques des insectes*, page 199.

[2] *Règne animal de Cuvier*, t. III, page 144.

dra morsitans. Les détails qu'on voit figurés portent tous des lettres qui leur sont propres : o-b indique que la première lèvre auxiliaire est réunie aux mâchoires ; o-u désigne la réunion des premières mâchoires avec les secondes. Il n'y a pas de difficulté pour les autres signes, dont l'explication est donnée à la page 435. La figure 2. *z* est une autre espèce de scolopendres plus petite : 2. 2 représente un des segmens vu sur le profil gauche ; les figures 3 et 4 sont des espèces sans doute nouvelles et très-différentes des précédentes.

Le n°. 5. *z* est encore une scolopendre pour Linné ; M. Latreille en fait son genre scutigère, *scutigera* : la figure 5. 2 représente le dernier article d'un des appendices du corps, excessivement grossi ; cet article est formé d'anneaux très-serrés et couverts de poils. La figure 6 est aussi une scutigère ; c'est la *scutigera araneoides* de M. Latreille : 6. 2 montre la face inférieure du corps de l'animal dont les pattes sont enlevées. La figure 7 est une espèce de lépisme ; la figure 8 est encore une lépisme dont les détails sont représentés très-grossis : 8. 2 montre le dessous de l'animal ; 8. 3 est l'abdomen excessivement grossi et vu en dessous ; 8. 4 fait voir la tête en dessous, et 8. 5 la montre en dessus.

La figure 9 est une espèce de lépisme très-curieuse : 9. 2 montre la tête en dessons ; la figure 10 est très-voisine de l'espèce précédente : 10. 2 représente la partie postérieure de l'abdomen vue en dessous.

INSECTES.-ORTHOPTÈRES.

Les insectes dont il s'agit ici furent confondus d'abord avec les coléoptères; Degeer les distingua, le premier, sous le nom de *dermaptères*. Cette nouvelle coupe fut nommée ensuite *ulonates* par Fabricius, et *orthoptères* par Olivier.

Les *orthoptères* composent, dans la méthode de M. Latreille, le sixième ordre de la classe des insectes; il a sa place entre les coléoptères et les hémiptères, et se trouve caractérisé de la manière suivante : deux ailes recouvertes par des élytres; bouche composée d'organes propres à la mastication; élytres coriaces, souvent chargées de nervures ou réticulées; ailes pliées ou plissées dans leur longueur, et quelquefois en outre transversalement.

La plupart des orthoptères se fait encore remarquer par la présence de deux ou trois yeux lisses. Tous ces insectes ont des métamorphoses incomplètes, qui s'opèrent dans l'espace de quelques mois.

M. Latreille[1] divise cet ordre en deux grandes familles ou sections : les coureurs, *cursoria*, et les sauteurs, *saltatoria*.

M. Savigny a fait représenter plusieurs espèces dans chacune de ces coupes.

---

[1] *Règne animal de Cuvier*, tome III, page 368.

PLANCHE 1.

FORFICULES, MANTES.

Les espèces représentées sous les n°˙. 1, 2, 3, 4, 5, 6 et 7, font partie du genre forficule; le n°. 6, qui est aptère, appartient peut-être au nouveau genre chélidoure de M. Latreille[1]. Les figures 8 et 9 sont des empuses : elles se distinguent par le prolongement de leur front, et par les antennes pectinées chez le mâle. Le genre mante comprend toutes les autres espèces, jusqu'au n°. 14.

PLANCHE 2.

MANTES, BLATTES.

Les espèces figurées sous les n°˙. 1, 2, 3, 4, 5, 6, quoique appartenant au genre mante, constituent évidemment une coupe nouvelle, à moins qu'on ne les considère comme des individus non adultes; M. Latreille ne le pense pas. Tous les autres individus qu'on voit du n°. 7 au n°. 21, peuvent être rapportés au genre blatte. Les figures 7, 8 et 9 ont des caractères propres, et doivent former, sans doute, un genre nouveau.

PLANCHE 3.

XYES, GRILLONS, SAUTERELLES.

Les figures 1 et 2 appartiennent au genre xye d'Illiger, ou tridactyle d'Olivier; le n°. 3 est un grillon de

---

[1] *Familles du Règne animal*, page 410.

la division des courtilières, *gryllo-talpa*, Latr. Les n°˙. 4, 5, 6 et 7 sont quatre espèces de grillons proprement dits, *gryllus*; les n°˙. 8, 9 et 10 sont des sauterelles proprement dites, *locusta*.

PLANCHE 4.

SAUTERELLES.

Les onze espèces qu'on voit dans cette planche font évidemment partie du genre sauterelle, *locusta*; le n°. 11 appartient cependant à un genre distinct.

PLANCHE 5.

TÉTRIX, TRUXALES.

Les fig. 1 et 2 font partie du genre tétrix de M. Latreille; toutes les autres espèces sont des truxales.

PLANCHES 6 ET 7.

CRIQUETS.

Toutes ces espèces offrent les caractères du genre criquet, *acridium* : ils ont les antennes filiformes, insérées entre les yeux, à quelque distance de leur bord interne; leur bouche est découverte; les palpes ne sont point comprimés, et les pattes postérieures sont propres au saut. Quelques-unes de ces espèces pourraient cependant constituer, sinon des genres nouveaux, au moins des coupes particulières.

INSECTES.—NÉVROPTÈRES.

C'est Linné qui, le premier, a distingué ce groupe. M. Latreille[1] en a fait son ordre huitième de la classe des insectes, et l'a caractérisé ainsi : quatre ailes nues; bouche propre à la mastication; mâchoires et lèvres droites, étendues, point valvulaires ou tubulaires, et ne formant jamais une espèce de trompe; ailes le plus souvent réticulées et égales; les inférieures simplement plus étroites et plus longues, ou plus larges dans quelques-uns; jamais d'aiguillon et rarement de tarière dans les femelles. L'ordre des névroptères a été divisé, par le naturaliste français, en trois familles, la famille des subulicornes, comprenant les libellules et les éphémères; la famille des planipennes, renfermant les panorpes, les fourmilions, les hémerobes, les semblides, les raphidies, les termes, les psoques et les perles; enfin, la famille des plicipennes, qui contient seulement les friganes.

M. Savigny n'a pas figuré tous ces genres, mais il en a fait représenter quelques-uns dans chacune des trois familles.

[1] *Règne animal de Cuvier*, tome III, page 417.

PLANCHE I.

LIBELLULES.

La plus grande partie des espèces représentées dans cette planche, appartiennent au genre des demoiselles ou libellules; les autres sont des agrions. Les fig. 1-17 sont des libellules ou bien des æshnes. La principale distinction est fondée, comme on le sait, sur la lèvre inférieure; dans les libellules proprement dites, la division mitoyenne de cette lèvre est beaucoup plus petite que les latérales, qui se joignent en dessus et ferment exactement la bouche. On voit ce caractère dans les détails des figures 1, 6 et 4. Au contraire, dans les æshnes, le lobe intermédiaire de la lèvre est grand, et les deux autres sont écartés et armés d'une dent très-forte, avec un appendice en forme d'épine, comme on le remarque dans les figures 15 et 16.

Les autres libellules, depuis 18 jusqu'à 22, sont des agrions.

PLANCHE 2.

LIBELLULES, ÉPHÉMÈRES, NÉMOPTÈRES.

Les petites espèces de libellules qu'on voit figurées sous les n°. 1, 2 et 3, sont des agrions.

Les figures 4, 5, 6, 7 et 8 appartiennent au genre éphémère : ces individus sont tous grossis.

Les deux insectes représentés sous les n°. 9 et 10 constituent un nouveau genre, que M. Latreille nomme embie[1], et qu'il place à côté des termès. M. Savigny a établi aussi ce rapprochement; il a mis dans la planche ce petit genre tout près des termes.

On a désigné, sous le n°. 11, une larve que nous croyons appartenir à l'espèce de termes qu'on voit au n°. 12.

Les figures 13, 14 et 15 sont des némoptères; les n°[os]. 13 et 14 représentent sans doute une même espèce, et le n°. 15. 2 est probablement le même individu que la figure 15. 1, où il serait représenté grossi.

PLANCHE 3.

ASCALAPHES, FOURMILIONS, HÉMÉROBES.

Les ascalaphes se voient aux n°[os]. 1, 2 et 3.

Les fourmilions, nommés aussi myrméléons, sont représentés sous les n°[s]. 4-14 : les figures 4. 2, 5. 2 et 6. 2 montrent trois larves appartenant aux espèces 4. 1, 5. 1 et 6. 1.

Les figures 15, 16 et 17 sont des hémérobes tous grossis. Le n°. 18 est une petite espèce voisine des sialis, et qui pourrait bien constituer un nouveau genre.

Enfin, la fig. 19 représente une très-petite phrygane.

[1] Latreille, *Familles du Règne animal*, page 437.

INSECTES.—HYMÉNOPTÈRES.

La grande classe des *hyménoptères* constitue, dans la méthode de M. Latreille[1], le neuvième ordre des insectes, et se distingue essentiellement par les caractères qui suivent : quatre ailes nues; des mandibules propres; mâchoires en forme de valvule; lèvre tubulaire à sa base, terminée par une languette, soit en double, soit repliée, ces parties se rapprochant pour former une sorte de trompe propre à conduire des substances liquides ou peu concrètes; ailes veinées, de grandeur inégale; les inférieures toujours plus petites; une tarière ou un aiguillon dans les femelles.

M. Savigny a représenté un grand nombre d'espèces dont la détermination est réellement impossible lorsqu'on est privé de notes et de dessins coloriés. Nous avons dû nous borner à distinguer les espèces par des numéros qui permissent de les citer[2].

PLANCHE I.

ABEILLES, ANTHOPHORES.

La figure 1 est une abeille égyptienne : 1. 1 est un individu neutre; 1. 2, le mâle; 1. 3, la femelle. Toutes

---

[1] *Règne animal de Cuvier*, t. III, page 449.

[2] Nous avons eu recours pour la partie des hyménoptères à l'ex-

les autres figures de cette planche peuvent être considérées comme des anthophores. Ce genre, qui correspond aux magilles de Fabricius et aux lasies de Jurine, peut être caractérisé ainsi : premier article des tarses postérieurs des femelles dilaté vers l'angle extérieur de son extrémité; second article inséré près de l'angle interne du précédent; pattes postérieures toujours polliniferes; divisions latérales de la lèvre, ou paraglosses beaucoup plus courtes que les palpes; ces palpes en forme de soies écailleuses; mandibules unidentées au côté interne; palpes maxillaires, de six articles.

Ce genre est fort nombreux en espèces, et ce nombre a été encore augmenté par la difficulté de reconnaître les sexes. Souvent on a fait une espèce distincte du mâle qui diffère beaucoup de la femelle par la couleur du duvet de son corps, et surtout par celle du labre.

PLANCHE 2.

EUCÈRES.

Le genre eucère, que l'on reconnaît dans la plupart des espèces de cette planche, est divisé en deux sections : tantôt il existe deux cellules cubitales aux ailes antérieures, tantôt on en voit trois.

Ce dernier caractère se remarque dans les fig. 1-7. Au contraire, l'individu figuré sous le n°. 8, et la plu-

trême obligeance de MM. Serville et Lepeletier de Saint-Fargeau; mais bien que nous ayons consulté avec eux leur belle collection, il ne nous a pas été possible d'arriver d'une manière certaine à des déterminations spécifiques, et nous avons préféré y renoncer que d'offrir un travail nécessairement incomplet et peut-être très-fautif.

part de ceux qui suivent, n'ont que deux cellules cubitales, et appartiennent à l'autre division.

D'autres espèces diffèrent à quelques égards des eucères proprement dits : telles sont les figures 18 et 19. Le n°. 18 est peut-être une nomie. Les figures 20 et 21 appartiennent au genre cératine, dont voici les caractères : mâchoires et lèvres longues, en forme de trompe et coudées; languette filiforme; premier article des derniers tarses non dilaté à l'angle extérieur de son extrémité; labre carré, presque aussi long que large, perpendiculaire; mandibules tridentées; palpes maxillaires, de six articles; tige des antennes presque en massue cylindrique; corps oblong, presque ras, avec l'abdomen ovale.

PLANCHE 3.

ABEILLES PERCE-BOIS, MÉGACHILES.

Les abeilles perce-bois ou xylocopes constituent un très-beau genre encore peu nombreux en espèces. Les figures 1-5 représentent cinq espèces qui semblent différentes.

Le nom de mégachile, qu'on voit au titre de cette planche, doit être considéré comme un terme général qui correspond assez bien aux trachuses de Jurine, et qui comprend indistinctement des osmies et des mégachiles proprement dites. Les espèces qu'on a figurées sous les n°˚. 6-30 sont plutôt des osmies que des mégachiles.

La dernière de toutes est une espèce offrant plusieurs des caractères du genre chélostome.

PLANCHE 4.

MÉGACHILES, OSMIES.

Les espèces de cette planche peuvent être rapportées à l'un ou à l'autre de ces deux genres : elles seraient toutes des trachuses pour Jurine.

Ces espèces portent des numéros au moyen desquels on les a distinguées. Si l'on veut pousser plus loin la détermination générique, on reconnaît que les n°s. 1-12 et 17-19 offrent les caractères des mégachiles, que les n°s. 13-16 sont des cœlioxides, que les figures 20-27 appartiennent au genre anthidie. Les n°s. 28 et 31 sont du genre crocise, et les n°s. 29, 30 et 32 du genre melecte.

PLANCHE 5.

ANDRÈNES.

Fabricius a institué le genre andrène en partie aux dépens des nomades de Scopoli; les auteurs qui ont admis la nouvelle dénomination en ont quelquefois restreint le sens. M. Latreille adopte, à peu de chose près, la coupe de Fabricius, et il la caractérise ainsi : division intermédiaire de la languette lancéolée, repliée en dessus dans le repos; mâchoires simplement fléchies près de leur extrémité; la pièce qui les termine, à partir de l'insertion des palpes, plus courte qu'eux; toutes les jambes plus longues que le premier article des tarses; trois cellules cubitales, la seconde et la troisième recevant chacune une nervure récurrente dans le plus grand nombre.

On peut considérer toutes les espèces de cette planche comme des andrènes; cependant on en reconnaît parmi elles plusieurs appartenant à des coupes secondaires: les figures 1-12 sont des nomades proprement dites; 13 et 14 des pasites; le n°. 15 appartient au genre scrapter de M. Lepeletier de Saint-Fargeau; la fig. 16 est du genre systrophe; les n°ˢ. 17-21 ressemblent assez à des nomies, et les n°ˢ. 22-26 à des halictes.

PLANCHE 6.

HALICTES, SPHÉCODES.

Les halictes avoisinent les andrènes, et plusieurs naturalistes n'en font pas la distinction. Les espèces qu'on voit du n°. 1 jusqu'au n°. 22 peuvent être considérées comme lui appartenant; les autres font partie du genre sphécode, qui diffère peu des andrènes et encore moins des halictes.

PLANCHE 7.

ANDRÈNES, HYLÉES.

Les andrènes se continuent encore dans cette planche; mais on peut distinguer parmi elles des petits sous-genres : ainsi le n°. 1 est une espèce du genre dasypode. Les n°ˢ. 2-19 semblent faire partie des andrènes proprement dites; les n°ˢ. 20-24 sont des collètes pour M. Latreille; les figures 25-30 appartiennent au genre prosope.

PLANCHE 8.

GUÊPES SOCIALES, EUMÈNES ou GUÊPES SOLITAIRES.

Toutes les espèces figurées sur cette planche sont des guêpes pour Linné. Ce genre, d'abord très-nombreux, a été de beaucoup restreint.

Les guêpes sociales constituent le genre guêpe proprement dit, *vespa;* les guêpes solitaires forment aujourd'hui le genre eumène, *eumenes.* Ces deux coupes restent voisines, et ne sont distinguées que par des caractères de peu d'importance.

PLANCHE 9.

GUÊPES SOLITAIRES, MASARIS.

Les guêpes solitaires se continuent sur cette planche jusqu'au n°. 17 inclusivement; elles appartiennent plus spécialement au genre odynère de M. Latreille. Les figures 18 et 19 font seules partie du genre masaris de Fabricius, et sont des célonites pour M. Latreille.

PLANCHE 10.

CERCERIS, PHILANTHES.

Le genre cerceris a été démembré, par M. Latreille, du grand genre philanthe de Fabricius. Il existe donc, entre ces deux coupes génériques, de grands traits de ressemblance; toutefois, les cerceris peuvent être reconnus aux caractères suivans : antennes grossissant insensiblement vers leur extrémité, insérées au milieu de la face de la tête, très-rapprochées à leur base; mandibules ayant une saillie dentiforme au côté interne; yeux sans échancrure; seconde cellule cubitale des ailes supérieures, pétiolée. Les cerceris, qui partagent plusieurs des caractères des philanthes, en diffèrent cependant par les antennes très-rapprochées à la base, et grossissant d'une manière insensible, ainsi que par les mandibules dentées. Les cerceris ont en outre la tête plus épaisse, et le corps proportionnellement plus long; les anneaux de leur abdomen sont étranglés à leur point de jonction, et chagrinés à leur surface saillante : celui qui paraît suivre immédiatement le thorax, et qui n'est cependant que le second, ainsi que nous l'avons établi dans nos recherches[1], a la forme d'un nœud ou d'une poire. La plupart des espèces figurées ici sont des cerceris. En effet, on peut regarder comme tels les individus représentés depuis le n°. 1 jusqu'au n°. 24 : les n°[s]. 25 et 26 sont deux espèces du genre philanthe.

PLANCHE II.

PHILANTHES, CRABRONS.

Le genre philanthe, dont on voyait quelques espèces à la planche précédente, se continue ici aux n°[s]. 1, 2, 3, 4, 5, 6 et 7.

On pourrait regarder aussi la plupart des autres

---

[1] *Annales des Sciences naturelles*, par MM. Audouin, Brongniart et Dumas.

espèces comme des philanthes, et en rapporter quelques-unes au genre crabron; mais un examen plus attentif permet d'établir des rapprochemens plus précis. Ainsi les figures 8, 9, 10, 11 font partie du genre melline, que M. Latreille caractérise ainsi : point de pieds pollinigères; ailes toujours étendues; premier segment du tronc très-court, linéaire, transversal; tête forte, large; antennes filiformes, insérées près de la bouche, point ou peu coudées; le premier article ovale; mandibules tridentées dans les femelles, bidentées dans les mâles; palpes maxillaires beaucoup plus longs que les labiaux; languette à trois divisions très-distinctes; abdomen elliptique, pédiculé; une cellule radiale, allongée; trois cellules cubitales, toutes sessiles, et souvent le commencement d'une quatrième, la première et la troisième recevant chacune une nervure récurrente.

La figure 12 paraît constituer un nouveau genre, qui prendrait place à côté des gonies de Jurine, ou palares de M. Latreille; il est remarquable surtout par la singulière protubérance du dernier article du palpe maxillaire, de laquelle naissent deux espèces de corps vésiculeux.

Le n°. 14 appartient réellement au genre gonie, et la figure 13 s'en rapproche singulièrement.

Les n°°. 15, 16, 17, 18 et 19 représentent des espèces du genre oxybèle, qui se distinguent nettement parce que leur écusson est épineux à sa jonction, avec l'abdomen. On voit, sous la lettre D, cette particularité représentée avec soin.

Les fig. 20 et 21 sont des crabrons proprement dits.
Le n°. 22 est un stigme.
Les n°.ᵉ 23 et 24 sont des gorytes pour M. Latreille.

PLANCHE 12.

MELLINES, LARRES.

On peut réunir toutes les espèces figurées ici aux deux grands genres melline et larre, tels qu'ils ont été institués par Fabricius; mais si l'on désire rapporter ces espèces à des genres plus récemment établis aux depens de ceux de Fabricius, il sera encore possible de faire quelques distinctions.

Ainsi, le n°. 1 serait un alyson pour Jurine; le n°. 2, un trypoxylon de M. Latreille; les n°.ˢ 3 et 4 seraient des gorytes pour le même auteur; le n°. 5 se rapprocherait beaucoup de ce dernier genre, mais on pourrait encore l'en distinguer; les figures 6, 7, 8 et 9 représenteraient des astates; le n°. 10 en est très-voisin; les n°.ˢ 11, 12, 13, 14 et 15 seraient des miscophes; les n°.ˢ 17, 18 et 19 appartiendraient au genre dinète; mais la figure 16, quoique analogue aux précédentes par divers caractères, devrait être regardée comme différente à cause des cellules des ailes supérieures.

PLANCHE 13.

LARRES, SPHEX.

Le genre larre proprement dit peut être caractérisé ainsi : ailes supérieures ayant une cellule radiale petite, légèrement appendicée, et trois cellules cubitales, dont la première plus grande, la seconde recevant les deux nervures récurrentes, et la troisième presque demi-lunaire, n'atteignant pas le bout de l'aile; antennes ayant la même forme dans les deux sexes; le second article presque en forme de cône renversé; côté interne des mandibules sans saillie ni dents; languette sans divisions latérales distinctes. On reconnaît plus ou moins complètement chacun de ces caractères sur les espèces figurées depuis le n°. 1 jusqu'au n°. 28 inclusivement; cependant les n°⁵. 1-20 peuvent être rapportés au genre lyrops : les figures 29 et suivantes sont des sphex.

PLANCHE 14.

SPHEX.

Le genre sphex, dont on a vu quelques espèces dans la planche précédente, se continue sur celle-ci; ses caractères sont : antennes insérées vers le milieu de la face de la tête; mâchoires et lèvre guère plus longues que la tête, et fléchies seulement vers leur extrémité; articles des palpes maxillaires presque tous allongés et obconiques. Toutes les espèces qu'on voit du n°. 1 au n°. 13 sont des sphex. D'autres appartiennent au genre ammophile, qui a été créé à ses dépens : tels sont entre autres les n°⁵. 14-21; les figures 22 et 23 sont des pelopées.

PLANCHE 15.

SCOLIES.

On peut donner à toutes les espèces que l'on voit ici le nom de scolie; mais il est évident que les dernières, depuis le n°. 19, pourraient en être distinguées génériquement. Les scolies ont pour caractères : antennes épaisses, formées d'articles courts et serrés, insérées près du milieu de la face antérieure de la tête, droites, presque cylindriques, de la longueur de la tête et du corselet dans les mâles, plus courtes et arquées dans les femelles; le second article entièrement découvert ou point renfermé dans le premier; celui-ci le plus grand de tous, presque obconique; mandibules fortes, arquées, étroites, pointues, croisées, et sans dents notables au côté interne; palpes courts, filiformes, presque égaux; languette divisée, jusqu'à sa base, en trois petits filets presque égaux, divergens, à la manière d'un trident; corps allongé, velu; yeux échancrés; pattes courtes; cuisses des femelles comprimées, contournées en S; leurs jambes très-épineuses; corselet presque cylindrique, tronqué postérieurement; abdomen ovale, tronqué à sa base, plus étroit et presque en fuseau, et terminé par trois épines dans les mâles; cellule radiale unique, petite; deux ou trois cellules cubitales, dont les deux antérieures grandes; l'antérieure placée au-devant de la cellule radiale, sur une même ligne longitudinale, détachée de la côte; la seconde cellule cubitale en forme de triangle allongé, placée sous la précédente, s'étendant jusqu'à son extrémité postérieure, et même jusque sous la cellule radiale, lorsque le nombre des cubitales n'est que de deux; une ou deux nervures récurrentes.

Les ailes de ces insectes sont souvent colorées de noir, de violet et de jaune : c'est ce qu'indique très-bien la gravure; mais il eut fallu au moins les dessins pour entreprendre la détermination spécifique. Les n°^{os}. 19 et 20 sont des tiphies proprement dites; la figure 21 offre plusieurs caractères du genre merie de M. Latreille; les n°^{os}. 22-27 sont des myzines.

PLANCHE 16.

BEMBEX.

Ce genre, établi par Fabricius, et adopté par les entomologistes, a pour caractères distincts : premier segment du thorax très-court, en forme de rebord transversal, et dont les extrémités latérales sont éloignées de l'origine des ailes; pieds de longueur moyenne; tête, lorsqu'elle est vue en dessus, paraissant transverse; yeux s'étendant jusqu'au bord postérieur; antennes un peu plus grosses vers leur extrémité; labre entièrement saillant, allongé, triangulaire; mâchoires et lèvres longues, formant une sorte de trompe fléchie en dessous; palpes très-courts, les maxillaires de quatre articles, et les labiaux de deux; abdomen formant un demi-cône allongé, arrondi sur les côtés de sa base.

On a établi ensuite, aux dépens des bembex, les genres monédules et stizes. Les n°^{os}. 1, 3-8 et 11 sont des bembex proprement dits; les figures 2, 9 et 10 sont des monédules, et les espèces représentées sous les n°˙. 12-25 appartiennent au genre stize.

PLANCHES 17 ET 18.

POMPILES.

Les pompiles qu'on voit figurés ici sont des insectes assez facilement reconnaissables aux caractères suivans: pattes postérieures longues, à jambes épineuses; premier segment du tronc en forme de carré, ordinairement transversal, et dont le bord postérieur, presque droit, s'étend jusqu'à l'origine des ailes; antennes grêles, filiformes ou sétacées, composées d'articles allongés, peu serrés, contournées dans les femelles; abdomen ovalaire ou ovoïde, porté sur un pédicule très-court, ou paraissant comme sessile; palpes maxillaires beaucoup plus longs que les labiaux, et à articles inégaux; trois cellules cubitales complètes, dont la seconde et la troisième reçoivent chacune une nervure récurrente; labre caché en totalité ou partiellement. La figure 22 de la planche 17 pourrait bien appartenir au genre misque.

Les n°˙. 1-14 de la planche 18 sont des pompiles proprement dits: les autres espèces offrent quelques différences notables; les n°˙. 15-19 pourraient bien appartenir au genre apore, et les n°˙. 20-24 au genre céropale: la figure 25 semble devoir constituer un nouveau genre voisin du précédent.

PLANCHE 19.

MUTILLES.

Les mutilles constituent un genre très-nombreux, qui offre pour caractères distinctifs : abdomen des deux sexes ovoïde et convexe; le premier anneau plus étroit, en forme de nœud ou de poire; le second grand, presqu'en cloche; corselet des femelles cubique, point noueux et sans divisions.

Toutes les espèces qu'on voit ici ne sont pas des mutilles proprement dites. Les n⁰ˢ. 1 et 2 sont des béthiles : peut-être le n°. 3 fait-il partie du même genre; les n⁰ˢ. 4-24 sont de vraies mutilles; les n⁰ˢ. 25-26 appartiennent au genre aptérogyne.

PLANCHE 20.

FOURMIS.

Toutes ces espèces appartiennent au grand genre des fourmis; cependant on peut reconnaître parmi elles quelques coupes secondaires : les n⁰ˢ. 1-4 et 6-12 paraissent seuls faire partie du genre fourmi proprement dit; le n°. 5 est du genre odontomaque; les n⁰ˢ. 13-19 et 23 sont des œcodomes; les n⁰ˢ. 20-22 paraissent être des myrmices; le n°. 24 semble constituer une nouvelle coupe générique.

FIN DU TOME VINGT-DEUXIÈME.

TABLE

DES MATIÈRES DU TOME XXII.

HISTOIRE NATURELLE

ZOOLOGIE.

ANIMAUX INVERTÉBRÉS (suite).

	Pages.
TABLEAU *systématique des ascidies, tant simples que composées, mentionnées dans les trois mémoires suivans; offrant les caractères des ordres, familles, genres, et l'indication sommaire des espèces.* Par Jules-César Savigny, membre de l'Académie des sciences et de l'Institut d'Égypte.................................	1
Les Ascidies, *Ascidiæ*...	Ib.
Ordre Ier. Ascidies téthydes, *Ascidiæ thetides*.............	2
Ordre II. Ascidies thalides, *Ascidiæ thalides*,..............	Ib.
ASCIDIES TÉTHYDES...	3
Première famille. Les Téthyes, *Tethyæ*.........................	Ib.
I. Téthyes simples....................................	Ib.
II. Téthyes composées................................	Ib.
Deuxième famille. Les Lucies, *Luciæ*...........................	4
I. Lucies simples.....................................	Ib.
II. Lucies composées..................................	Ib.
Ire *Famille.* Les Téthyes, *Tethyæ*........................	5
I. Téthyes simples....................................	Ib.
Genre I. *Boltenia*.....................	Ib.
Genre II. *Cynthia*....................	Ib.
Genre III. *Phallusia*.................	6
Genre IV. *Clavellina*...............	7
II. Téthyes composées................................	Ib.
Genre V. *Diazona*.....................	Ib.
Genre VI. *Distoma*....................	8

TABLE DES MATIÈRES.

	Pages.
Genre VII. *Sigillina*................	8
Genre VIII. *Synoïcum*...............	9
Genre IX. *Aplidium*...............	*Ib.*
Genre X. *Polyclinum*.............	10
Genre XI. *Didemnum*.............	11
Genre XII. *Eucœlium*.............	*Ib.*
Genre XIII. *Botryllus*.............	*Ib.*

IIe *Famille.* Les Lucies, *Luciæ*..................... 13
        Lucies sociales..................... *Ib.*
        Genre XIV. *Pyrosoma*............. *Ib.*

PREMIER MÉMOIRE. *Observations sur les alcyons gélatineux à six tentacules simples*, lues à la classe des sciences de l'Institut..................... 14

SECOND MÉMOIRE. *Observations sur les alcyons à deux oscules apparens, sur les botrylles et sur les pyrosomes*, lues à la classe des sciences de l'Institut... 34

TROISIÈME MÉMOIRE. *Observations sur les ascidies proprement dites, suivies de considérations générales sur la classe des ascidies*............. 69

    Genre *Boltenia*........................ 73
    Genre *Cynthia*........................ 74
    Genre *Phallusia*....................... 83
    Genre *Clavellina*...................... 90

EXPLICATION SOMMAIRE DES PLANCHES DONT LES DESSINS ONT ÉTÉ FOURNIS PAR M. J.-C. SAVIGNY, POUR L'HISTOIRE NATURELLE DE L'OUVRAGE. — Animaux invertébrés............. 109

NOTE *concernant l'Explication sommaire des planches*........ 111

    Copie de la Lettre adressée par Son Exc. le Ministre de l'intérieur, le 19 mars 1825, à M. Savigny, membre de l'Académie des sciences........................ 114

    Distribution des planches de zoologie dont les dessins ont été fournis par M. J.-C. Savigny..................... 115

EXPLICATION *sommaire des planches de mollusques de l'Égypte et de la Syrie, publiées par J.-C. Savigny, membre de l'Institut ; offrant un exposé des caractères naturels des genres avec la distinction des espèces*, par Victor Audouin............... 117
    Observations préliminaires..................... *Ib.*

TABLE DES MATIÈRES.

Mollusques. — Céphalopodes   Pages.

Planche 1. *Poulpes*, *Sèches* 120
            Genre Poulpe, *Octopus* .... *Ib.*
            Genre Sèche, *Sepia* 123

Mollusques. — Gastéropodes.

Planche 1. *Doris* 125
            Genre Doris, *Doris* .... *Ib.*

Planche 2. *Tritonies*, *Alysies*, *Onchidies* 130
            Genre Tritonie, *Tritonia* .... *Ib.*
            Genre Aplysie, *Aplysia* 133
            Genre Onchidie, *Onchidium* 136

Planche 3. *Pleurobranches*, *Émarginules*, *Oscabrions* 139
            Genre Pleurobranche, *Pleurobranchus* ... *Ib.*
            Genre Émarginule, *Emarginula* 141
            Genre Siphonaire, *Siphonaria*. Sow 144
            Genre Oscabrion, *Chiton* 146

Mollusques. — Coquilles.

Planche 1. *Patelles*, *Fissurelles*, *Émarginules*, *Balanes*, *Gastrochènes* 149
            Genre Siphonaire, *Siphonaria* .... *Ib.*
            Genre Patelle, *Patella* 150
            Genre Fissurelle, *Fissurella* .... *Ib.*
            Genre Cabochon, *Capulus* 151
            Genre Émarginule, *Emarginula* 152
            Genre Parmophore, *Parmophorus* .... *Ib.*
        Des balanes 154
            Genre Chthamale, *Chthamalus* 155
            Genre Pyrgome, *Pyrgoma* .... *Ib.*
            Genre Balane, *Balanus* 157
            Genre Creusie, *Creusia* 158
            Genre Gastrochène, *Gastrochœnia* 160

Planche 2. *Hélices*, *Bulimes*, *Ampullaires*, *Planorbes*, *Paludines* 161
            Genre Maillot, *Pupa* .... *Ib.*
            Genre Helix, *Helice* 162
            Genre Bulime, *Bulimus* 163
            Genre Auricule, *Auricula* .... *Ib.*
            Genre Ambrette, *Succinea* 164

TABLE DES MATIÈRES.

	Pages.
Genre Ampullaire, *Ampullaria*............	164
Genre Planorbe, *Planorbis*...............	165
Genre Physe, *Physa*....................	166
Genre Paludine, *Paludina*...............	Ib.

Planche 3. *Monodontes, Scalaires, Mélanies, Paludines*..... 167

    Genre Monodonte, *Monodonta*. Lam....... Ib.
    Genre Scalaire, *Scalaria*................ 169
    Genres Paludine, *Paludina ;* Mélanie, *Melania ;* Rissoaire, *Rissoa*........... Ib.

Planche 4. *Cérithes, Murex, Strombes, Buccins*........... 171

    Genre Cérithe, *Cerithium*................ 172
    Genre Buccin, *Buccinum*................ 173
    Genres Pyrule, *Pyrula ;* Fuseau, *Fusus ;* Fasciolaire, *Fasciolaria ;* Pleurotome, *Pleurotoma*................... Ib.
    Genre Murex, *Murex*................... 175
    Genre Strombe, *Strombus*............... Ib.
    Genre Vis, *Terebra*.................... 176
    Genre Planaxe, *Planaxis*................ Ib.

Planche 5. *Bulles, Nérites, Phasianelles, Sabots, Troques*... 177

    Genre Bulle, *Bulla*.................... Ib.
    Genre Stomatelle, *Stomatella*............ 178
    Genre Néritine, *Neritina*................ 179
    Genre Nérite, *Nerita*................... 180
    Genre Natice, *Natica*................... Ib.
    Genre Phasianelle, *Phasianella*........... 181
    Genre Sabot, *Turbo*.................... Ib.
    Genre Scissurelle, *Scissurella*............ 182
    Genre Troque, *Trochus*................. 183

Planche 6. *Pourpres, Nasses, Casques, Cônes, Mitres, Olives, Porcelaines*.............................. 184

    Genre Pourpre, *Purpura*................ Ib.
    Genre Nasse, *Nassa*................... 185
    Genre Casque, *Cassis*.................. Ib.
    Genre Columbelle, *Columbella*........... 186
    Genre Cône, *Conus*.................... 187
    Genre Marginelle, *Marginella*............ Ib.
    Genre Mitre, *Mitra*.................... 188
    Genre Olive, *Oliva*.................... 189
    Genre Porcelaine, *Cypræa*.............. 190

Planche 7. *Anodontes, Mulettes, Anatines, Solens*......... 191

TABLE DES MATIÈRES. 463

Pages.

  Genre Anodonte, *Anodonta*.............. 191
  Genre Iridine, *Iridina*.................. *Ib.*
  Genre Mulette, *Unio*................... 192
  Genre Cyrène, *Cyrena*.................. 193
  Genre Anatine, *Anatina*................ *Ib.*
  Genre Solen, *Solen*.................... 194

Planche 8. *Psammobies, Érycines, Vénus, Lucines, Tellines, Donaces*.................................. *Ib.*

  Genre Psammobie, *Psammobia*........... *Ib.*
  Genre Vénus, *Venus*.................... 195
  Genre Mactre, *Mactra*.................. *Ib.*
  Genre Érycine, *Erycina*................. 196
  Genre Lucine, *Lucina*................... 197
  Genre Telline, *Tellina*.................. *Ib.*
  Genre Donace, *Donax*.................. 198
  Genre Cythérée, *Cytherea*............... 199

Planche 9. *Cythérées, Bucardes*.................. *Ib.*

  Suite du genre Cythérée, *Cytherea*........ *Ib.*
  Genre Bucarde, *Cardium*................ 200

Planche 10. *Tridacnes, Pétoncles, Arches*......... 201

  Genre Tridacne, *Tridacna*............... *Ib.*
  Genre Pétoncle, *Pectunculus*............. 202
  Genre Arche, *Arca*..................... *Ib.*

Planche 11. *Moules, Avicules*.................... 203

  Genre Lithodome, *Lithodomus*............ *Ib.*
  Genre Modiole, *Modiola*................ 204
  Genre Moule, *Mytilus*................... *Ib.*
  Genre Avicule, *Avicula*................. 205

Planche 12. *Crénatules*.......................... 206

  Genre Crénatule, *Crenatula*.............. *Ib.*

Planche 13. *Marteaux, Peignes, Vulselles*......... 207

  Genre Marteau, *Malleus*................. *Ib.*
  Genre Peigne, *Pecten*................... 208
  Genre Vulselle, *Vulsella*................ *Ib.*

Planche 14. *Vulselles, Huîtres, Cames, Arrosoirs*.. 209

  Suite du genre Vulselle, *Vulsella*......... *Ib.*
  Genre Plicatule, *Plicatula*............... 210
  Genre Came, *Chama*................... *Ib.*
  Genre Arrosoir, *Aspergillum*............. 211

TABLE DES MATIÈRES.

Pages.

EXPLICATION *sommaire des planches d'annelides de l'Égypte et de la Syrie*, publiées par J.-C. Savigny, membre de l'Institut ; *offrant un exposé des caractères naturels des genres avec la distinction et quelquefois le nom des espèces*, par Victor Audouin... 213

 Observations préliminaires........................... *Ib.*

 Planche 1. *Clymènes, Térébelles, Amphictènes*............ 216
  Genre Clymène, *Clymene*................... *Ib.*
  Genre Térébelle, *Terebella*................ 218
  Genre Amphictène, *Amphictene*............ 220

 Planche 2. *Euphrosynes, Pléiones, Aristénies*............. 222
  Genre Euphrosyne, *Euphrosyne*........... *Ib.*
  Genre Pléione, *Pleione*................... 225
  Genre Aristénie, *Aristenia*................ 227

 Planche 3. *Polynoés, Hésiones*.......................... 228
  Genre Polynoé, *Polynoe*.................. *Ib.*
  Genre Hésione, *Hesione*.................. 231

 Planche 4. *Lycoris, Syllis*............................. 233
  Genre Lycoris, *Lycoris*.................. *Ib.*
  Genre Syllis, *Syllis*..................... 237

 Planche 5. *Léodices, Aglaures, OEnones, Bdelles, Planaires*. 239
  Genre Léodice, *Leodice*.................. *Ib.*
  Genre Aglaure, *Aglaura*................. 242
  Genre OEnone, *OEnone*.................. 244
  Genre Bdelle, *Bdella*.................... 246

EXPLICATION *sommaire des planches de crustacés de l'Égypte et de la Syrie*, publiées par M. J.-C. Savigny, membre de l'Institut ; *offrant un exposé des caractères naturels des genres avec la distinction des espèces*, par Victor Audouin............. 249

 Observations préliminaires........................... *Ib.*

Explication générale des lettres et autres signes affectés à chaque organe, et qui ont été employés dans les planches des crustacés. 251

 Planche 1. *Crabes cavaliers*............................ 254
  Genre Ocypode, *Ocypode*. Fabr........... *Ib.*
  Genre Mictyre, *Mictyris*................. 255

 Planche 2. *Crabes alésides, Potamons, ou Crabes fluviatiles*.. 257
  Genre Macrophthalme, *Macrophthalmus*.... *Ib.*
  Genre Grapse, *Grapsus*................... 258

TABLE DES MATIÈRES.

	Pages.
Genre Thelphuse, *Thelphusa*.............	259
Planche 3. *Crabes nageurs*........................	260
Genre Portune, *Portunus*................	Ib.
Planche 4. *Crabes nageurs, Crabes proprement dits*.........	261
Suite du genre Portune, *Portunus*.........	Ib.
Genre Carcin, *Carcinus*.................	263
Genre Ériphie, *Eriphia*................	Ib.
Planche 5. *Crabes*.............................	264
Suite du genre Ériphie, *Eriphia*...........	Ib.
Genre Trapezie, *Trapezia*...............	265
Genre Pilumne, *Pilumnus*................	Ib.
Genre Crabe spécialement dit, *Cancer*......	267
Planche 6. *Crabes*.............................	Ib.
Suite du genre Crabe spécialement dit......	Ib.
Genre Maia, *Maia*.....................	268
Genre Sténorynque, *Stenorynchus*.........	269
Planche 7. *Crabes*.............................	270
Genre Pinnothère, *Pinnotheres*...........	Ib.
Genre Porcellane, *Porcellana*............	Ib.
Planche 8. *Homards*............................	271
Genre Scyllare, *Scyllarus*................	Ib.
Planche 9. *Hermites, Écrevisses*...................	272
Genre Pagure, *Pagurus*..................	Ib.
Genre Gebie, *Gebia*.....................	273
Genre Athanas, *Athanas*.................	274
Planche 10. *Écrevisses*..........................	Ib.
Suite du genre Athanas, *Athanas*.........	Ib.
Genre Palémon, *Palæmon*...............	275
Planche 11. *Crevettes, Cymothoés*..................	276
Genre Crevette ou Chevrette, *Gammarus*....	277
Genre Talitre, *Talitrus*..................	279
Genre Cymothoé, *Cymothoa*.............	280
Planche 12. *Aselles-Cloportes*.....................	281
Genre Sphérome, *Sphæroma*..............	Ib.
Genre Idotée, *Idotea*...................	283
Genre Ligie, *Ligia*.....................	284
Planche 13. *Cloportes*...........................	285
Genre Tylos, *Tylos*.....................	Ib.

H. N. XXII. 30.

TABLE DES MATIÈRES.

Pages.

Genre Cloporte, *Oniscus*, et genre Porcellion, *Porcellio*.................................. 288
Genre Armadille, *Armadillo*.............. 290

EXPLICATION *sommaire des planches d'arachnides de l'Égypte et de la Syrie, publiées par J.-C. Savigny, membre de l'Institut, offrant un exposé des caractères naturels des genres avec la distinction des espèces, par Victor Audouin*................ 291
Observations préliminaires............................ *Ib.*

Planche 1. *Araignées-Mygales, Ségestries, Tégénaires, Érigones*..................................... 302
Genre Némésie, *Nemesia*.............. *Ib.*
Genre Ségestrie, *Segestria*............. 305
Genre Ariadne, *Ariadna*.............. 308
Genre Lachésis, *Lachesis*............. 309
Genre Tégénaire, *Tegenaria*.......... 312
Genre Arachné, *Arachne*............. 314
Genre Hersilie, *Hersilia*.............. 316
Genre Érigone, *Erigone*.............. 319

Planche 2. *Ulobores, Eugnathes, Épeires*......... 321
Genre Ulobore, *Uloborus*............. *Ib.*
Genre Eugnathe, *Eugnatha*........... 323
Genre Argyope, *Argiope*.............. 328
Genre Épeire, *Epeira*................. 336

Planche 3. *Épeires, Clothos, Latrodectes, Pholques*..... 341
Suite du genre Épeire, *Epeira*......... *Ib.*
Genre Clotho, *Clotho*................. 347
Genre Ényo, *Enyo*.................... 349
Genre Latrodecte, *Latrodectus*........ 352
Genre Pholque, *Pholcus*.............. 355

Planche 4. *Sphases, Lycoses, Dolomèdes, Érèse*....... 361
Genre Sphase, *Sphasus*............... *Ib.*
Genre Lycose, *Lycosa*................ 363
Genre Dolomède, *Dolomede*.......... 370
Genre Ocyale, *Ocyale*................ 372
Genre Érèse, *Eresus*.................. 374

Planche 5. *Scytodes, Dysdères, Drasses, Clubiones, Thomises*. 377
Genre Scytode, *Scytodes*............. *Ib.*
Genre Dysdère, *Dysdera*............. 380
Genre Drasse, *Drassus*............... 381

TABLE DES MATIÈRES.

	Pages.
Genre Clubione, *Clubiona*	385
Genre Thomise, *Thomisus*	387
Planche 6. Thomises	389
Suite du genre Thomise, *Thomisus*	Ib.
Genre Sélénope, *Selenops*	393
Planche 7. Thomises, Attes	399
Suite du genre Thomise, *Thomisus*	Ib.
Genre Platyscèle, *Platyscelus*	401
Genre Atte, *Attus*	403
Planche 8. Scorpions, Pinces, Solpuges	409
Genre Scorpion, *Scorpio*	Ib.
Genre Pince, *Chelifer*	412
Genre Solpuge, *Solpuga*	414
Planche 9. Faucheurs, Acarides	421
Genre Faucheur, *Phalangium*	Ib.
Genre Mite, *Acarus*, L., ou famille des Acarides, Latr.	425

EXPLICATION *sommaire des planches d'insectes de l'Égypte et de la Syrie*, publiées par J.-C. Savigny, membre de l'Institut; *offrant simplement la distinction des genres et des espèces*, par Victor Audouin... 431

Observations préliminaires............................ Ib.

Explication générale des lettres et autres signes affectés à chaque organe, et qui ont été employés dans les planches des insectes.. 435

INSECTES. — MYRIAPODES.

Planche 1. Scolopendres, Lépismes	437

INSECTES. — ORTHOPTÈRES.

Planche 1. Forficules, Mantes	440
Planche 2. Mantes, Blattes	Ib.
Planche 3. Xyes, Grillons, Sauterelles	Ib.
Planche 4. Sauterelles	441
Planche 5. Tetrix, Truxales	Ib.
Planches 6 et 7. Criquets	Ib.

INSECTES. — NÉVROPTÈRES.

Planche 1. Libellules	443
Planche 2. Libellules, Éphémères, Némoptères	Ib.
Planche 3. Ascalaphes, Fourmilions, Hémerobes	444

TABLE DES MATIÈRES.

Pages.

INSECTES. — HYMÉNOPTÈRES.

Planche 1. *Abeilles, Anthophores*.......................... 445
Planche 2. *Eucères*... 446
Planche 3 *Abeilles Perce-bois, Mégachiles*................. 447
Planche 4. *Mégachiles, Osmies*............................. 448
Planche 5. *Andrènes*....................................... Ib.
Planche 6. *Halictes, Sphécodes*............................ 449
Planche 7. *Andrènes, Hylées*............................... Ib.
Planche 8. *Guêpes sociales, Eumènes ou Guêpes solitaires*.. 450
Planche 9. *Guêpes solitaires, Masaris*..................... Ib.
Planche 10. *Cerceris, Philanthes*........................... Ib.
Planche 11. *Philanthes, Crabrons*.......................... 451
Planche 12. *Mellines, Larres*.............................. 453
Planche 13. *Larres, Sphex*................................. Ib.
Planche 14. *Sphex*... 454
Planche 15. *Scolies*....................................... 455
Planche 16. *Bembex*.. 456
Planches 17 et 18. *Pompiles*............................... 457
Planche 19. *Mutilles*...................................... 458
Planche 20. *Fourmis*....................................... Ib.

FIN DE LA TABLE

TRADUCTION
DES CLASSIQUES LATINS

AVEC LE TEXTE EN REGARD

BIBLIOTHÈQUE LATINE-FRANÇAISE

PUBLIÉE SOUS LES AUSPICES

DE SON ALTESSE ROYALE

MONSIEUR LE DAUPHIN.

C. L. F. PANCKOUCKE, ÉDITEUR.

Toute l'édition est imprimée *in-octavo* sur papier fin avec des caractères neufs de Firmin Didot.

OUVRAGES PUBLIÉS.

VELLEIUS PATERCULUS, 1 vol.; traduction nouvelle par M. Després, ancien conseiller de l'Université.

SATIRES DE JUVÉNAL, 2 vol.; traduction de Dusaulx, revue par M. Jules Pierrot.

Près des deux tiers de cet ouvrage ont été traduits de nouveau.

LETTRES DE PLINE LE JEUNE, 1er volume; traduction de De Sacy, revue et corrigée par M. Jules Pierrot.

FLORUS, 1 vol.; traduction nouvelle par M. Ragon, professeur d'histoire au collège royal de Bourbon, avec une Notice par M. Villemain.

CORNELIUS NEPOS, 1 vol.; traduction nouvelle par MM. De Calonne et Pommier.

VALÈRE MAXIME, traduction nouvelle par M. Frémion, professeur au collège royal de Charlemagne.

JUSTIN, traduction nouvelle, par MM. Pierrot et Boitard, tome 1.

SOUS PRESSE.

CÉSAR, traduction nouvelle par M. Artaud, professeur de rhétorique au collège Louis-le-Grand.

STACE, traduction nouvelle par M. Bino, professeur à Sainte-Barbe.

LETTRES DE PLINE LE JEUNE, 2e volume; traduction de De Sacy, revue et corrigée par M. Jules Pierrot.

On mettra incessamment sous presse les SATIRES DE PERSE, CLAUDIEN, SUÉTONE.

Le prix de chaque volume est de SEPT francs.

Il paraîtra dix à douze volumes par an. Ainsi les Souscripteurs de toute cette belle et unique Collection ne s'engageront qu'à une dépense d'à peu près SIX FR. par mois.

ON PEUT ACQUÉRIR CHAQUE AUTEUR SÉPARÉMENT.

Il a été tiré cinquante exemplaires sur papier Cavalier, grand format, Montgolfier superfin. Cette Collection, de grand format, fait suite aux Classiques français publiés par M. Lefèvre. Le prix est de QUATORZE francs chaque volume. — On doit adresser les demandes à M. C. L. F. PANCKOUCKE, éditeur, rue des Poitevins, n. 14, et chez tous les libraires de la France et de l'étranger. — On ne paie rien d'avance.

www.ingramcontent.com/pod-product-compliance
Lightning Source LLC
Chambersburg PA
CBHW052338230426
43664CB00041B/2125